アジアからの世界史像の構築

湯山トミ子／宇野重昭 編著
TOMIKO YUYAMA / SHIGEAKI UNO

新しいアイデンティティを求めて
IDENTITY

東方書店

はじめに

　本書は、成蹊大学アジア太平洋研究センター共同プロジェクト「アイデンティティの創生と多元的世界の構築——アジア・中国の磁場から」（研究代表者湯山　2010年～2012年）(1)の主催により開催された国際シンポジム「アジアからの世界史像の構築——複合的アイデンティティを求めて」（2012年9月15日・16日）を基盤とし、当該プロジェクトの最終成果物として刊行されたアジア太平洋研究センター叢書の一つである。本書の内容をより明確にするため、当該プロジェクトの研究課題とこれまでの成果について、簡単に紹介し、その上で本書の構成について述べることにしたい。

　当該研究プロジェクトは、2010年度より3年間を研究期間として、グローバリゼーションが生み出す一元化の趨勢に対して、アジア地域の歴史的、社会的な多様性に着目して、これを基盤に多元的な世界構築の可能性を考察することを目指して発足した。具体的には、西欧の衝撃以降、独自の近代化の道を歩んできた中国、日本、韓国を主要対象として、それぞれの近代化のもつ特質とそれを生み出すアイデンティティの形成、在り方を通して、新しい世界史像の構築を図ることを課題とした。

　このような課題設定の下で、まず初年度の研究活動として、2010年11月第一回シンポジウム『多元的世界への問い——帝国の時代の言語とアイデンティティ』を開催した。このシンポジウムでは、田中克彦一橋大学名誉教授による「帝国言語の歴史とエトノス——中国とロシア」を基調講演とし、上からの言語戦略を主題とする第一部「帝国の言語政策」と、これに対峙する下からの抵抗をめぐる「アイデンティティと多元的世界の構築」の二部構成により、帝国主義の時代から現代までの歴史空間を対象に、「ことばと権力」

i

をキーワードに、日本、中国、台湾、韓国、中国のムスリム問題について考察し、その成果を第一回シンポジウム報告書として刊行した（『多元的世界への問い――帝国の時代の言語とアイデンティティ』、三恵社、2011年3月）。
(2)

さらに、当該シンポジウムを補完するジェンダー視点によるアイデンティティの考察のために、同年12月ミニシンポジウム『ことば・文字・女の解放』（ジェンダー史学会第7回大会第2パネルディスカッション、第三回拡大研究会）を開催し、女性によってつくられ、女性によってのみ伝承された中国湖南省の女文字〈女書〉（遠藤織枝元文教女子大学教授）、言語表現における女性差別の伝統（田中克彦教授）についての報告と討議を行った。
(3)

第二年度は、初年度の広範囲の考察対象を非西欧圏であるアジア内部で対峙しあう二つの文明世界、中国とイスラム世界の対比的考察、多元的世界構築の主体形成についての論議に絞り込み、考察を深めた。具体的には、中国を中心とするアジアのアイデンティティ論について、本プロジェクト顧問で本書の共著者である宇野重昭教授（島根県立大学名誉学長・成蹊大学名誉教授）による基調講演「多元的世界の構築とアイデンティティ――アジアと中国の磁場から」、イスラム圏の文化形成について板垣雄三教授（東京大学名誉教授）による報告「世界的展望として――アジア・イスラムのアイデンティティ」、支配的権力としての帝国論「今日の〈帝国〉――歴史的形成とその展望」（光田剛成蹊大学教授）と抵抗勢力としての民衆論「奪権なき革命――マルチチュードの形成とアイデンティティ」（湯山）、伝統思想と欧米思想の接点をめぐる近代中国におけるアイデンティティ論「中国における近代的アイデンティティの歴史的形成――近代の〈革命〉論の展開を手掛かりに」（李暁東島根県立大学総合政策学部教授）で構成し、これらの報告と考察成果を第二回シンポジウム報告書『多元的世界の構築におけるアイデンティティの創生』（三恵社、2012年3月）として刊行した。
(4)

そして2012年には、先立つ二年間の研究成果を踏まえて、新たな世界史像を切り拓くアプローチとしてグローバルヒストリー論に着目し、これを学術基盤として、アジア地域の多層性、多元性について考察する第三回シンポ

ジウム『アジアからの世界史像の構築とアイデンティティの創生——中国・韓国・日本の視点から』を開催した。基調講演として、グローバルヒストリー論の立場から広域秩序概念による新たなアジアンアイデンティティの形成を説く濱下武志教授（中山大学アジア太平洋学院長）による「グローバルヒストリーのなかのアジアのアイデンティティ」、中国革命を思想的に俯瞰し独自の視点から再考した国際ゲスト孫歌教授（中国社会科学院文学研究所教授）による「中国革命——その思想史的意義」、対立的に見えながら強い共通性に貫かれた朝鮮半島の思考軸を明確、明快に析出した福原裕二島根県立大学准教授による「通底する"朝鮮半島問題"の論理——北の核と領土」、日韓中の近代化を論ずる光田報告「日韓中近代化の比較——過去・現在・未来」と抵抗の戦士魯迅像の日韓中の異相性を考察する湯山報告「反芻と創生——日韓中の魯迅像の考察」、そして宇野重昭教授による総括報告「アジアから見える新しい世界史像——中国・韓国・日本の視点から」と討議が行われた。また初年度から考察を続けてきた言語文化とアイデンティティの形成については、2011年12月成蹊大学の異文化理解科目の授業（「中国文化演習」）と連係し、漢字文化圏におけるアイデンティティ考察と論議を目指す「漢字・漢字文化圏」をめぐるミニトークイベントを開催し、田中克彦教授による漢字論、青山文啓桜美林大学教授による日本語表記の問題、日本語のローマ字化を提起する清水正之元湘南工科大学教授（現日本のローマ字社理事）による報告と討議を行い、漢字文化を通しての言語文化とアイデンティティの考察を進めた。(5)

　本書には、第三回シンポジウムの報告者による論考のほかに、プロジェクト第一回シンポジウムの報告者である川瀬貴也京都府立大学准教授による「植民地朝鮮における「宗教」と「政治」——天道教の動向を中心に」を加えた。またシンポジウムの統括報告者であり、本書の共著者である宇野重昭教授は、序論（「アジアとヨーロッパの相互補完の時代へ——グローバルヒストリーの方法論に寄せて」）と単独の論文（「中国から見える世界史像と複合的アイデンティティ——「中国の夢」と中国式「民主主義」の可能性」）の二編を執筆した。

以上が、本書の基盤となったシンポジウム、及び本書成立の概要である。各論文の論評は、宇野重昭教授による序論に詳細に論じられているので、ここではこれ以上述べない。代わりに、アジア、中国のアイデンティティから、多元的世界の構築の可能性を考察することを目指した本プロジェクトの研成課題から、本書の刊行についてもう少し述べておくことにしたい。

　現在、世界史はかつてないほどのスピードで大きく変化している。世界各地で頻発する民衆革命はもとより、中国の世界的影響の拡大、強大化するロシア、国力と影響力の弱体化を示唆されるアメリカ、深まる日韓中の対立、再生を希求する日本等々、世界とアジアの歴史は、激動、いや激変ともいうべき変動の時代に入り、第二次大戦後の世界、冷戦終了後の世界部局の再編成を迫る変化も急速に進行している。グローバル化の進行は、さまざまな存在——国家、地域、個人に深く広く浸透し、それゆえにそれぞれが自己の存立をはかるために、自らの固有性を強化する自律的な自己形成の反応を誘発し、生みだされる独自性、特質は、反発、抵抗、協調、融合、相互浸透を含めて、多様に、多層的に重なりあい、連係しながら多元的世界を生み出す可能性も有している。この営みを注視するれば、アイデンティティの形成は、それぞれの存在が自己保存のために生み出す自律的な動力、自己形成力として動態的に認識できる。普遍性を求め、西から東に拡大し、拡張した西欧近代は、受容を余儀なくすることにより、アジアのそれぞれの地域に内在する自律性を喚起し、それぞれに独自の近代化の受容と展開を生みだした。今、現代世界のグローバリゼーションにより生み出される一元化への趨勢もまたそれぞれの存在に立った内的、自律的な自己形成力を誘発し、固有性の保存を追求することにより、多元的世界構築の契機と可能性を内在している。言い換えれば、西欧近代による普遍性、グローバル化による一元化は、その自己増殖性ゆえに、世界のさまざまな存在に自律的発展の契機を誘発し、多元的世界を構成する多様性、多層性を生み出すメカニズムを内在している。もちろんそのメカニズムは、予定調和的に生み出され、機能するものではない。それゆえにまさに、反発、抵抗、協調、融合、浸食、浸透など、苛烈で熾烈な戦闘性を内包し、

自己形成の内的努力によりはじめて展開されるものとなる。

　したがって、こうした世界史創造の営みに対して、私たち個人は具体的にどのように関わりうるのであろうか。現代世界は、濱下論文にも記されるように、グローバルヒストリーの観点に立てば、世界―国家―地域という従来の縦型のヒエラルキーの序列が揺らぎ、大きく変化する変動の時代にある。しかし、それでもなお、現代に生きる私たちの多くは、多かれ少なかれ、地域、国家などの諸領域、あるいはこれにより形成される社会の枠組みに規定され、その内に生を営んでいる。今日、私たちが生の基盤である国家、地域、個人のヒエラルキー構造の枠組みを基本的動因としながら、それぞれが新しい世界史の創造にどのように向き合い、これを実現していくのか、広領域、多層的な精神世界の再考をも内包したアイデンティティの創成への内的努力、自律的な創造への営みがあらためて強く、そして深く問われていると考える。新たな世界史の創造、多元的世界の構築を目指して、国家、地域、個人がそれぞれのアイデンティティを生成する多様かつ、多層的な磁場の構築に向けて、いかなる価値観を構築しうるのか、その問いと可能性に向けて、プロジェクト研究の成果としての本書が少しでも資するものとなることを願い、本書のはじめの言としたい。

　　2014年4月2日

　　　　　　　　　　　　　　　　　　　　　　　編著者　湯山トミ子

注
（1）2010〜2012 常任プロジェクトコアメンバー：代表者成蹊大学法学部教授湯山トミ子、コア研究メンバー成蹊大学法学部教授光田剛、プロジェクト顧問宇野重昭成蹊大学名誉教授・島根県立大学名誉学長。
（2）第一回シンポジウム報告書『多元的世界への問い――帝国の時代の言語とアイデンティティ』（三恵社、2011年3月）には当該シンポジウムの報告と討論のほか、資料編にジェンダー史学会第7回大会第2パネルディスカッションとして開催された「ことば・文字・女の解放」の報告、プロジェクト紹介を収録している。シ

ンポジウム報告には、基調講演「帝国言語の歴史とエトノス――中国とロシア」(田中克彦一橋大学名誉教授)、第一部　帝国の言語政策；1.「上海〈租界〉のメディア空間から見た列強の言語戦略」山本武利（早稲田大学政治経済学術院教授）、2.「〈東亜共通語〉の夢――帝国言語としての日本語」安田敏朗（一橋大学大学院教授）3.「中国の言語戦略――エスペラント時代から孔子学院まで」浜田ゆみ（成蹊大学・非常勤講師）、第二部　アイデンティティと可能性としての多元的世界；1.「日本語と《多桑》――台湾と八重山で日本語人」林正寛（女子美術大学教授）、2.「〈檀君〉神話の行方――歴史編纂事業と〈心田開発運動〉から」川瀬貴也（京都府立大学准教授）、3.「中華民国期における中国ムスリム（回民）の〈民族運動〉の思想と構造」安藤潤一郎（武蔵大学・非常勤講師）、4.「奪権なき〈革命〉の道――〈反権力〉の言語表象魯迅」湯山トミ子（成蹊大学教授）、第三部　質疑・討論　「討論者問題提起」；1.「帝国の言語――討論へのコメント」土屋礼子（早稲田大学政治経済学術院教授）、2.「〈公権力〉と〈抗権力〉――語る／語られるコトバを求めて」権香淑（早稲田大学アジア研究機構）、3.「言葉とアイデンティティ―戴國煇先生から学んだこと」葛谷登（愛知大学准教授）、4.「近代性と抵抗の主体・その戦略」光田剛（成蹊大学教授）、「会場討論」；「植民地経験と日本語」園部逸夫（元最高裁判事、元成蹊大学教授）、質疑・論議；「基調講演者からのコメント」田中克彦名誉教授、「論議あれこれ――漢語・漢字・漢字文化圏、植民地語」湯山トミ子（成蹊大学教授）、「シンポジウム総評」；「総括的コメント」宇野重昭名誉教授。資料編には、パネルディスカッション『どうして〈女性〉ではなくて〈女〉？語ろう〈女〉・〈女性〉、〈文字〉、そして明日の私たちを！　ことば・文字・女の解放』、第一報告　文字と女性――アイデンティティ世界の創成、遠藤織枝（元文教女子大学教授）「中国女文字の"すごさ"とそれを産んだ女性たちの"すごさ"」、第二報告　漢字と女――組み込まれた女性表象、田中克彦名誉教授「言語表現における女性差別の伝統――ジェンダー論の入口に立って」のほか、プロジェクト紹介、活動報告が収録されている。

(3) 注（2）参照。報告書にはシンポジウム開催時の配布資料を掲載し、当該報告を基にした論文は『アジア太平洋研究』No36、〈特集論文2：ことば・文字・女の解放〉、2011年、55～85頁に掲載した。掲載論文は、「〈ことば・文字・女の解放〉論壇をめぐって」湯山トミ子、「言語から見たジェンダーの問題」田中克彦、「女性の想像力の産物：中国女文字」遠藤織枝（敬称略）。

(4) 第二回シンポジウム報告書『多元的世界の構築におけるアイデンティティの創生――中国・韓国・日本の視点から』：第一部　問題提起；「多元的世界の構築とアイデンティティ――アジア・中国の磁場から」宇野重昭名誉教授、第二部　多

はじめに

元的世界の構築と主体の形成――〈帝国〉とマルチチュードの視座から；1.「今日の〈帝国〉――歴史的形成とその展望」 光田剛（成蹊大学法学部教授）、2.「魯迅と〈マルチチュード〉――アジア近代からのアイデンティティの形成と〈反権力〉」湯山トミ子（成蹊大学法学部教授）、第三部；「中国における近代的アイデンティティの歴史的形成―― 近代の〈革命〉論の展開を手掛かりに」李暁東（島根県立大学総合政策学部教授）、第四部；「世界的展望として――アジア・イスラムのアイデンティティ」板垣雄三（東京大学・東京経済大学名誉教授）。

（5）第一部：田中克彦一橋大学名誉教授「語ろう、考えよう、漢字の功罪あれこれ！――"日本語の生きのこりをかけて"！」田中克彦一橋大学名誉教授＆成蹊大学学生（中国語文化演習受講生）レポート45本に応える。 第二部；①「どうして私たちはこのように日本語を書くのか？――日本語表記にみる功罪」青山文啓桜美林大学教授②「日本語とローマ字」清水正之元湘南工科大学教授・現日本のローマ字社理事 。第三部；質疑、応答で構成し、各資料は注（2）第二回シンポジウム報告書に収録した。

目　次

はじめに　i

〈序論〉アジアとヨーロッパの相互補完の時代へ
　——グローバルヒストリーの方法論に寄せて……………宇野　重昭　1

Ⅰ　アジアのアイデンティティ

グローバルヒストリーのなかの
　　アジアのアイデンティティ ……………………濱下　武志　43
　　はじめに——グローバリゼーションとアジア研究の新たな契機　43
　　1. 地域流動化する国家と世界　45
　　2. グローバリゼーションとグローバルヒストリーの課題　47
　　3. グローバルヒストリーの中からのアジアのアイデンティティ構築　48
　　4. 明治知識人のグローバルアイデンティティ——選択された脱亜論　49
　　5. 150年・七世代にわたる琉球・沖縄アイデンティティ
　　　　——沖縄知識人の中の中国・日本・アメリカ・アジア　52
　　6. 中国の「脱亜」とアメリカ経由の日本文化論　58
　　7. グローバルに中国・東アジアをどう認識するか——開と閉の歴史サイクル　60
　　8. グローバルヒストリーによる中国・東アジア認識　61
　　9. 進行する国家のディアスポラ化　63
　　10. 歴史認識のディアスポラ化　66
　　おわりに——沿海都市ネットワーク　67

中国から見える世界史像と複合的アイデンティティ
　——「中国の夢」と中国式「民主主義」の可能性……………宇野　重昭　73
　　はじめに——日中の衝突回避をめざして　73
　　1.　理念としての「中国の夢」の意義　76
　　2.　「中国の夢」の仕組みに対する見方について　87
　　3.　中国民主主義の独自性の背景　94
　　4.　歴史的経験のなかの中国民主主義　100
　　5.　中国民主主義のむつかしさ　102
　　6.　中国民主主義の漸進性　105
　　おわりに——普遍性と民族性の複合的アイデンティティ　113

Ⅱ　中国から日本へ　アジアから世界へ

アジアの近代化と日本……………………………………光田　剛　129
　　はじめに　129
　　1.　アジアの近代化をめぐる諸問題　129
　　2.　東アジア近世の成立　137
　　3.　東アジア近世の変容　142
　　4.　東アジアの近代化　147
　　おわりに——アジアの近代化のなかの日本　159

戦後日本思想史における"中国革命"………孫　　歌（湯山トミ子訳）　167
　　1.　戦後初期の日本における知識状況と思想状況　167
　　2.　中国革命に遭遇した日本左翼と日本の知識人　172
　　3.　革命の方向性——二つの民主主義に関する討論　175
　　4.　思想契機としての"中国革命"　179
　　5.　戦争と平和——中国革命の思想と世界秩序再編の政治的要求　185

目　次

中国から世界へ
　　──もう一つの魯迅像、「マルチチュード」の時代に向けて … 湯山　トミ子　197
　　はじめに　197
　　1.　魯迅における「弱者」観──二つの形成基盤　198
　　2.　初期魯迅──「人」なき中国に「人」を求めて　205
　　3.　社会権力との闘い──奪権なき革命と文学者魯迅の使命　225
　　4.　民衆の時代──「弱者」の力と支配的権力との闘い　242
　　おわりに──中国から世界へ　251

Ⅲ　朝鮮半島から世界へ

植民地朝鮮における「宗教」と「政治」
　　──天道教の動向を中心に ……………………………………川瀬　貴也　265
　　はじめに　265
　　1.　東学（天道教）の概略──三・一独立運動まで　267
　　2.　「文化政治」下の天道教　270
　　3.　天道教の「対日協力」　277
　　おわりに　283

通底する「朝鮮半島問題」の論理
　　──朝鮮民主主義人民共和国の核兵器開発と竹島／独島 ……福原　裕二　291
　　はじめに──問題の所在に代えて　291
　　1.　竹島問題における韓国の「論理」　296
　　2.　核開発問題における北朝鮮の「論理」　312
　　おわりに──通底する「論理」　316

おわりに　321
索　　引　323

〈序論〉アジアとヨーロッパの相互補完の時代へ
——グローバルヒストリーの方法論に寄せて

宇野　重昭

　この序論は本書の全体的状況を、編者の一人宇野重昭が、主たる編者である湯山トミ子教授と協議して、可能な限り学術的流れに沿ってまとめた解説的な序論です。論点整理が中心なため、本書の目次の順序とは必ずしも一致していません。また内容的な重複もあります。宇野の判断に立った要旨抜粋ですから、各執筆者の意図あるいは内容そのものとずれがあることを惧れています。ただそれでも本書の特徴をあらかじめ一瞥していただくため、湯山トミ子教授の「はしがき」の続きとして、目を通していただければ幸いです。

　この序論の主な内容は次の通りです。関連する本書の中の論文は、ご参考までに（　）内に記入しておきました。内容の関係上複数回名前が出てくる場合がありますが、ご了承ください。全体はおおまかに三つに分かれ、これに書名のねらいが付記してあります。

グローバルヒストリーのなかのアジアのアイデンティティ（濱下武志論文、宇野重昭論文）

中国から世界へ——もう一つの魯迅像、「マルチチュード」の時代に向けて（湯山トミ子論文）

近現代中国のアイデンティティと「中国の夢」（宇野重昭論文）
アジアの近代化と中国・日本・朝鮮（光田剛論文）

濱下武志論文と孫歌論文のつながり
戦後日本思想史のなかの「中国革命」の深さ（孫歌論文）

朝鮮問題の世界史的意義
「天道教」と宗教の政治的役割（川瀬貴也論文）
通底する「朝鮮半島問題」の論理（福原裕二論文）
　　竹島問題における韓国の理論（福原裕二論文）
　　核開発における北朝鮮の「論理」（福原裕二論文）

アジアから世界に問いかけるアイデンティティの革新

　（なお、本書に収録されている執筆者の各論文から引用する場合には原則として脚注は付さない。また敬称も省いた）

グローバルヒストーリーのなかのアジアのアイデンティティ
　（濱下武志論文、宇野重昭論文）

　1970年代から顕在化した現代のグローバリゼーションは、新たな科学革命、金融変動、社会的格差拡大などとあいまって、予測の立たない未来の不可知性を人類に突き付けている。これに対する対策もまたグローバルな思考に立たざるを得ない。問題は来たるべきグローバル化の中心的推進力が、既知の西欧から来るのか、あるいは未知のアジアから来るのかという展望あるいは方向性にある。
　たとえば現代世界を一つのシステムとしてとらえ直そうという思考に立つイマニュエル・ウォーラースティンは、この世界システムが、これまでどおりに持続してふたたび循環的な変化に入っていくシナリオと、危機のポイントに到達し根本的な構造的変化を見ることになって、最終的になんらかの新しい史的システムの構築に至るシステムとの二つを想定し、そのさい論点を

中央から周辺の重要な場所としての、東アジアに移し、「東アジアの勃興は、世界全体にとって良いことなのだろうか、それとも東アジアにとってだけ良いことなのであろうか。それは、きわめて不分明である」と非ヨーロッパ、とくに東アジアに力点を置く史的システムの必然性と問題提起に関して疑問を提出した。ここで東アジアというのはアジアの近代の開始にあっては日本、現代においては中国がイメージされていることが容易に想定される。

では何が問題なのであろうか。世界システムの形成過程における中国の役割の必然性・問題点に対する疑惑は、どこから始まったのであろうか。そもそも東アジアの勃興はいつ始まったのか、いつからそれが世界システムの変動と関係するようになったのか、10年前からか、それとも100年前からか、あるいは過去1000年の軌跡を考えなければならないのか、そしてその意味はなんであろうか、見方によってその意味は違ってくる。

ともあれ5年・10年といった短期的発想からでは、その意味は見えてこない。現実に起こっている東アジア勃興の歴史的意味を正しく理解するためには、ウォーラースティン自身も示唆しているように、短期的視野からではなく、長期的視野から考察しなければならないことは明らかである。

なぜなら短期的（例えば10年以下）の視野から、あるいは限定された地域的規模から研究するだけでは、現代世界の重大課題、例えば情報革命、環境破壊問題、金融国際化問題、社会格差拡大問題、病原の国際的対策などの喫緊の世界史的問題に対し、それを未来にわたって検討し、見通しを立てることが極めて困難である。

この世界史的課題に長期的視野から接近しようとしている方法論の代表的なものがグローバルヒストリーのそれである。

それは、冷戦終結後の世界においてグローバル化がイデオロギー対立を越える第一の課題にクローズアップされて以来、時には人類史的な視点から、あるいは各地域各国の現実的課題のグローバル化の視点から、さらには西欧を越える非西欧の視点から、経済史・思想史・政治哲学史・地域研究論など多彩な学術的領域において、複合的に提起されている。

第一の人類史的視点とは、第一次的資料による緻密な研究の上に、それらの成果の比較を行い、そのうえで大きなパターンを抽出して人類史の本質と意味を解き明かし、その変化・変動に関する理解の方法を整理しようとするものである。そのため、この接近方法の提唱者の一人であるクロスリーは、人類史を四つの段階に整理し、単一の起源から発して時間と空間の中で多様化していく事象のナラティヴとしての「発散」、異質で空間的に遠く隔たった事象が時間の中で必然的に類似性を帯びていくナラティヴとしての「収斂」、境界を越えて劇的に動態を変化させる事象のナラティヴとしての「伝染」、たがいに作用を及ぼし合い互いを同時に変容させていく構造としてのナラティヴとしての「システム」を検討することを提案している(4)。これは歴史の大きな流れをおおづかみに把握する思考様式として参考になる。

　もっともその接近方法には本質論的な見解に特徴がある。例えば西欧の歴史論は、多くはキリスト教の救済史観としての終末論を下敷きにしているため、マルクス主義にしても、終末における理想郷としての人間の完全救済の理想を究極的目標とし、そこに至る段階としての社会主義や共産主義の理念の意味付けを考えるが、クロスリーは、その科学実証主義から終末論的啓示論的接近方法を拒否し、むしろ人類史を終わりのない過程としてとらえ、これまでの歴史を通貫して観察することにより「過去の全過程を通して人間の運命を形づくってきた諸力と未来への鍵を見つけ出すこと」に情熱をかけている(5)。

　このクロスリーの考え方は、理性的科学主義の本道ともいえる。近代西欧においては理性と科学を両立させた自然神学、近現代中国においては「実事求是」的リアリズムに、この理性主義的科学主義が顔を出している。そして興味深いことにはクロスリーはその専門の中国問題に関して、毛沢東の時代から「歴史の終焉」を想定するマルクス主義史観を「革命は革命精神の必要とともに永遠でなければならない」と方向転換をしたことを指摘している(6)。歴史の究極に終わりを想定する史観に立つか、人間の知恵と力の発展には終わりがないという史観に立つかはむつかしいところではあるが、クロスリー

はあえて後者の史観を選択した。トマス・アクィナス以来の「恩寵は自然を完成する」という自然神学の現代的復元ともいえよう。これはグローバルヒストリーの方法論から、初めて議論できるテーマともいえる。

第二の、グローバリゼーションの時代の課題に具体的に取り組む場合には、空間的・時間的に研究対象の幅が広くなり、具体的課題に経済学、政治学、社会学、地理学などの方法論から緻密な分析と実証的な理論を展開することになる。そしてそこに共通に見られる姿勢として過去の社会科学の行き詰まりに対する厳しい批判がある。[7]

このことに関して、従来の社会科学の方法が大きく変わらざるを得なくなったことを主張する『グローバルヒストリーの挑戦』において、編者の水島司は、第一にソ連邦解体を契機に、各地のエスニック紛争、テロの連鎖、疫病の拡大、環境問題の深刻化、金融危機などが1990年代に急速化したことを指摘し、第二に中国やインドなどがグローバル・パワー化したことにより過去のオリエンタリズム的歴史認識が根底から揺るがされ、アジアの過去と現在の再評価が必須になったと主張し、第三以降、アメリカ発の近代的地域研究の行き詰まり、「袋小路」的状況の現実を論じ、その活路はグローバルヒストリーの提起する魅力にあると、「マルキシズムとその歴史観」も含めて、「歴史学自身の問題」の本質的側面を示唆している。現実的に整理された問題提起といえよう。

第三の経済学的、地域学的、思想史的観点からは、改めてヨーロッパとアジア（非ヨーロッパ）の相互触発がクローズアップされる。従来の「西欧の衝撃とアジアの反応」観からの脱出である。グローバルヒストリーの観点から見るならば、「世界航海時代」に始まる「西欧の衝撃」は、文明論的には決して一方的なものではなく、ヨーロッパは非ヨーロッパを侵略したものの、この東西の接触によってヨーロッパ自身も大きく変化した。この「西欧の衝撃」を非西欧との交叉性から再把握しているのが濱下武志である。[8] 濱下論文は、グローバルな観点から経済地理学的接近方法、新しい地域の重視、地域と国家のグローバルな関係に切り込んでいるところに特徴がある。

グローバル化の現代、西欧、さらには世界の変化を誘い出したものは、非西欧、とくにアジアの側の主体性、自己認識の内発的力、そして複合したアイデンティティの深さである。グローバリゼーションは非西欧の各地・各国のアイデンティティに圧迫を加えたものの、却って各地各国のアイデンティティは、西欧における普遍的なものとの触発においてネットワーク的(濱下)に再強化された。すなわちグローバリゼーションの無限定の拡大は、それぞれの民族、エスニック集団、地域のアイデンティティを無限に強化させる。グローバル化のなかで自己自身をあくまで保持しようとするためである。そして現在は個別性に力点を移したアイデンティティの再確立の時代でとなっている。

　ただアイデンティティの確立ということは、とくに集団的、究極的にはナショナルなレベルにおけるアイデンティティの一面的強化に見られるように、極めて危険な側面を持つこともありうる。したがって、個人、社会、地域におけるアイデンティティの重層化、あるいはそれを国際的に越えるネットワーク化が危険性防止の鍵となる。

　本書は、そのようなアイデンティティの「ネットワーク化」を「周辺的地域」重視の視点から具体的にとらえ、それを理論化した濱下武志論文を筆頭論文とし、全体の基調にすえた。そこでは、グローバリゼーションの動きがグローバルな空間認識を絶えず促すことから、これまでの地域関係や地域認識が大きく変わり、地域空間の序列関係をいったんばらばらに解き放ち、そのことによってそれぞれが他の地域空間と直接的に結びつく可能性を生んだことを指摘している。(9)国家の意義が大きく後退した現在とはいえ、国家が地域に近い場所まで後退したことにより、各レベルの地域が上下の系列ということなしに結び合わされることを可能にしたという指摘は、ある意味で大胆な主張であり、極めて重要なポイントである。地域と地域が、とくに「中心」というものなしに連携する意義を指摘している点は先駆的である。(10)

　このような状況を濱下は、沖縄アイデンティティや中国の伝統的アイデンティティである「華夷秩序」の歴史的意義論などの詳細な分析を通して、ア

ジアの側の内発的発展による自主・自立的な発展を描き出している。さらに宇野はアイデンティティの限界性と危険性を乗り越えるため後述のようにハイブリットな複合的アイデンティティを提唱している。

中国から世界へ
　——もう一つの魯迅像、"マルチチュード"の時代に向けて（湯山トミ子論文）

　このアジアの内発的発展から地域・民族の問題を掘り下げていくと、上からの政府・権力からの視点より、下からの視点が重要になってくる。いわば広い意味での民衆からの視点である。

　その意味で民族文化の回復とその直視の視点から、よりグローバルな民衆の心の世界を開拓し、人間の本性のありかたを問い直した魯迅に対する新解釈は興味深い。この魯迅研究を「下のベクトル」の視点から進めようとした湯山トミ子の「中国から世界へ——もう一つの魯迅像、「マルチチュード」の時代に向けて」は、権力・強者に対峙する民衆の側からの視点で魯迅を再評価したものとして出色である。それは上からの国民国家の視点から見る中国文化民族主義者魯迅とは、異質である。当然マルクス主義者毛沢東から評価された魯迅とも距離がある。徹底的に強者の立場に立つことを拒否した弱者としての民衆観こそ魯迅の神髄ではないか、ということである。

　いうまでもなく「マルチチュード」という表現はアントニオ・ネグリとマイケル・ハートの「帝国」に対抗する概念として提起され世界的に注目されている「ダイナミックな民衆」概念である。そしてネグリはその独特の観点から唯物的世界観の先駆者とされているスピノザを縦横に引用している。もちろんスピノザの主張と現代の状況の間には「類似性と逆説的な符号」（ネグリ）が顕著に存在する。しかし両者の間には「自然神学」の積極的解釈という点では、共通性があるように思われる。そして、そこにはいかなる決定論もユートピアも存在せず、アクチュアルな活動、創造性、力に存在論的に基礎づけられたリアリズムがある。

湯山論文の一つの頂点は、魯迅が、マルクス主義に接近しながら、そのマルクス主義的革命の成功後も絶対に権力の立場を共にしないという結論部分の表現に集約的に表れている。1927年の国共内戦の屍のうえに屍を積む惨劇のなかに、魯迅はある種の転換期を迎えた。そして「虐殺による"死"に対する苦悩と記憶から、『死の覚悟』とは逆に、"生"への希求が思想的に確立」されたという。

　本来革命的文学者というものは革命部隊と行動は共にしながら「どこの駅までの同伴者か？」どこで政治的革命権力から離れるのか、という疑問がつきまとう。一般的にはそれは革命派が権力を握る直前までである。「革命に向けてともに歩みつつ、革命後支配権力の側に立たず、奪権を目指さず、支配権力に対して闘い続ける」というわけである。つまり終わりなき反権力の闘争である。魯迅解釈に関して新しい分野を切り開いたものといえよう。

　もっともこのような「終わりなき反権力の闘争」という考え方は、革命成功後の権力機構にとって、はなはだ厄介であることにも一言触れておく必要があるであろう。似たような思考様式は、晩年の毛沢東の「永久革命」の思想にも見いだせるような気がする。毛沢東の側近グループは毛沢東の革命的理想主義に苦しめられたに違いない。ただし魯迅は、政治家ではなく、文学者として、その思想を貫徹した。他方毛沢東は政治指導者である。政治的指導者が革命成功後の革命政府のその「権力性」、あるいは強制力を否定したら、どうなるか。毛沢東は晩年政治的に「プロレタリア文化大革命」という「誤り」を犯した。そこには格調の高い理念・目標が語られたが、それを画一的に物理的強制力で実行しようとしたところに結局「指導者の孤独」があった。プロレタリア文化大革命初期のころ毛沢東と会話を交換したエドガー・スノーは、次のように書き残している。「内外の人民に奉仕するとの理想に鼓舞され、個人の富を軽蔑し、人間を飢えや，金銭欲、無知、戦争、資本主義から最終的に解放するという"世界観"を信奉する」新しい階級の世代を創るということである。ここにエドガー・スノーと毛沢東のずれがある。[12]

　エドガー・スノーが毛沢東および中国共産党を高く評価して世界の人々に

衝撃を与えたことはよく知られている通りである。しかしスノーがどこまで中国に則して中国を解釈していたかは、意見の分かれるところであろう。

筆者（宇野）が、かねてから主張してきた異文化接触にあたっての「内発的発展論と相互触発論」の論理からいうならば（宇野重昭・天児慧編『20世紀の中国――政治変動と国際的契機』東京大学出版会、1994年参照）、スノーは明らかに欧米的教養を価値基準にし、その思考様式のなかで中国を理解した。その結果、毛沢東や中国の長所は、欧米的基準に沿って高く評価された。しかし毛沢東の中国人としてのアイデンティティもまた、原型が保持されたまま内発的に発展したものと考えられる。

同様の現象は魯迅の異文化接触の場合にも当てはまるように思われる。かれは清末の地方名門の家の雰囲気のなかに成長し、その祖父や両親の影響力を強く受けた。その実態は日本における「若き日の魯迅」研究の第一人者の一人湯山トミ子の過去から現在までの一連の業績のなかに具体的に見られる。また最近魯迅論を公刊した藤井省三の「目覚めと旅たち」の記録のなかにも注目すべき例証が見られる（『魯迅』岩波新書、2011年）。成育過程における中国共同体の刻印は大きかったのである。

それだけに魯迅も、同時代の中国知識人同様、先進国中心の国際社会から、多大の知的衝撃を受けた。そして一般的にいうと多数の中国知識人は、欧米先進国の輝ける部分を過大評価し、「全面欧化論」的傾向を示した。しかし「全面欧化」からの脱出をはかった人々も少なくなかった。たとえば先進国重圧下の中国の、人間的苦しみに目覚めた人々は、さらにロシア、東欧、日本などの西欧周辺部の貧困の世界、自己克服と贖罪の人生に目を向けていった。ここで魯迅が、ロシア文学と共に、たとえばシェンキェビチの「クォヴァディス」や夏目漱石の「こころ」「明暗」などの作品に強い影響を受けたことは、藤井省三の『魯迅』も注目している。[13]

湯山論文も、魯迅が、先進国の理論のなかから、中国にとって価値あるものを抉り出し、その意味を中国化した事実を明らかにしている。それが今回の論文のなかでとくに強調している新しい「民衆」観であり、弱者観であり、

また権力観である。なかでも「奪権なき革命」論は、出色である。これは魯迅が政治と一線を画し、文学者として自己貫徹したからこそ可能となった特質といえよう。筆者（宇野）の見地からいうならば、外来の思想・文学のなかに、中国自身を再把握しようとした、典型的な「内発的発展と相互触発」の一形式である。また、弱者のなかに思いがけない「強者」を発見し、その強者のなかに本質的弱者を再発見し、さらに精神的強者を創生していったことも、新しい中国知識人としての魯迅の一大特徴である。

そして魯迅以降の魯迅研究の世界的な可能性を追求する努力のなかで、湯山論文は、思い切った発想とも言えるが、アントニオ・ネグリのマルチチュード、「共」と「愛」の新しい定義で、魯迅思想の特徴を再構成した。いわば、「異質の他者」の衝撃による自己変革である。「民衆」、「共」、「愛」の実質的な定義はネグリと湯山の間では異なる。しかし相互に異質であるだけに、一定条件下に、相互触発によって新しい創造を生んでいる。その意味でネグリの衝撃は、湯山の魯迅論に新しい深みを提供したとも言えよう。この学術的接近方法は、新鮮である。

筆者（宇野）の接近方法と問題意識からいうと、アイデンティティ観の否定と肯定の論理も興味深い。よく知られているようにネグリは本質的にはアイデンティティ否定論である。アイデンティティは、しばしば他者を拒絶する。とくに民族的レベルのアイデンティティ論は、国際的とか人間第一のような、一見、より普遍的高次の観念をもって自己の民族的アイデンティティを美化する。そしてそれは有無を言わせぬ圧迫となる。しかし、だからといってアイデンティティを全面的に否定するだけでは知的生産は生まれない。むしろアイデンティティを拒否するのではなく、これを正面から取り上げ、それぞれの特徴と問題点を徹底的につくことによって、逆にアイデンティティ間の連帯の必要性の契機を発見する。「共」は異質なものであるからこそ、いっそう徹底した連帯を希求する。

これをネグリは「帝国」論のなかで「異種混交的なアイデンティティ」と呼称している。これは重層的アイデンティティ論やネットワーク的アイデン

ティティよりも積極的で、より新しい複合的アイデンティティ論となる。さらにそれは哲学的・文学的領域を貫通して政治・経済の世界にも適用可能なものとして新しい連帯の道を指向する。この序論で筆者（宇野）が基調講演たる濱下武志論文に続けて湯山論文を取り上げた所以である。

　濱下論文はグローバル化のなかに自律的な地域の連帯を探求し、湯山論文は、新しい「民衆」観と連帯の原理をアジアにおいても再発見したといえよう。

近現代中国のアイデンティティと「中国の夢」（宇野重昭論文）

　革命は人々を鼓舞するため、より平等な社会のイメージを追い、人間解放の理想を掲げる。そして反権力の夢を追う。しかし人間が本来自己中心的な存在である以上、その理想の実現のためには革命派もまた強制力による権力機構を擁さざるを得ない。それがどこまで許容されうるかは民衆に受け止められた民生向上、民主化への意志、官僚主義克服の実効性などによる。つまり社会科学的問題である。毛沢東はその社会科学的思考において欠陥を持っていたといわれる運命にある。

　ただ毛沢東思想は事実として中国の近現代的アイデンティティのなかに深く根を下ろしている。「実事求是」のリアリズム、抗日戦争に見せた国際戦の感覚、民族独立の達成者としての英雄像は、庶民の間で人気があることは筆者も鄧小平時代の中国で再三実体験した。

　もちろん大躍進からプロレタリア文化大革命における政治指導者としての失敗の歴史は、とくに幹部・知識人の脳裏に刻み込まれている。また冷戦期における対米・対ソ外交も、毛沢東の主観性が表面化したものとして批判の的となり得る。したがって毛沢東の言説を引用することの多くなった現在（2013年以降）の習近平指導部においても、引用の仕方に極めて注意深いものがあり、現段階においては毛沢東の倫理主義、平等意識、民衆観などに力点を置いて引用している。また毛沢東の名にかこつけた、公と私の区分における公優先論、人間の生き方を軸とする汚職構造批判はかなり強力に展開され

ている。

　ただしアナーキズム的な理想主義は、きびしく排除される。理想と現実、普遍と個別、観念的未来観と現実的未来観は、はっきり区分けされなければならない。まず現実的な具体的目標を選び、つぎに戦略的目標を明らかにし、さらに中国の理解する「普遍的理想」を語り、加えて国際社会の共通する理想を加味していくのが中国指導者の共通するパターンである。そしてその文意の前後関係は実践によって絶えず組み立て直されていく。

　その現代における代表が習近平指導部発足以来高く掲げている「中国の夢」の構想である。そこで「中国の夢」の意義を、空想的と軽視せず、グローバルヒストリーの観点から素描しておきたい。

　「中国の夢」は、中国の国力が世界第2位となったという転換期の自信、2020年には国民の一人当たりの所得を2010年の2倍にするという現実的目標を土台に、今後10年間の戦略的目標を明らかにしたものと考えられる。そしてその上に戦略的目標を突破して、10年より遥か未来の目標、具体的には平和、民主、文明、調和社会の建設その他の理念を指向したものである。「中国の夢」が、「現実のものであり、歴史的なものであり、未来のものである」と主張される所以である。

　もちろん中国は、発展の夢の背景に、自然環境の悪化、社会格差の拡大、いわゆるテロ問題の危機などが進行していることは、率直に認めている。また中国における人口問題の困難性、市場原理導入による社会主義との矛盾関係、行政機構の立ち遅れと汚職の拡大、等々のマイナス要因も認識しているものと考えられる。その意味では、あくまで「試練」と「挑戦」の意識である。

　その「中国の夢」の成否は、国際的環境に負うところが大きい。したがって中国は「中国の夢」の内容を国際的世論の中で「手を加え」、内容を豊かに改新していくことを目指している。とくに新興諸国の政治指導者の意見を取り入れることには気を遣っている。

　ただし中国の国際化推進においても、あくまで中国自身の経験が中核となっている。その結果、「中国的社会主義」とか「中国的市場経験」とか「中

国的民主主義」というような「中国的」・「中国式」というような言葉が多用されている。ある意味で外国の経験は徹底的に取り入れるものの、具現化するものはあくまで中国自身の歴史的経験から出るという考え方である。とくに民衆の支持を確保するために重要な民主化の場合、「民の声」は「天の声」、「人民こそ真の英雄」として原理的・理念的に高く掲げられる。もちろんそれはあくまで指導者の側に受け止められた部分的・請願的な「民主」である。民衆自身もみずからが政治を動かそうというような政治文化は持っていないように思われる。2003年の胡錦濤主席時代以来知識人を中心にいわゆる「増量的民主主義」の方式がその緒についてはいるものの、現在のテーマは、まず行政・官僚の汚職的権力行使から生じる「被害」からの救済、請願受付の合理化であり、「草の根NGO」の参加の仕組みづくりである。他方欧米日的民主主義が制度としていずれの国においてもその不全性を露呈している現在、自由・民主・人権尊重の普遍的原理はモデルとして参考対象になりうるとしても、政治制度として広大な中国に直輸入することには過度に慎重となっている。実験して失敗した場合の混乱のマイナスがはかりしれないからである。

　そのような時代にあって、「中国の夢」が「みんなが心を一つにする」とともに「一人ひとりの人生」を大事にすることにも触れ始めたことは注目されている。人々が「中華民族」の一員として未来に共同の目標を持つとともに、「一人ひとり」が多様な夢を抱きうるというわけである。

　同時に「偉大な中華民族の復権」という考え方が大前提になっていることも銘記しておく必要がある。それはやはりナショナリズム的危険性をはらむものであって、軍事的突出論とは紙一重である。中国がさらに国力を増し、軍事部門の専門化を進め過ぎると、日本の「軍事化」・「保守化」の雰囲気を刺激し、軍事的小衝突の危険性が年を追って増大する危険性もある。とくに日本の「軍事化」・「保守化」の急激な発展は、文官優位の戦後日本の政治的体質を変えていくことが憂慮される。

　もちろん当面においては、不慮の軍事衝突発生の予防、限定、鎮静措置の

国際的装置が、急がれるであろう。また相互の民衆感情が紛争黙認に傾くことのないよう工夫する必要性もある。そして現実問題として、経済、技術、文化、人事交流の後退を防がなければならない。また、日中間の相互理解を長期にわたって醸成していくため、相互の政治文化、国民性、価値意識のような本質的問題に関する学術的分析、知的交流も考案しなければならない。このような目標は、10年や20年に達成できるものではない。おそらく50年・100年を目標にすることになるであろう。

当然日中双方に対するグローバルヒストリー的な分析が必要となる。ただ日本の場合にはそのような長期計画があるのか、ないのか、はっきりしない。これに対して中国は、現在、「1921年の中国共産党の創立から100年」、「1949年の中華人民共和国から100年」と「二つの100年」を掲げている。これは中国の観点からいうならば、予測可能な現実的な目標であり、未来の目標でもある。2021年の目標は中国式「小康社会の完成」であり、2049年の目標は「富強、民主、文明、調和」の中国式社会主義国家の建設である。いたずらにこれを無視あるいは批判するだけでなく、真剣に中国が目標としている理想・夢の実態を分析する必要もあるであろう。

もとより中国はながらくの反帝国主義闘争の曲折、国内紛争で大きな打撃を受けている。アヘン戦争以来失われたものは余りにも大きい。そして現段階の中国国内のジレンマは予想を超えて大きい。筆者の所属する島根県立大学は繰り返し中国側の学者代表団を受け入れ、かなり率直な意見を交換しているが、もっとも印象に残っているものは、中国の国内的困難が、アメリカあるいは日本以上であるという問題意識であり、具体的事実の指摘である。

もっとも国内的ジレンマは日本でも大きい。とくに日本の統一的民族的コンセンサスの欠除、結果としての近代的民族意識の未熟性も重大である。現代史的に顧みれば戦前日本の富国強兵ナショナリズムの第二次世界大戦敗北による突然の挫折、そしてアメリカと混合した異常なナショナリズ、経済、技術、文化に集中する日本の独自性再確認のナショナリズム、政治的統一への展望なきナショナリズムと、歴史的異常性は大きい。いまや大きな歴史の

流れの中に「正常なナショナリズムのありかた」を再検討し、まとめあげる精神的余裕をもつ必要がある。

　世界もまた、同様である。西欧ではかって E.H. カーが「ナショナリズム後の世界」の夢を描いたが、実際の歴史の現実が求めたものは、それぞれの新しいナショナリズムを洗練しなおすことであった。そしていまだ全体主義的・軍国主義的・保守主義への回帰の危険性のあるナショナリズムを否定する正常なナショナリズムは発見されていない。またハンス・モーゲンソーが若き日にえがいた真にファシズムを克服しうる『パワー・ポリティックスに対する科学的人間』(1947 年)は、その後も不明確なままである。問題は、中国、そして日本、さらに現代国際社会そのものにもある。

　このような課題を念頭に、日中関係の危機の現実を、グローバルヒストリーの見地からやや抑えて学術的に考察し直そうとしたものが拙稿「中国から見える世界史像と複合的アイデンティティ　『中国の夢』と中国式『民主主義』の可能性」である。直面する今後の十数年間、不用意な局部的軍事衝突から生じる悲劇を回避するため、あえて長中期的視野から、本質的問題点を掘り下げてみたものである。

アジアの近代化と中国・日本・朝鮮（光田剛論文）

　ところでアジアにおける危機の淵源は、そもそも近代化のありかたにあった。もちろん近代化は西欧起源の普遍性の性格を帯びたものである。しかし近代化の受け止め方はアジアの各地において、それぞれの国・民族において顕著な相違を見せた。とくに中国、韓国、日本においては、その伝統の相違が、モロに反映されることとなった。それぞれの内発的近代化の主体形成の触発である。この全体を概観したのが光田剛論文である。

　光田剛は、最初アジアにとって近代とは何かという周知の問題提起を提出しながら、とくに「出発点としての近世」の意義を大きくとりあげる。近世はヨーロッパにおいてもアジアにおいても「支配下の地域によって異なる支

配体制を施行してきた」という指摘である。それにもかかわらず「このような複数の原理の併存や身分・地域によって異なる支配体制が許容されなくなる」のが「近代」であると強調している。

　光田剛は近代の「統一性」に歴史的発展の姿を彷彿させているが、筆者（宇野）の視点からは、むしろ近代と対照される「近世」のイメージの方に魅力を感じる。統一性より地域自治の「民主性」の方にアジアの特質を見出すグローバルヒストリーの接近方法が念頭にあるからである。[(14)]

　ところで東アジアにおける「近世」とは何か。光田剛はその始まりを16世紀に置きたいとしている。万国航海時代が始まり、航海とともに鉄砲の使用、銀本位・銀中心経済の三本が本格的に揃うのがこの時代だからである。しかし西欧の海への進出が植民地獲得にあったため、東アジアの強国は統治能力をもっぱら自国内に向け、結果的に「厳格な海上管理体制」に入っていくことになる。いわゆる限定的国外貿易の下の「鎖国体制」である。

　こうして「東アジアの近世秩序」は、18世紀のあいだは安定をつづける。しかしその安定の中にも近代化への胎動は始まる。中国においては人口爆発と大規模な人口移動が起こり、各地に自発的組織が誕生するとともに、国家・社会のありかたにも変化が生じた。日本においては百姓・町人のなかからいわゆる「勤勉革命」が起こり、社会的に有力な豪農・豪商層が現れるとともに、武士・百姓・町人のなかにも階層分化が進行し、上層部に下級武士、豪農・豪商が進出する可能性が拡大した。また韓国においては儒教各派が発達し、地方に学院と称する学校組織を運営し、教育と政治活動に進出した。いわゆる士林派両班が固定し貴族化したという指摘は注目されるべきであろう。このような貨幣経済の定着、取引範囲の拡大、身分制の動揺、人口移動の広範囲化をどう見るかは歴史家の判断の分かれるところであろうが、光田論文の特徴は、王朝政府・幕府などの「政治的対応力」の喪失現象を指摘するとともに、「地方の側からその改革を促す動きが始まっていく」ことを強調しているところにある。アジア自身のなかにおける「近代」への胎動である。

　もとよりこの近代化への嵐はヨーロッパにおける市民革命から産業革命に

象徴的に現われた。ある意味で奇妙なことではあるが、このような革命は、結果的には各国の「君主権力」によって推進された。近代を切り拓くことになる「君主」は、それまでの「国王」とは異質なのである。ここで光田剛が「君主権力の強化は政治の民主化と必ずしも矛盾するものではなく、強力な君主権力のもとで国民の発言力が増大することが社会の民主化を経て政治の民主化をもたらすという経路はあり得る」と表現していることは、きわめて興味深い。この視点は光田剛の地方分権、独特の「民主」誕生観につながる。

　つまり近代的な市民社会の形成にもかかわらず元首を頂点とするヨーロッパの政治体制は全体として整合的とはいいにくいが、ともあれ法制・憲法の成立によって近代的統一の方向性が定められ、議会制の成立によって「民主性」は担保されることになる。これがアジアにもたらされると、それぞれの地域の新しい成長勢力を刺激し、実質的な近代化と内発的とでもいうべき分権化、民主化を招来することになる。中国においては太平天国から清末改革・辛亥革命にいたる歴史的流れのなかにおいて、「（中国）社会は、皇帝専制体制から郷紳を主体とする自治への変革を求める一種の民主化へと動き出していた」。ただし、「省の連合体ではなく、統一国家として完成させるという目標は、第二次世界大戦後まで持ち越されることになる」。日本においては、民主化の担い手は、下級武士階級出身者や豪農から富裕な都市市民、富裕農民層に移り、やがて男子普通選挙の実現と共に、「政府側の『君主権強化としての近代化』を、さらに急進的・根本的な議会政治の実現へと、社会が動かしていった」。他方朝鮮においては、「東学」を嚆矢とする民衆運動の高まりが、士林派両班のような士族的両班による社会開化を突き上げ、国王を頂点とする民族的抵抗体制を促進し、やがて日本による「政治の民主化」に「民主的」に拒否の姿勢を固める。

　これらの動向の歴史的意義を再確認することは今後の歴史家の任務であろう。しかしいずれにせよ「西欧の衝撃とアジアの反応」を考える場合、「欧米諸国が、産業革命後の圧倒的な軍事力と経済力でアジアに近代化を強制した一面を軽視してはならないが、欧米諸国が『進歩を強制した』ばかりでは

なかったという一面も見落としてはならない」。重要なポイントである。

そこでアジアからの内発的な主体形成の問題を、もう一度濱下論文と孫歌論文が指向した原点にかえって検討してみたい。

濱下武志論文と孫歌論文のつながり

アジアの側から内発的主体性を発見するということは、先に取り上げた湯山トミ子が魯迅のなかに、アントニオ・ネグリらの世界史的な「弱者への愛」を見出そうとしたように、既成の先入観に拘束されない新鮮な問題提起があった[15]。

さらに濱下武志と孫歌が、その接点に「華夷秩序」の積極的な評価問題を置いているところに、より深い学術的展望を再発見することができる。

その意味で、従来東アジアにおける支配秩序の象徴と見られていた「華夷秩序」を、東アジアにおける互恵の秩序として評価しなおした濱下武志の先駆的学術分野開拓の意義は極めて大きい。すなわち「華夷秩序」は中国を中心とする中国の対外秩序観としてとらえられてきたが、「華夷認識」それ自体は、それが世界と見做す地政的な広域秩序理念であり、「中国が夷と見做した国や地域は、必ずしも自らを夷として捉えていたのではなく、自らを華として位置付けることを可能とした理念でもあった」[16]。

事実朝鮮、中国、などでは、中心部に強固な政権が生まれると周辺諸国あるいは地域をその地方の独自性は尊重しつつも「華夷秩序」概念で包括する傾向を示した。いわゆる「小中華思想」と呼ばれるものである。したがって最近では、この華夷秩序と西欧近代の普遍主義的国際秩序（ウェストファリア体制）との相互補完による新国際秩序を主張する声もある[17]。

この発想に着目した研究者の一人が孫歌である。その著書『アジアを語ることのジレンマ』において孫歌は濱下武志の「華夷秩序」および朝貢貿易解釈のプラスの側面として、一、「免税特権」という特別な恩恵が与えられることによって「きわめて魅力的な商取引の機会を提供する仕組み」が働いてい

〈序論〉アジアとヨーロッパの相互補完の時代へ

ること、二、「周辺地域の王権の正当性が保証される効果を持ち、地政的な安定性」が創り出されていること、三、一定の手続きさえ踏めば「自由に」交易に参加できることから「単に中国とだけではなく他の朝貢国との間の交易も可能になった」ことを抽出している。[18]

　歴史は複雑である。そしてその複雑性の解明のなかから、アジアの側からの独自性の主張がグローバルな意味をもって蘇る。

　本来「西欧の衝撃」というものは、非西欧を侵略するとともに近代文明の恩恵をもたらしたものであった。そして受け止めるアジアの側は、「和魂」とか「中体」といった自己の伝統的アイデンティティを駆使して防御に努めたが、軍事的・経済的パワーに屈して、侵入者を先生としてその科学的先進性を学び取ることにした。ところがその伝統的政治文化から外国の長所導入に抵抗感のより少ない日本は、「侵略者の先生」からいち早く先進文明を学び取って、結果的に日本周辺の地域を侵略した。なぜ侵略したのか。日本の主観的意図では、近代西欧のような帝国主義的侵略ではなく、周辺諸国に「互恵」で対応しうる文明・「新秩序」樹立の精神で進行するはずであった。つまり孫歌的解釈でいうならば、日本的な「華夷秩序」を樹立することを目論んだ。孫歌は次のように表現する。「濱下武志の解釈によれば、近代日本の『脱ア』は、実際上、東アジアの国際関係において新たに設定された華夷秩序の一種に過ぎないということになる。ずばり言えば、日本は、中国に取って代わって、新しい東アジア秩序の宗主国になりたいということだったのである」[19]。

　それを儒教的精神というより、日本は、「生々発展」肯定の日本人的感性で推進しようとした。ただし日本は西欧のような自由、平等、人権尊重の普遍的精神を、自己自身のエートスとしてわがものにしていなかった。また他者尊重・寛容・自己否定のように、利益論の暴走を抑制する歯止めとしての「善の思想」も充分育成させていなかった。すなわち明治政府は、「大和魂」や「自然」のままの美と発展の思想は奨励したが、文明開化においてはキリスト教文化を切り捨て、他方儒教の精神も原則論的には排除した。したがって自己否定を前提とする隣人愛の思想も理解できなかったし、「他者に

たいする厚い信頼」の精神も育成することもなかった。もちろんこのような近代日本のアイデンティティに疑問を呈する一部の進歩的知識人や政治家は存在したが、これをもって、圧倒的多数の人々による自然の趨勢、時の勢いを価値とする近代日本のアイデンティティの形成に影響を与える力とはならなかった。

　こうして日本は、アジアの人々との対等性と西欧の問題点に対する理性的批判を説く「アジア主義」を、時代にはずれた非現実主義の地位に別置し、多数派意見として日本を長兄とする「大東亜共栄圏」の思想に邁進した。

　その結果日本は敗北してアメリカの占領下におかれ、極東国際軍事裁判の裁きを受けることになった。しかし極東国際軍事裁判もまた民主主義の軍国主義否定の裁判という時代の正義の旗を掲げながら、その内実は、勝者の敗者を裁く「合法的手続き」によった一方的裁判ともなった。政治的には日本の軍国主義の牙を抜くというより、日本の積極的発展を阻止する「懲罰」に力が注がれた。日本の重工業そのものの発展を数十年遅らせようというような国民政府代表の真面目な意見が提出されたのも、当時の雰囲気を表している。さらに法的にも、未来の理念的原理によって現在の現実を裁くという問題性に疑義の声は少数意見にとどめられた。しかも時はアメリカの日本占領時代である。勝者に不都合な情報は、秘密案件という名で日本国民の眼には閉ざされた（1960年代に占領期の資料に接する機会を得た筆者は、しばしば、占領軍が特定の資料に「日本国民に閲覧を禁ずる」という文字を記入しているのを読んで衝撃を受けたものである）。孫歌の表現によれば、極東国際軍事裁判というものは、日本のアジア侵略ということと、一般的な「帝国主義間戦争」を別々の問題にしたため、「『優れた文化価値』を体現しながらも『帝国主義』の手によって行われたもの」と指摘し、その結果極めて重要、かつ輻輳した視点を提起している。[21]

　そこには平等とか自由の優れた文化的価値は、ヨーロッパが浸透してきた過程で武力を伴っていたという竹内好の重要な指摘が生かされている。優れた文化価値を伴う武力がアジアに侵攻し、アジア、とくに中国は、抵抗しつ

つもその優れた価値によってわが身の価値を普遍化させ、新しい価値によってアジア的自己形成を行うという不思議な、かつ複雑な「アジアという思考空間」が生まれたわけである。

　本書の中の孫歌論文は、その不思議さと複雑さを戦後日本の歴史を例に見事に解説している。またそこには中国・日本を問わず、アジアにおいて共有される普遍的価値志向と自らの民族的立場との屈折した心理も描き出されている。

戦後日本思想史のなかの「中国革命」の深さ（孫歌論文）

　本書に収録されている孫歌の「戦後日本思想史における"中国革命"」は、筆者（宇野）個人の経験を言わせていただくと、当時20歳から30歳台初めにかけての筆者がアメリカの独りよがりの正義のなかにプラス面とマイナス面を嗅ぎとり、やがて内発的な日本的人間主義・民衆観からアメリカ民主主義に距離を置きはじめ、他方、非人道的と思われたソ連人民民主主義にも失望し、その結果革命中国に革命以上のものを期待して現代中国研究に入っていった軌跡を思い起させる。そして右とか左ということでもなく、いわんや善悪二元論という立場からでもなく、ひたすらアジアにおける輻輳した歴史の事実そのものを探求したいという動機から、『太平洋戦争への道』や『中国共産党史資料集』の編集に参加したその時の時代の意味を考えさせる。

　当時民主主義という貴重な価値は、アメリカの軍事的占領とともに日本に入ってきた。ただしそれは議会制民主主義に異常なまでの力点を置く「民主主義」であった。しかも制度として確立したものである以上、政治の強烈な影響をうけざるを得ない。

　やがてアメリカは当初の純粋な民主主義の原点から離れ、共産主義に対抗するという政治的価値目標のため、制度の規準を恣意的に変更しようとした。それに対して日本の知識人・民衆は「すでに条文化された民主主義制度を利用して対抗した」[22]。憲法九条がアメリカの反共、日本再武装の邪魔になっ

ていたことは周知のことであろう。

　また極東国際軍事裁判は、未来の平和のための理念を活用する先進性を示しながら、その方式を敗戦国日本にのみ当てはめた政治的限界を乗り越えなかった。もちろん戦犯を処罰することは正当な考え方であるが、その正当性が全体的対象と手続において発揮されなかつた 。孫歌は、「日本の戦争責任とアメリカの戦争責任は、同時に同等に扱われなければ」と適切な問題を提起している。

　しかしアメリカが自らの戦争責任を公開することはなかった。ソ連はそれ以上に 、日本人捕虜をシベリアで酷使するという犯罪的行為さえ正当化した。日本人捕虜の一部を共産主義の理想で洗脳し、帰国にあたっては、革命歌を歌わせながら「資本主義の植民地日本」に上陸させようとしたことなどは、われわれ日本人の若い世代の共産主義熱・社会主義熱を一挙に醒まさせた。

　ただし中国は違っていた。戦後われわれ日本人に伝えられたのは毛沢東の「持久戦論」、「新民主主義」の明るい側面、寛容と説得を建て前とする「整風運動文献」などであった。それはマルクス主義の革命イメージを越えていた。孫歌は「特に毛沢東の一連の著作を通して、日本の知識人は新たな世界を発見した。彼らは『寛容』、『説得』、『民主』等などの自由主義的キーワードを使用しているけれども、疑いなく中国革命が彼らに示したのはソビエトの方式とは異なるものであった」と、日本知識人の動向を当時の『世界』の座談会などを通して詳細に紹介している。

　思い起こしてみると日本知識人の中国論が頂上を越え始めたのは、やはり1956年のハンガリー事件からのことであった。日本人はソ連のマルクス・スターリン主義に失望するとともに、中国の毛沢東主義にも興ざめの気分を味わった。1957年5月の『世界』の座談会に出席した5人の代表的知識人のうち3人は、中国の「ふたたびプロレタリア階級独裁の歴史的経験について」について、孫歌の表現でいうと「善意の不満を表した」。そのうちの1人である江口朴郎は、筆者のゼミの指導教授でもあったが、「国際政治の論理にしたがったからといって中国のマルクス主義そのものが誤っているわけ

ではないが」と解説された。「善意」というものは、そういうことであろう。5人の座談会出席者のうち2人、すなわち竹内好と丸山眞男は、「中国革命についての原理的理解」(孫歌)のうえにたって、竹内好は中国共産党が必ずしもソビエトの方式を認めていない「微妙な言葉づかい」を用いているという「仮説」を示し、丸山眞男は中国の説明が十分ではないということに「懸念」を示しながらも、竹内の意見に「留保を残しつつ賛同した」[23]。

そのような懐疑と懸念を残しながらも、なお日本の知識人は、中国革命に対する理念的期待は捨てなかったように思われる。ただ日本人の平和思想からいって、中国の核兵器自力開発は幻滅的であった。わずかに中国の政治的論理と平和への意思の接点「中国は先に原爆を使うものにならない」という表現に"現実主義的理念論"と政治学的理解を示す者のみが、中国に好意的な中国研究者として残された。

他方竹内好のような思想家・文学者は、中国語の表現の微妙な含意のなかから、より普遍的意味の発掘に精力を注いでいったように思われる。孫歌が、「私が日本のアジア主義言説に内蔵された軍国主義と拡張的野心を単純に批判することではなく、竹内好のような歴史的視野を形成することである」と指摘したことは[24]、なお、有意義な問題提起といえよう。

朝鮮問題の世界史的意義

そこで朝鮮半島の問題を日本の「植民地主義」による支配の歴史を超えて、よりグローバルヒストリーの視点から考えてみたい。

日本軍国主義との関係が切っても切れない地域が朝鮮半島である。その地は古い歴史から見ると日本より先進的文化の地域でありながら、日本から直接植民地化されるという苦痛の35年を味わった。「日韓一体化」という名の「韓国併合」である。朝鮮民族の「恨」の歴史意識は、いま1945年後の半世紀を過ぎてもなお深まる一方である。

しかも朝鮮半島は、「北東アジア」の中心にある。周辺には中国、ロシア、

アメリカそして日本の強国がひしめきあっている。古来朝鮮半島は、最初は儒教文化、近代に入ると日本文化、19世紀に入るとキリスト教文化の強い影響を受けつつ自己の朝鮮文化を形成してきた。それは、強烈な外来文化に圧倒されながらも、内発的に築きあげてきた独自の精神的文化圏であった。その朝鮮人の性格を日本人がどこまで理解しているか、はなはだ疑問である。韓国併合の時代の時はもちろん、現在といえども、日本人は一般的国際関係の比較論の枠組みのなかでのみ南北朝鮮を一方的に理解し、グローバルな意味における隣国問題を大局的に把握しようとしてこなかったのではないか。本書で朝鮮の歴史的・社会的意味を内発性と国際性との相互触発の関係のなかでとらえ直そうとしたのも、日本がもっとも親しい隣国との信頼関係を回復するため、不毛な韓国批判、北朝鮮に対する一方的解釈から脱し、長期連携の基礎を再発見したいという願いからである。

いまや南北朝鮮は実質的な近代的強国へ向かう過渡期にある。その強さの背景を探っていくと、きびしい環境のなかに自己を再強化していく感性的情念と柔軟な「理性」的思考方法に突き当たる。それは「一国史観」的にいうと韓国の「儒教的民本主義」の深さとか北朝鮮の社会主義的「自主」の思想といったような表現のものともなり得るが、グローバルにみると、もっと本質的な価値の問題が浮かび上がってくるように考えられる。その意味でグローバルヒストリーを基礎に、南北それぞれの普遍的性格を抉り出していくことが適切な接近方法と考え、川瀬貴也「植民地朝鮮における『宗教』と『政治』——天道教の動向を中心に」から「もう一つの『近代史』の存在」の可能性を、福原裕二「通底する『朝鮮半島問題』の論理——朝鮮民主主義人民共和国の核兵器開発と竹島／独島」からは、「『克冷戦』をめざす」論理を探求することとした。

「天道教」(東学) と宗教の政治的役割

従来「東学党」というものには、1894年、「東学」(後に天道教) と呼ばれ

〈序論〉アジアとヨーロッパの相互補完の時代へ

た民族主義的傾向を帯びる農民中心の民衆反乱が、ついには全州占領にまで発展し、朝鮮政府と「全州和約」を結んで平和的状況を生み出したにもかかわらず、結果的に清国、日本の双方の出兵を誘い出し、いわゆる「日清戦争」の発端となったという負のイメージがある。そこでは、民衆と政府の複雑な関係、宗教的アイデンティティと民族的アイデンティティの複層的関係は理解されていなっかつた。また宗教的価値を民族主義的価値に優先させたが故に、その宗教的普遍的価値のため、日本に対して民族的妥協政策を余儀なくされていった天道教の指導者の苦悩は、一般の日本人にはほとんど知られてこなかった。

今回本書に収録した川瀬論文は、新しい学問的視点から、その天道教が近代に誕生した「新宗教」と考え、近代化の「痛み」に対応する「民衆の一種の『応答』」と想定している。そして学術的には最近日本政治学会でも大きく取り上げられている「宗教と政治」の討論課題の一つ、ホセ＝カサノヴァの「公共宗教」の考え方を積極的に引用する。[27]

朝鮮研究の難しさは、日本人にとって、歴史的にほかの地域より一層に根が深い。というのは朝鮮半島が、近代化日本によって近代化を暴力的に押し付けてきた「植民地」的地域だったからである。植民地化ということは、いかに近代化や文明化の長所を誇示しようとも、究極的には暴力以外の何物でもない。日本の朝鮮支配は、「武断政治」の時代であろうと、「文化政治」の時代であろうと、その究極的暴力性という点において本質的相違はない。著名な趙景達の論説においては、「植民地主義の本質とは、何よりも、『近代化』の美名のもとに多様になされる収奪・差別・抑圧と、それを担保する暴力の体系性にこそある。暴力の度合いが強ければ強いほどその傷痕も深い」[28]と論じている。

そこで川瀬貴也は天道教の思想を取り上げ、植民地の朝鮮人が「近代化」という一種の「暴力」にどのように対応し、どのようにその生き方を模索したかという問題を考察する。もちろんそれは容易な道ではない。単純な民族的抵抗のアイデンティティだけで済むものではなく、川瀬は「複数のアイデ

ンティティを生きざるを得なかった天道教幹部らの言説」に対する分析に力を注いでいる。

　そこで東学の創始者崔済愚のことである。崔は1824年に没落両班の子として慶州に生まれた。両班の地位は時代によっては法的に固定したものではないが、啓蒙的立場の存在として民衆に尊敬され、なお、民衆とは距離感があることも最初に確認しておくことが重要である。

　ところで崔済愚は1860年に天帝から救世主としての召命を受け、呪文をあたえる資格を得たといわれるが、そこには道教・呪術・儒教などの伝統的思想が色濃く反映している。同じような時期に中国においてキリスト教の影響を受けて太平天国を興した洪秀全にも、同質に近い発想を感じられる。また当時アロー戦争の衝撃も日本、韓国に伝わっていたものと考えられ、西欧に対抗する素朴な民族意識もひろがり始めていた。

　ただしこれは近代国民国家成立期のナショナリズムとは異なり、川瀬貴也が「失われつつある日常生活を惜しむ、宗教的パトリオティズム（愛郷主義）とでも呼ぶべきものであろう」と定義しているのは妥当な表現と思われる。強烈な宗教的使命感と素朴なナショナリズムという結びつきは、植民地化との闘いという厳しい条件のもとでは、結局宗教優先という、その後の天道教の方向を左右することになる。

　天道教にとつての試練は、日本の韓国併合、それに抵抗する民族主義的な三・一事件によって表面化した。この時期は日本の初期の武断政策によって、韓国の民族主義的運動はすべて禁圧の対象となり、大部分の民族主義的運動は、より穏健な宗教的組織の形をとらざるを得ず、天道教、キリスト教、仏教などの諸代表が「民族代表」の組織を形成していた。当時天道教は第三代教祖の孫秉熙の時代になっていたが孫は日本に亡命中に社会進化論的開化派に接近し、その影響下に結果として日本に理解を示す民間組織も生まれていた。日本の進歩的文明開化に理解を示すということになると、理論的に徹底的な反日行動はとることができなくなるからである。また宗教的指導者としてのこの世に対するバランス感覚から、あくまで話し合い優先の「非暴力」

〈序論〉アジアとヨーロッパの相互補完の時代へ

の方法を選択せざるを得なかった。

　この点直ちに「自由」と「独立」の主張に向かった民衆運動とは距離をおかざるを得ない。趙景達らの『植民地朝鮮と日本』によると、当初、三・一運動において大衆化・一元化・非暴力を三大原則とすることが確認されていたのに、宗教的指導者を中心とする民族代表らは、「いよいよ挙事の段階になって学生・民衆への不信と恐怖から一元的に大衆的に運動を推進していくことをあきらめ、非暴力のみを標榜した」と解説している。[29]

　天道教の指導者の考えかたは、その後日本の朝鮮政策が「文化政治」路線に変わり禁圧の谷間のなかに公開的出版物が刊行されることが出来るようになると、「(新)文化運動」という呼称で、いっそうその内容が明らかになってきた。これは「実力上からして強者とともに並立するための文化運動」ということで、「これは元々天道教が持っていた現実改革志向、すなわち新しい社会（地上天国）を建設するためには精神強化はもちろんのこと、物質的制度の改革も必要であるとする『性身双全・教政一致』論に基づくものであった」ということである。つまり個々人が生の様式である文化を新たにし、意識を改革し、その後に社会を変革することが彼らの目指していたものであった。ただしこのような宗教優先の姿勢のリアリズムは、民族運動への関与姿勢をめぐって内紛を繰り返さざるを得ない。これは一般的にも宗教の政治への参加をめぐって宗教的指導者間に内紛が巻き起こる国際的諸例にならうものといえよう。

　朝鮮の場合は、支配者たる日本の軍事的動員態勢が進み、これを植民地支配体制化に矛盾自覚なしに押し付けてきただけに、その悲劇性はいっそう深い。日本は第一次世界大戦の悪しき教訓から、大正デモクラシーの時代から、国際協調、軍縮時代への対応の名のもとに民族的動員態勢を推進していた。そして1931年の「満州事変」後には「五族協和」の美名のもと日本民族優位の国家外国家の実践に乗り出し、「日中戦争」拡大後は国民精神総動員の時代に突入し、太平洋戦争勃発以降は大東亜共栄圏の夢を追求した。

　これに対して天道教は、その独自の宗教的理想主義から実質的に民族主義

を抑圧し、結果的に日本の大東亜共栄圏建設に協力したとされている。この歴史は、天道教内の「革新派」と呼ばれた急進的グループが排除され、「新派」と呼ばれた元民族代表の一員崔麟を総帥とするグループが、教主を中心とする保守派と事実上合体し、かれらの理想を追いつつも結局は共同体的論理で日本の東亜協同体論ひいては大東亜共栄圏構想に同調していった軌跡に明確に表れている。「民族」の上に「人類」という価値を置き、その理想世界に向けて邁進するという論理構造のもと、目の前の社会矛盾や民族問題をいったん棚上げにし、一種の「開かれ過ぎたナショナリズム」としてナショナリズムそのものを雲散霧消させてしまい、もって「対日協力」を支える論理にしたのではないかという川瀬貴也の解説は、実証的資料の裏付けを伴っているだけに説得力に富む。主観的には「漸進的独立論者」である崔麟たちが民族発展・世界一家の「準備」として「自治」を実現させようということで推進した「自治運動」が現実的方法として一定の意味はありえたとしても、結局「民衆の要望からは乖離したものにならざるを得なかった」という視点は重要である。そして最後に「対日協力した天道教の動きは、同時代の国家神道システム下に呻吟した日本の諸教団と共通点があるが、植民地下ゆえの悲劇、つまり宗主国に過剰同調し、近づき過ぎたがゆえにアイデンティティを喪失し、一種の『故郷喪失者』となった悲劇が日本の諸教団との相違点であろう」と結んでいることは、過去および未来の「公共宗教」の可能性を再追求するときの貴重な問題点を示唆している。このような積極的思考は、天道教の本質的見直しの視点となり、現在の韓国における「親日派」摘発問題を狭い内部的批判運動からグローバルな意義をもつ日韓提携の学術的基礎の再検討につながることが期待される。

通底する「朝鮮半島問題」の論理とは何か

　天道教の歴史が日本のアジア主義の理念を過剰信頼して悲劇に陥った人々の記録なら、福原裕二論文の前半の主役は、あくまで日本を信頼せず、「三・

〈序論〉アジアとヨーロッパの相互補完の時代へ

一運動」の学生・民衆の「独立宣言」の系譜を伝承し、結果的に内外政治の論理から「親日」派の組織と人間を糾弾することに韓国の国家としての存在理由を見出す人々の記録である。また後半は北朝鮮の核兵器開発問題を、「先軍」国家の世界の核兵器所有国家への強引な割り込み策という面からの戦略論ではなく、現在の東アジア国際政治の中で北朝鮮という国家がその生存をかけて選択した道であることを、明快に分析する。ともすれば多くの日本人が、深く朝鮮側の心理と論理を考えず、南では竹島問題（韓国では独島問題）を単純な領土問題としてナショナリズムを煽り、北朝鮮の場合には、権力機構の前近代性、独裁性の一面のみを強調してその崩壊を期待するような風潮に警告し、竹島問題における韓国の論理と北朝鮮の核兵器開発の論理に通底する「論理」を改めて析出し、朝鮮半島における近代から現代の歴史的文脈を、グローバルヒストリー的観点から明らかにしたものである。

竹島問題における韓国の論理

そこで福原論文は、領土問題が武力を用いて解決しなければならないほどの国家の課題ではないことを示唆し、むしろ現実問題として、竹島やそれを含む海域に生活している人の枠組みから考察する「第三の視角」を強調する。本論文の付属資料や、福原の『北東アジア研究』への登載論文によれば、日本においては数量的に把握できる竹島の潜在的価値が114億2000万円であるのに対して支出ないし損失は73億円、他方独島（竹島）を実力支配する韓国においては年間約45億2800万円の恩恵を受けている反面、支出を余儀なくされている額は約31億円であるという。[30] 可能なかぎり可視化した統計資料といえよう。

加えて地上の権力が人為的に行政権を発揮する問題、つまり1999年に発効した「新日韓漁業協定」の存在がある。竹島領有権問題が未決のまま暫定水域が政治的に設定されたにもかかわらず、その暫定水域内外で外国漁船の無許可・違法・集団操業、漁場の占有や違反・密漁漁具の投棄などが起こさ

れている。これらの周辺海域の漁業問題は、たとえ領土問題が何らかの形で解決されることがあるとしても、海域生活者にとっては未解決の問題として重く肩にのしかかってくる可能性がある。

　もっともそもそも領土問題が簡単に解決し得る問題とは考えられない。なぜなら竹島問題は、1905年に日露戦争の最中に日本が竹島と名付けて一方的に日本に編入したことを発端として、その後日本が韓国を併合していった歴史とつながる。そして、これに抗議する大規模な民衆の反乱である三・一運動のとき民衆側が発出した「独立宣言書」が、韓国側の考え方を代表するものとして、歴史認識問題の深刻化のたびに、再強調されている。そこでは、本来朝鮮の人々がロシアより日本を選択する条件として掲げた朝鮮の「独立」を日本が次第に無視して「韓国併合」を志向したという歴史に対する怒りと恨みが込められている。竹島問題は、もはや単純な、あるいは普遍的現象としての領土問題以上の「韓国併合」の歴史的事実を認めるかどうかの特殊日韓の中心的課題となっているのである。

　もちろん日本側にも言い分はあり得る。日本の主張は国際法から言って合法的なものである、併合後日本は韓国の近代化に尽くした、1920年代から30年代にかけて「親日的」な企業、組織は「自主的」に生まれた、それなのに日本の敗戦後韓国は李承晩ラインを一方的に宣言して、竹島をその行政圏内に入れて武力占拠した、等々。これらの日本側主張が、日本人の機微に訴え、日本人の竹島観をいっそう強固なものとしていることも否定できない。

　くわえて、冷戦の進行下および冷戦の終結のもと、竹島問題の政治化は一層刺激された。まず1965年の日韓基本条約締結である。これは、冷戦がベトナム戦争の開始という冷戦進行の新段階の時期に、日本の佐藤栄作政権が日本周辺の地域を再整備し（沖縄問題、小笠原諸島問題など）、アメリカとの同盟関係を固め直す政策のなかで推進された。韓国の朴正熙政権も、南ベトナムに派兵するなど、韓・米・日との関係を再調整しようとしていた。したがって日韓基本条約は、従来の枠組みを変えるものではなく、諸懸案を処理する「日韓国交再樹立」といった性格が強かった。当然、「韓国併合」の重要な歴史的

意義を問い直すといったようなことや、日本の謝罪問題などは正式にはとりあげられなかった。福原裕二の表現では、アメリカを背景とする日韓の「疑似同盟」としての連携は進んだ。ただ1970年代に入ってからは米中接近、日中国交正常化、ベトナム和平協定調印以後、緊迫した安全保障問題が若干緩和されはじめた時期に、韓国では内部的権力問題も絡んで、金大中事件や朴大統領狙撃事件などが起こり、民主救国に関する論争も高まっていた。

こういった中に冷戦時代が「ベルリンの壁」の崩壊を象徴に終結した。アメリカのアジアにおけるプレゼンスは性格を変えはじめ、戦後秩序の再検討と、再強化を目指す動きも現れた。こういった状況下に日本の村山富市内閣や小渕恵三内閣などは、国際的には戦後秩序の枠組みに身を寄せ、対アジアに関しては第二次世界大戦中の日本のアジア政策を反省する方向を打ち出した。きつかけは1972年の日中共同声明であり、日本経済の全盛期から長期デフレ時代への転換期には、福原論文が指摘するような1998年の日韓パートナーシップ宣言や2002年の日朝平壌宣言のような公式の「反省とお詫びの気持ち」が表明された。

韓国においても、「革新政権」と呼ばれる金大中、盧武鉉のような政権が続き「歴史の立て直し」が本格化した。こうしたなかに日本の植民地時代の洗い直しが進行し、歴史的にも「韓国併合」を正面から取り上げなかった1965年の日韓基本条約が改めて批判の対象となった。「親日派」問題が改めて論議の中心になったのは、このような時代的うねりの中においてのことである。それは現在なお有力な植民地時代発展の大企業も攻撃対象にするだけに韓国国内の格差問題とも結びつき、いっそう根が深い。こうした「韓国併合」の歴史と直接結びつくだけに竹島問題を単なる領土問題にとどまることは不可能に近い。

つまり日本人は、竹島問題を普遍的な領土問題の次元でとらえ、歴史問題を過去の問題として希薄化しようとしているのに対して、韓国では歴史問題を国家の生存理由という特殊な朝鮮の問題として日本の植民地時代の責任をいっそう深く問いただそうとしているのである。

核開発問題における北朝鮮の「論理」

　同様に北朝鮮も、核開発問題を、普遍的な国際政治の原理で正当化するとともに、特殊な北朝鮮という国家の生存にかかわる問題として深刻にとらえている。そしてその場合、アメリカの存在というものを危機の象徴として対象とした。北朝鮮にとってアメリカは、朝鮮戦争において激戦を繰り返した主敵であり、いまなお南北朝鮮の分断現象を固定化している外部の「帝国主義」の象徴であり、根本的には抗日という危機を通して確立した北朝鮮の政権を、アメリカの信じる自由の敵として、「独裁政権」打倒を国際的に呼びかける干渉政策の張本人である。

　国際政治の一般論から見ると、北朝鮮の政治外交姿勢は想像以上に複雑である。建国直後北朝鮮はまずソ連を盟主とする社会主義陣営に属した。しかし1950年代の経験は、ソ連一辺倒の危険性を教えた。そこで1960年代中葉には、福原論文が解題しているように、「他人に対する依存心を捨てて、自力更生の精神を発揮し、自己の問題をあくまで自ら責任を持って解決していく」「主体思想（ジュチェササン）」が創始された。ただしそれはソ連に敵対しようというものではなく、中ソとの軍事同盟や援助貿易的経済関係を糊塗しながら、自らの政治外交上の自由を標榜するものであった。

　他方北朝鮮は、韓国との直接的な対峙関係の背景にある日・米との対立関係を意識せずにはいられない現実を抱えていた。そこで自己を強化するもっとも現実的な方法として「核兵器開発」に乗り出すことになった。これは科学技術の粋を導入するとともに、相対的に安価な方法で韓・日・米の巨大な軍事力に対抗することが出来るからである。この複雑な関係を福原論文は「葛藤と依存」の関係と呼んでいる。

　ところが「冷戦の終結」現象によって、北朝鮮の「葛藤と依存」の環境はさらに深刻化した。旧ソ連が自壊して対北朝鮮援助能力が後退し、中ソとの軍事同盟は無力化し、アメリカの影響力が高まったためである。そこで北朝

鮮は、アメリカが北朝鮮の周辺諸国を取り込み北朝鮮の国家としての存在を圧殺するのではないかという危機意識を宣伝することになる。とうぜんアメリカから北朝鮮の安全保障を確約する方針をどうしても引き出さざるを得ない。そのための対策としてとられたのが硬軟二つの政治路線、一つは絶えず韓国に揺さぶりをかけつつむしろ関係調整を進め、日本とは日本人拉致問題を軸に朝日関係調整をはかり、他方においてはアメリカとの直接対決の方法で核兵器開発への転移を可能とする核開発を推進することであった。中国があくまでいわゆる「六か国体制」による外交交渉に力を入れようとしているのに対して、北朝鮮があくまでアメリカとの直接交渉に力点を置くのは、そのためである。

　くわえて北朝鮮にとって大きな課題は、どのようにして国際的危機の時代に強力な権力機構を維持していくことができるかという問題である。かつて金日成の時代には抗日闘争の勝利による武装した権力の存在が広く認められてきた。しかし金正日の時代となると、高度な科学技術の導入に力をいれるものの、あくまで「自主」を原則とし、強力な「われわれの社会主義」国家を建設することに力が入れられた。そして旧ソ連・東欧の共産主義権力の崩壊は、「世代間の継承の失敗、社会主義および党の変節、党の軍隊掌握の失敗」として受け止められた。このようななかにおいて強力な指導者の中枢、北朝鮮式社会主義国家、国際環境にも対応し得る強大な軍事力をどのように整備していくことが出来るかということは喫緊の課題になる。

　結局、北朝鮮にとってアメリカの軍事力の脅威が主観的に高まる現在、北東アジアの軍事バランスを改善し、体制維持のための国際的影響力を持つ手段として「核兵器開発」の道は避けることができない。もちろんアメリカが実質的に北朝鮮の安全保障を国際的に承認する方法を選べば、その保障の限度に応じて核兵器開発を抑制することは考えられよう。しかしそのためには、まず北朝鮮という社会主義国家の生存権の承認、自由を絶対視するイデオロギーの抑制、端的に言えば「冷戦的思考」を抜本的に変えなければならない。

　福原裕二の主張によれば、「核兵器という究極の兵器開発を通じて、自国

の安全保障上の脅威への対抗手段とする行動は、至って普遍的なもの」ではある。しかし「自国の体制維持の手段として核兵器の保有を試みようとするのは、北朝鮮に特殊な側面」であり、「重要なのは、特殊な側面の方」であって、「畢竟、北朝鮮の核兵器は、自国の体制維持・発展の手段であり、それは脱植民地化と冷戦の過程において誕生した、唯一の朝鮮式社会主義国家を守護するための担保である」ということになる。それを、さらに、「平和を取り戻すという自律的な行動」として把握しているところに本論文の特徴がある。

こうして竹島問題にしても核兵器問題にしても、「韓国・北朝鮮の主張や行態に内面化されている特殊な側面に焦点を当てると、直接的に自国の正統性に関わる問題がそこで提起され、近代から現在に至る歴史過程のなかで喪失してきた民族の歴史と平和を取り戻そうとする試みの発現であるという点において、通底していることが理解」できる。おおきく歴史的流れをとらえる視点から見るならば、朝鮮半島のこのような能動的動きは、「グローバル化の衝撃」のなかで今なお続く北東アジアの冷戦構造を「超克」し、「克冷戦」を目指すものとして理解することもできるという主張である。

朝鮮近現代史における日本の「韓国併合」の意味は、今なお大きく拡大しつつある。そしてその朝鮮における意義はさらに個別から普遍に向かっての転換力を発揮する可能性が濃厚である。まさに弱者の経験からの世界の歴史に対する訴えの一石である。日本としては、このような南北朝鮮の訴えの国際的波紋を、いたずらに感情的な、未熟な国家の危険である、異常であるという見方の範疇に押し込めず、ともどもに「脱冷戦」の未来の思考を追求する観点からも考えてみる必要がある。その意味で福原論文は日韓関係・日朝関係の行き詰まりの打開に関して、グローバルヒストリーの観点から根源的な問題を提起したものとして評価することが出来よう。

〈序論〉アジアとヨーロッパの相互補完の時代へ

アジアから世界に問いかけるアイデンティティの革新

　グローバル化の進む現在、普遍化の傾向とともに各地・各国・各民族の個別的アイデンティティ再強化の独自性も急激に表面化しつつある。アジアでは、中近東・イスラム問題などと同様、南北朝鮮問題、台湾周辺の海洋を巡る領土問題、政治文化を軸とする価値観・歴史認識問題などは、常に一触即発、世界的な紛争となる危険性を秘めている。それはかつての西欧的秩序の論理、アメリカの超大国の能力でコントロールできる限界を超えている。もはや「西欧の衝撃とアジアの反応」のような「近代化論」主導の時代ではない。またイデオロギー論争や超大国のパワーが中心となった「冷戦」時代の圧力政治が幅をきかせる時代でもない。ある意味で21世紀は、東と西、西欧と非西欧、世界秩序と地域秩序が拮抗するのではなく、相互に補助し合うベストの方法を模索している時代といえよう。

　ではわれわれはそのような百年のどのような地点に立っているのであろうか。もちろん現在の百年の方向を考えるためにはさらにその前の数百年を考えなければならないのかも知れない。西欧が近代化を推進した300年あるいは500年を思い出してみるならば、100年では短すぎる。ただ現代の科学技術の進歩、情報革命の無限の進展、国際金融の影響力の複雑化と巨大化などを考えると、数年・数十年先の将来も不可知ということになる。少なくとも数量的・合理的思考では予測できない。

　そこで一般的に行われている方法が現在の人々が納得するそれぞれのアイデンティティに立脚して価値観的目標を設定し、これに長期的戦略論を組み込んで相対的に可能性のあるプログラム、選択肢を考案することである。現在の中国の習近平政権が打ち出している「二つの百年」論は、その典型である。

　そして歴史の現段階は西欧優越の時代から欧米・非欧米対等時代への過渡期にある。アジアの発言力は欧米に強力な影響力を発揮するが、まだ欧米を動かすまでには行っていない。また非欧米の多数の国は過去の植民地時代、

不平等時代、貧困時代の重荷を負っている。完全な国際的平等時代は、まだ理念のみに留まり、社会学的プログラムに載っていない。発展途上国が先進国に対して一定のハンデ、優劣を平等にするため先進国に一定の負担条件を課することを求めるのもそのためといえる。

　この過渡期がいつまで続くかは、わからない。中国が中華人民共和国建国から百年の2049年に積極的な現代国家の理念目標を実現するものとして明示しているのは、その時期に実質的な国際的平等時代が実現するものと予測しているのかも知れない。

　いずれにせよ歴史の一定段階までは、ナショナルな負のアイデンティティが優先することは避けられない。植民地時代からの負の課題解決、貧富の差の拡大無条件反対、未熟な民族意識を補うナショナルな領域確保の緊急性意識、等等、負のアイデンティティはナショナルなレベルで突出する。様々な戦略論・秩序論・連絡情報網のもと、局地紛争が国家間の戦争、国家を越えた大地域戦争に拡大する危険性は抑制されているにせよ、それぞれの負のアイデンティティの危険性は存続している。

　したがってアイデンティティを組み替えていくことは、過渡期の現在喫緊の問題といえよう。早くから主張されているものは、ナショナルなアイデンティティを地域のアイデンティティ、企業としてのアイデンティティ、個人としてのアイデンティティに並行させていく重層的方法である。ただしこれは必ずしも民族的レベルのアイデンティティの抑制原理として十分機能するかどうかはわからない。次には地域の広範囲な連帯、他国の地域との連帯を指向するネットワーク的アイデンティティである。とくに周辺の地域、異質の地域とのアイデンティティのネットワークは国家の原理を抑制する。そして過渡期の時代を越えた異文化・異民族の混合、つまりハイブリッドなアイデンティティは、未来の理想型である。その場合には、このアイデンティティを担う人間あるいは人間集団の結合原理そのものが問い直されていくであろう。

　本書は、いまの過渡期としての世界史の新しいアイデンティティの可能性を、とくにアジアの側から世界に向って提起しようとした試みである。

注

（1）ウォーラースティン（山下典久訳）『新しい学——21世紀の脱＝社会科学』（藤原書店、2001年、97-101頁参照）。原題は Immanuel Wallerstein, The End of the World as We Know It : Social Science for the Twenty-First Century, University of Minnesota Press, 1999。日本語の表題を［新しい学］とした理由は「訳者あとがき」参照。

なおウォーラースティンは、1974年に『近代世界システム：資本家農業とヨーロッパ世界経済の成立』（邦訳の最初は1981年、川北稔訳、岩波書店）を公刊して以来グローバルヒストリーの先駆者として注目されているものの、当初はそのヨーロッパ中心主義が問題とされた。しかしかれは本来ヨーロッパでも「周辺」諸国を注目してきており、その後アジアにも注目を向けている。そして本書の執筆者の一人である濱下武志に、「世界システム分析は反ヨーロッパ中心主義の立場を貫いてきました。そして今、近代世界システムの起源をもう一度明らかにしようという動きがあります。あなたもそのうちの一人でしょう。そして、われわれもこの議論の出発点にいるのです」と語っている（濱下武志編『東アジア世界の地域ネットワーク』山川出版社、1999年、221頁）。

（2）人類史的視点からグローバルヒストリーを提起しているものにはパミラ・カイル・クロスリー（佐藤彰一訳）『グローバル・ヒストリーとは何か』（岩波書店、2012年）が広く知られている。

（3）たとえば水島司編『グローバル・ヒストリーの挑戦』（山川出版社、2008年）参照。

（4）クロスリー『上掲書』の13頁を中心に「序論」のポイントを要約した。

（5）同書178頁。

（6）同書165頁。筆者（宇野）は、究極に価値を設定する社会主義・共産主義の政治社会学的意義を評価する立場であるが、クロスリーの可能性にも耳を傾けている。

（7）従来の近代化理論は1960年代前半を峠として世界的金融化、情報化、社会主義の分裂現象を説明できなくなっていった。ウォーラースティンはとくに1968年を転換点としている。近代化論全盛期時代の終りの始まりである。

（8）たとえば濱下武志『近代中国の国際的契機』（東京大学出版会、1990年）第六章 近代中国における「アジアとヨーロッパ」。219頁参照。濱下の特徴は、近代以前から西欧の側がアジアの域内交易に参入していた歴史的事実、中国そしてその周辺地域の国家が朝貢貿易のような形で「自律的な歴史的国際秩序」を持っていたことを重視していた点にある（同書220頁参照）。

（9）2010年3月15日島根県立大学で「グローバリゼーション下の地域研究の新たな

課題」と題して報告した濱下武志は、「国家を中心とした地域序列」と「グローバル世界」の構造を示し、あわせて変化する地域主体の構造を公私にわけて図式で示し、その主張を立体的に明らかにした。筆者がグローバルヒストリーの魅力を体得したのはこの濱下報告以来のことである。当時の濱下論文は島根県立大学『北東アジア研究』第20号（2011年1月）に収録してある。

(10) 濱下武志は、同じく島根県立大学が2003年10月に開催した国際シンポジウム「海への挑戦—海洋世界からの創造」（宇野重昭・勝村哲也・今岡日出紀編『海洋資源開発とオーシャン・ガバナンス』国際書院、2004年3月）を引用しながら、海が「特に中心というものは存在せず、いずれもがその他のいずれの地域空間に対しても連携しうる」であることを指摘している。それは「国家を越える夢の必要性」（同書の宇野［はしがき］）に通じる。

(11) 宇野重昭・鶴見和子編『内発的発展と外向型発展』（東京大学出版会、1994年）参照。ここでは「地域の自然生態系に適合し、社会構造、精神構造の伝統に基づいて、地域の住民の創意工夫によって、新しい生産や流通の組織や、衣・食・住の暮らしの流儀を創造する」（同書103頁）ことを目指す鶴見和子の1970年来の主張と、筆者（宇野）のヨーロッパとアジアの現代的普遍性の創出をもたらす相互触発論が組み合わされている。

(12) エドガー・スノー（松岡洋子訳）『革命、そして革命　The Long Revolution』朝日新聞社、1972年、33頁。なお、スノーの発言には、英語と中国語の落差から、しばしば不適切な表現があることも指摘されている。

(13) 藤井省三『魯迅——東アジアを生きる文学』、岩波書店、2011年、96頁および58頁参照。本書も毛沢東時代に聖人化された魯迅研究の今後のありかたの革新を追求し、「村上春樹の中の魯迅」まで言及している。

(14) 新しい視角から辛亥革命を取り扱ったものに2011年12月10日『辛亥革命100周年国際シンポジウム　グローバルヒストリーの中の辛亥革命』（日本孫文研究会編、汲古書店、2013年）がある。ここで辛亥革命がグローバルヒストリーに残した最も重要な遺産として「中国が創造した多民族国家モデル」を取り上げ、「中華民国が相対的に弱体で十分な行政権を行使できないときにあっても、物理的に自己主張できるほど国家が強大となるまで、中国は政治的な要求や主権の要求を続けることができた」（同書17頁）と基調講演者デュアラの多民族国家の世界史的意義に関し、きわめて興味深い問題意識を提起している。

(15) アントニオ・ネグリ、マイケル・ハート（幾島幸子訳）『マルチチュード』（上・下、日本放送出版協会、2005年）は、その独創性において、ヨーロッパを飛び越え、アジアにおいても高く評価されている。

(16) 濱下武志編『東アジア世界の地域ネットワーク』、山川出版社、1999年、28頁。
(17) 韓東育「東アジア研究の問題点と新思考」(島根県立大学『北東アジア研究』別冊第2号2013年5月)。
(18) 孫歌『アジアを語ることのジレンマ』、岩波書店、2002年、191頁。
(19) 孫歌『前掲書』190頁。
(20) 井上厚史は、上掲の『北東アジア研究』別冊第2号収録の「儒教は『東アジア共同体』の紐帯となりうるか」において、中国、韓国、日本において歴史的に存在した「良知」、「敬」、「忠恕」のそれぞれの民衆に親しみやすい「根性の思想」が、「他者にたいする厚い信頼」で一致していることを詳細に論じている。
(21) 孫歌・白永瑞・陳光興編『ポスト〈東アジア〉』、作品社、2006年、122頁。ここで孫歌はなぜ中国ナショナリズムと中国の文化的アイデンティティとの間には必然的な関係が生じないのかという問題に関して、「それは中国大陸の歴史が多重的に構築されたためで、民族主義ないし国民国家の示す内容を基本的大筋として含みながらも、それらの枠だけでは説明しきれないものがあるからです」と現在の大陸中国人が自身の歴史を叙述しうる有効なモデルを見つけ出さないという、中国自身のむつかしさと複雑さを語っている（同書11頁）。
(22) これは孫歌論文から抜き書きしたものである。以後本書の共同著者の論文の引用は、いちいち脚注を付さないで引用することにしたい。ただし筆者（宇野）の論旨に合わせて引用しているため、本人の文脈に正確に沿っていない部分のあり得ることは、本文で照合していただきたい。
(23) 1979年中国がベトナム進攻のさい「教訓」（つまり懲罰に近い）という表現を用いたとき、丸山眞男はやはり中国の説明不十分として、ある時成蹊大学教員との夕食会で宇野に中国研究者としての解説を求めたことがあるが、宇野は中国の内的な自身の論理による政治的表現方法ではないかと説明したものの、日本人として中国の外交行動不可解の印象はぬぐえなかった。
(24) 孫歌『アジアを語ることのジレンマ』前掲29頁。
(25) 植民地時代の記憶のなかでは「朝鮮人」という呼称は差別的用語であった。しかし筆者が用いる朝鮮人とは、南・北朝鮮、ディアスポラ朝鮮の人の総称で、差別意識は積極的に否定したい。
(26) 筆者は朝鮮問題の専門家ではない。ただ国際政治学を専攻し、中国、日本の地域研究に永年携わってきたものとして、次の世代の専門的研究には大きな関心をもっている。
　また南北朝鮮を38度線の北側と南側の双方から眺め、現地の専門家と意見を交換した経験も持つ。現地の状況はきわめて複雑で、単純な革命史観や一国史観では

理解できない。以前筆者は、『民族の世界史』3（三上次男・神田信夫編、山川出版社、1989年）に朝鮮半島を強く意識しながら常識論的に「西欧の衝撃と民族的自覚」と「民族の主体を求めて」の二つの章を執筆し、革命史観的と批判を受けたことがある。今回はそのことを十分自戒して専門家の朝鮮問題研究から世界史的問題を学問的に抽出することに徹した。

(27) 日本政治学会の『年報政治学 2013-Ⅰ』は「宗教と政治」を特集し、編集委員長の齋藤純一は編者の「はしがき」においてジョン・ロールズ、チャールズ・テイラーなどと並べてホセ・カサノヴァを取り上げ、「宗教が（国家ではなく）市民社会において果たしうる公共的役割を積極的に肯定しようとする立場」を認め、「宗教を、市民の連帯感や正義感覚を涵養する動機づけの重要な源泉とみなす立場を共有している」と指摘している（4頁）。また同年報において千葉眞は、政治理論の立場からカサノヴァを積極的に引用し、「近代化を基本的に世俗化のプロセスと考えてきた従来の世俗化論は見直しを迫られている」（26頁）ことを指摘している。本書の川瀬論文もこのような基本的問題提起を底流としている。

(28) 趙景達『植民地朝鮮と日本』岩波新書、2013年、241頁。なおこの著書は先行する『近代朝鮮と日本』（岩波新書、2012年）とセットになっており、まとまりのよい近現代朝鮮史となっている。「士族」（韓国ではむしろ貴族的存在）である「両班」（ヤンパン）と民衆との相互承認関係と、現代にまで存続する抜きがたい距離感、朝鮮独特の儒教民主主義、ひいては「政治文化論」的解説において優れている。一般的に知られている表現の場合にはいちいち脚注を付けなかったが、興味深い独自の表現の場合には脚注で明示した。なお政治文化論は1960年代末期から「近代化論」を克服するために提起された理論である。

(29) 趙景達『上掲書』40頁。民族代表らは、あらかじめ当局に自首を申し出ていたということである。

(30) 福原裕二「"竹島／独島研究における新視角"からみる北東アジアの一断面」、島根県立大学北東アジア地域研究センター『北東アジア研究』第22号、2012年3月、50頁。これは双方の具体的資料から綿密に計算した結果の資料で、現段階では最も信頼できる。

I

アジアのアイデンティティ

グローバルヒストリーのなかの
　　アジアのアイデンティティ

濱下　武志

はじめに——グローバリゼーションとアジア研究の新たな契機

　近年のアジア歴史認識は、文化地理的アイデンティティによる議論の傾向が見られる。とりわけ、グローバルという視野からのアジア論が追及され、文化地理的アイデンティティにおいては、日本に関して、ハウランド(Hawland)は、東アジア地域世界の文化空間のなかで日本を周辺化するという位置付け直しをおこなっている。また孫歌は、日本におけるアジア論の系譜につき、より長期のかつ空間認識を継起的に議論すべき必要性を提唱している。これらは、これまでの、アジア対ヨーロッパという枠組みの中で議論されてきたアジア論、日本論、近代論ではなく、むしろ、積極的にアジアをグローバルに位置付け、東アジア世界のグローバル性や、アジア対アジアという構図のなかで、改めてこれまでの議論の再検討と新たな方向の提示をおこなおうとしているといえる。[1]

　同時に、グローバリゼーションが強く叫ばれる中で、次第に内容の分岐も明確に現れている。グローバリゼーションを経済・政治・社会文化という三領域に分けて考えてみると、経済の領域は、とりわけ金融を先頭に、グローバリゼーションの内容が最も典型的に現われている部分である。金融工学がもたらした株価変動予測の法則や派生的金融商品（デリバティブ）変動の方程式は、資本が資本を生み出す仕組みとしての金融市場のグローバリゼー

ションを「完成」させたかに見える。
(2)

　同時に、社会文化の側面も十分にグローバリゼーションの動きを示しているといえる。情報革命によって飛び交う社会文化情報は、誰もが手元に受け取ることを可能としている。ただ、指摘されているように、この情報にアクセスできるか否かということをめぐる格差が急速に拡大しており、そこではグローバリゼーションという現象とその担い手や受け手には、大きな条件の違いが存在していることが明らかになってきた。これらの動きの中で、政治の領域では、グローバリゼーションのスローガンの下に、国益を中心とする国家とそれらの国家間関係に依然として関心が集中しており、グローバリズムというイデオロギー表現をまとったナショナリズムが、むしろ強くなる傾向にさえあることが注目される。そこでは、主体を異にした、また場所や時間を異にした大小強弱のナショナリズムが世界に蔓延しており、今や世界はナショナリズムに病んでいるとも言えるような状況である。
(3)

　本章では、このグローバリゼーションのなかでアジア・アイデンティティは、これまで1世紀半にわたっておこなわれてきた、ヨーロッパに対置させ、ヨーロッパとの対比において議論された求心的なアジア・アイデンティティではなく、また、進んだヨーロッパに対する遅れたアジアという世界発展序列のなかのアジア・アイデンティティでもなく、アジアを起点としながら、より広くより多様に、いっそう外に向かって表現するネットワーク的アイデンティティが登場していることを検討する。そしてそのもとでは、これまでのアジア論の視野には入ることがなかったグローバルな視点も存在していたことに注目し、そこからこれまでのアジア論が現在どのように変更や転換、更には再検討が迫られているかという点を、日本、沖縄、中国におけるアイデンティティに関する議論を事例として検討する。アイデンティティに関する議論はナショナリズムに関する議論と表裏一体であるという特徴を見据えながら、「地域」ナショナリズムから「知域」ナショナリズムまでの大きな幅を示すアジア・アイデンティティ論の現在を考えたい。
(4)

1. 地域流動化する国家と世界

　グローバリゼーションの動きは、グローバルな空間認識を絶えず促すことから、これまでの地域関係や地域認識を大きく変えつつある。そしてこのグローバリゼーションの動きは、ひとつ東アジアに留まらず、全世界的にこれまでの地域関係や地域認識を大きく変えつつある。この関係を図示すると図1のようになる。

　これまでの地域認識では、「世界」を最上位に、その下にアジアやヨーロッパなどの「大地域」を置き、その次に領域が画定された「国家」を位置付ける。さらに国の下に「地域」が従い、末端が「地方」である。これらは上から下に系列化された地域関係であり地域認識であるといえる。

　これに対して、グローバリゼーションは、これらさまざまなレベルの地域空間のこれまでの序列関係をばらばらに解き放ち、それぞれが他の地域空間とも直接にかつ多角的に結びつくことを可能とした。例えば、これまで「国家」のもとにあった「地域」が国を飛び越えて国際的な地域連携の主体となったり、あるいは末端に位置した「地方」がグローバルの問題領域に直結することも可能である。これまでの地域認識は、世界から地方にまで直線的に系列化された地域関係でありそれに伴う地域認識であったといえる。グローバ

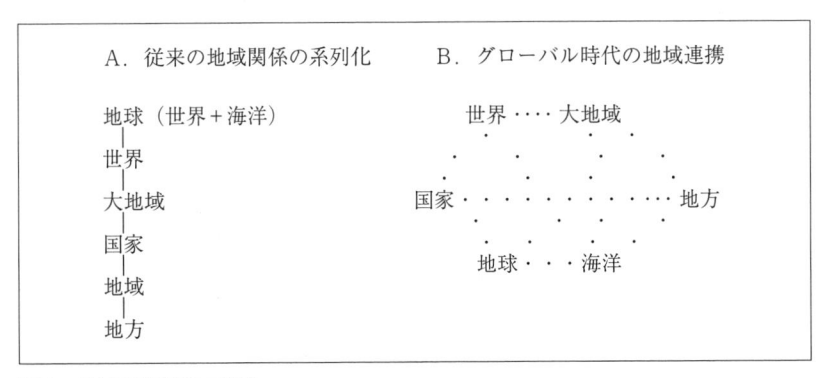

```
A. 従来の地域関係の系列化     B. グローバル時代の地域連携

地球（世界＋海洋）              世界 ‥‥ 大地域
  │                              ・    ・    ・
世界                             ・    ・    ・
  │                             国家 ‥‥‥‥‥ 地方
大地域                            ・    ・    ・
  │                              地球 ‥・ 海洋
国家
  │
地域
  │
地方
```

図1　地域空間関係の変化

リゼーションは、海洋という空間を内に取り込みながら、これまでの地域関係を改変し、それらを多角的に連携させようとする歴史的な動力であり、18世紀以来の歴史的空間の唯一的帰属先としてきた「国家」をも地域化させつつあるといえよう。その結果の一つとして、先に見たナショナリズムの噴出という現象の中では、地域化する国家はグローバリゼーションの中で使命を終えるまでは、旧来のナショナリズムを唱導する方向を取り得るのみで、それを整序したり管理することは不可能となっていると言えよう。これまでは、国家を中心に諸空間が編成されてきたといえるが、グローバリゼーションの動きの中の地域関係は、特に中心というというものは存在せず、海洋の機能に端的に示されているように、いずれもがその他のいずれの地域空間に対しても影響を与えかつ連携しうる構造であることが特徴である。(5)

グローバリゼーションは、これまでの地域関係を改変し、それらを多角的に連携させようとする歴史的な動力であり、18世紀以来の歴史的「国家」をも地域化させつつある。そしてこれらの地域空間は同時に歴史空間でもあることから、グローバルヒストリーは、従来の国家史や世界史・帝国史の延長や拡大ではなく、これらの動態の総体を歴史的に位置付けるという役割を担って登場した。グローバルヒストリーは、海洋温暖化などの地球環境問題や国際交易さらに疫病や新たな地域摩擦など地球規模の主題を研究することを課題としている。(6)

同時に、この流動状況のなかに、広狭さまざまな歴史的「地域主義」「地域ナショナリズム」が再登場や再結合を繰り返して登場しており、その中ではアジア各地域の多様な歴史的空間秩序の理念が一斉に噴き出している。このような状況の中で、これら流動し再編される地域関係の組み合わせや地域（統治）理念の歴史的な文脈を取り出し、アジアの地政文化的な地域空間の歴史的表出とそれに伴う地域（統治）秩序理念によって規定される歴史認識を、現在改めてグローバルに位置付けることが求められており、この主題がグローバルヒストリーの大切な課題であり、とりわけアジアにおけるグローバルヒストリー研究の新たな課題となっているといえよう。

2. グローバリゼーションとグローバルヒストリーの課題

　これらの諸特徴を、歴史研究の面で表したものが、グローバルヒストリー・スタディーズと呼ばれる一群の研究である。これは、文字通りグローバリゼーションを歴史的に捉えようとする動機を持つものであるが、とくにアメリカにおける研究が中心をなしてきたといえる。これは、現在のグローバリゼーションが、世界のアメリカナイゼーションでもあるといわれる中で、アメリカを新しく歴史化しようとするねらいを持っていると見ることも可能である。またこれらの研究は一様にアジアの歴史的位置付けを巡って、従来のヨーロッパを先頭とした「近代世界」の形成ではなく、アジアとヨーロッパとは異なる地域モデルであるとし、アジア地域の歴史的役割を強調する。そのなかで、アメリカ史をスペイン時代をはるかに遡り、南北アメリカ大陸の歴史をヨーロッパを中心とする「世界史」というより「グローバルヒストリー」の中に位置付け、ヨーロッパとは異なる地球史的な位置付けを試みており、ある意味ではアメリカにおける新たなアジア論を契機とした「脱欧＝世界論」であるともいえる。そして、このような新たな歴史の現在的再解釈が進む中で、「アジアからのアメリカ論」が近現代史を通して、現代のアメリカのグローバリズムに重ね合わせながら再検討される必要があろう。[7] アジア研究は、このような状況のなかで、世界の不可欠の部分を構成するアジアであると同時に、グローバルな世界と絶えず往還し、一方では地域主義を主張するアジアであり、他方では自己世界を自己完結的に構想するグローバル化した地域世界である。さらに、かつては国家の下に閉じこめられてきたローカルな事象を、グローバルに自己表現しようとするアジアである。[8] この状況下に、まず華南研究・華僑華人研究が地域主義・地域流動状況を突出させた理由も充分に首肯される。[9] これら内外多層な文化論は、総じて地政文化と呼びうると考えられるのであるが、この視点から、従来のアジア論、近代化空間、近代国家そしてアジア文化空間が位置付け直される必要があるといえよう。[10]

3. グローバルヒストリーの中からのアジアのアイデンティティ構築

　急激に進行するグローバリゼーションの動きは、アジアのアイデンティティに対しても歴史的な再検討を促している。中国においても、中華人民共和国設立時のナショナリズムを基調として、1978年以来の経済改革と対外開放政策に基づくそれ以降の圧倒的な経済成長と、国際市場における比重の増大に対する「大国」的認識が重なり、さらに、15-18世紀の明清時代の世界に抜きん出た力量が強調される。これらのそれぞれが、グローバリゼーションに対応して説かれ、また、アジアのアイデンティティにつながっている。近年では、ポスト冷戦期のアジアの分断状況の変化や、1980年代以降の発展を、明清期の華夷朝貢秩序という地政文化的な広域統治を援用しながら、現在のグローバル外交に重ね合わせる議論も示されており、中国の新たなアジアの地域アイデンティティを構築しようとしている。ただしこれは、アメリカを中心とする現在のグローバルな国際関係に歴史的な中華世界を重ねた議論であり、グローバルヒストリーや反西洋中心主義のアジア論と交叉しているものの、アメリカに擬して中国を位置づけようとするのみでは、アジアからのグローバルな議論にはつながらないであろう。[11]

　アジアのアイデンティティは、アジアの多元・多様な地域関係のなかに見られる歴史的な組み合わせをひとつひとつ解きほぐし、それらをグローバルかつ長期の歴史的な文脈の中で地政文化的に捉え直す膨大な議論が蓄積されねばならない。この過程は同時に、いわゆる近代以降、分析や検討のための概念や方法とされてきた社会科学や人文諸科学がすぐれて地域性や歴史性さらには政治性を根拠としていたことを明らかにすることでもある。[12]

　そこでは、上記の明清期の朝貢関係を、朝貢国のひとつであった琉球王国（14-19世紀）の多地域間交易ネットワークから検討するなど、海域から陸域を、また周辺から中心を相対化する視点も不可欠である。[13] また、同じ歴史的

表現をとりながらも、地域主体をどこに置くかによって意味内容が換骨奪胎された地域概念も存在する。例えば、東洋・西洋・南洋などと海洋名で呼ばれるアジアの各地域は、歴史的には中国から見た周縁地域像であったが、明治期日本におけるいわゆる西洋化・近代化のなかで換骨奪胎され、西洋はヨーロッパ・欧米を指し、東洋は中国を含むアジアさらにはアジア全体を指すようになった。アジアの近代問題や冷戦期の二極化という地域構造のなかで、日本に代表されたアジアの工業化に関しても、また、中国の変動に関しても、冷戦期アメリカやイギリスのそしてまたソ連のアジア政策の文脈に位置付けるグローバルヒストリーの視野が求められている。(14)

4. 明治知識人のグローバルアイデンティティ
　　──選択された脱亜論

　東西の対比や、ヨーロッパの衝撃論からでもないアジア論は、どのように論ぜられてきたのであろうか。そこに、近代「日本」国家形成期の明治知識人のグローバルな視野を探すことは必ずしも難しいことではない。むしろ、これまで、福沢諭吉と岡倉天心のみがあたかも近代日本の近代化論やアジア論の代表として扱われすぎてきた嫌いがある。いま政治小説として、かつ当時の国会議員を務めた柴四郎（筆名は東海散士）によるグローバルな近代世界論を見てみよう。

　東海散士（柴四郎）の『佳人之奇遇』（東京書林博文堂、1885-89年）は、全8編に及ぶ、19世紀後半の政治小説である。作者柴四郎は、従来近代日本を論じた主要な知識人として議論されてきた福沢と岡倉と対比して、基本的に異なる視野と方向性を持っている。すなわち、この歴史小説に表された世界論・時代論、またさらに女性論にまで及ぶ、そして表現形式が挿絵を取り入れたスタイルであることも、当時の時代性に基いたビジュアルな世界認識をより明確に示しているということができる。同書は、主人公がフィラデルフィアの自由の塔（インディペンデントホール）に上って、没落する帝国の末

裔の子女達と出会う話である。いわば、近代化の過程を旧帝国の没落という側面から見ており、そこではこれまでの近代論に示された新勢力の登場と権力の交代という文脈ではなく、むしろ旧帝国の持つ安定性や、帝政末期における激変が強調されることによって、「近代」の新勢力はどちらかといえば、むしろ不安定かつ暴力的、さらには異質なものとして描かれ、総じて近代が持つ流動性や衝動性・限界性を特徴付ける議論になっているという点もきわめて興味深い。

さらにこの『佳人之奇遇』は、清末の知識人梁啓超によって同名の『佳人之奇遇』としてその一部が翻訳され、さらにそれがまたベトナムの潘周楨 (Phan Châu Trinh) によってベトナム詩に翻案されている。(15) すなわち、東海散士（柴四郎）の世界観あるいは帝国観さらには革命観は、東アジアの知識人によって共有されるものとしてもあり、ヨーロッパとアジアを、あるいは日本とアジアを文明と非文明として対比するのではなく、それぞれの旧体制の特質から「近代」国家を考えさせる内容となっているといえる。

東海散士の『佳人之奇遇』は、渡米した東海散士がまずスペイン王国の愛国主義者ユーランと出会い、次いでアイルランドの愛国主義者コーレンと出会い、三番目は范卿という中国からの人物と出会い、対談や鼎談形式によって物語が進む。そしてアイルランド・エジプト・ハンガリー帝国・ポーランド・清朝・そしてムガール帝国における反権力の愛国主義者の運動を描きながら、散士はこれらの国の旧体制にも多くの同情を寄せる。

旧帝国を引き継ぎながらそれに条件付けられた近代化は、ナショナリズム形成の因となり果となって、両者は絶えず一体となって相互に促進されてきた、ということができよう。しかし、脱亜論に見られるナショナリズムは、実は中国（清国）に対して距離を置くものとして形成されたといえる。このように選択されたナショナリズムは、近代化ということとは隔たった、アジア旧体制への批判としてのそれであったといえる。いわゆる明治期近代知識人は、近隣諸国と格差をつけるという一番安易な方法でナショナリズムを選び取ったということが出来る。

同時代のアジア概念を見ても、井上哲次郎、有賀長雄『哲学字彙　附梵漢対訳仏法語藪・清国音符』（東洋館、1884年）では、「Orient」を東洋と訳して、ヨーロッパに起点を置くアジア論へと変換し、「Economics」を家政、理財学と訳している。また、「Category」については、「按書洪範、天乃錫禹洪範九疇、範法也、疇類也。」と割注し「洪範九疇」に由来したとする。また、経済は経世済民に拠っているように、現在においても活用されている概念のいくつかは、中国古典の4字句を2字句に短縮したものがある。東アジア知識人の間に共有されている中国古典の知識である。

　西洋に対する「アジア」の対応においても、それをアジアから見ると、共通の受け止め方があるといえる。「近代」韓国の知識人兪吉濬による福沢諭吉の『西洋紀聞』（『福沢全集　巻一』時事新報社、1899年）の翻訳である『西洋見聞』（開国498年、1891年）は、アジア概念と西洋概念とを比較し得る代表的な例である。そこでは、西洋からの概念を翻訳する際に、直接の導入や仮借の概念の他に、民間在来の概念による説明が存在している点である。これらの重層的な訳語を通したアジア概念は、李漢燮・崔瓊玉・鄭英淑・姜星我編著『西遊見聞語彙索引』（博而精出版社、2000年）によって克明に整理されている。

　他方、東海散士に見られる歴史論・帝国論・世界論・革命論はどうであろうか。理想主義的にありすぎるかもしれないものの、そこにおけるアジアは決して閉塞的ではない。むしろ閉塞的なかつ対他的なアジアやアジア・ナショナリズムを批判するものであり、そこにこそ、清末民初の梁啓超や20世紀初頭のベトナム知識人潘周楨が、世界論として受け止め得た共通の側面を持っていたと見なすことが可能であろう。そこには、多様なアジア視野、世界視野、国家視野が重なり合ったアジアの地政的文化空間の原型を窺うことができるのである。

5. 150年・七世代にわたる琉球・沖縄アイデンティティ
―― 沖縄知識人の中の中国・日本・アメリカ・アジア

　これまで、東西関係あるいは西洋との対比において日本を位置付けようとしてきた日本知識人のアジア認識・歴史認識に対して、「日本」と歴史的にかかわり、長い歴史的な関係を保ち続けてきた沖縄・琉球知識人の自己認識・日本認識・中国認識・アジア認識は、琉球・沖縄を考えるうえのみならず、日本からの琉球・沖縄認識を考えるうえでも、さらには本稿の主題であるアジアのアイデンティティを考えるうえでも、多くの異なる議論の文脈が含まれている。また、14世紀から19世紀半ばまでの琉球王朝の歴史を見ると、当時の日本がはるかに及ばないアジア朝貢貿易の歴史を持っており、明治国家の下で一つの県として行政されたとはいえ、決してそれに止まることが無かったように、他県からは想像がつかないほど多くのアジア関係を持っている。

　沖縄研究には、明治以降に限っても150年の間に七つの世代が継起的に、また時代によっては複数の世代が共時的にまた時には相互対抗的にかかわっており、時間的には琉球王国時代から現代にまで至る500年以上の歴史空間をめぐり、明治以降の七世代150年にかかわった大きな議論の主題があり、また各々の主題に対応した七つの沖縄論を窺うことが可能である。そしてそれらは、すぐれて同時代のアジア認識であったということができる。

　（1）第一世代、伊波普猷に始まる「近代」史学による「古琉球」・沖縄研究：沖縄を研究の対象として考え始めた第一世代は、伊波普猷と国学の角度からみた沖縄研究である。国学という視点からみれば、一方では沖縄は新しい明治国家の一部としてどのように形成されるべきかという課題を持ちながら、同時に歴史的な沖縄社会は、国学という枠組みではおさまりきれないさなざまな個性を持っており、そこにどのように取り組むかという課題が存在していた。沖縄を紹介しようとした柳宗悦や柳田国男も、彼らの対象と方法は民俗学でありまた社会民族文化論ではあったが、現実には国学という研究

角度が登場したことによって、国学の外へと押し出された部分を民俗学として摘み取ろうとしたということもできるであろう。

　伊波普猷が主張した、一方では国家形成の場としての沖縄と、他方では歴史的な慣習を深く待ち続ける沖縄との分岐は、沖縄を歴史研究の中におこうとした第一世代の特徴である。伊波普猷は1903年に、東京帝国大学文科大学に入学し、漢学から東洋史に転換したアジア研究の中で、また新たな国家学として形成されようとした日本史の方法の中で沖縄を見始めた。同時に伊波普猷は沖縄人のアイデンティティを国家や民族の上におくのではなく、むしろ海の上におこうとし、うみひと（海人）としての沖縄人のアイデンティティを考えようとした。

　「海の沖縄人」のなかで、伊波普猷は次のように述べている。「時勢の要求に促されて沖縄汽船会社を設立せんとするの今日、四五百年前に遡りて海上王国の建設を追想するも亦無益の業にはあらざるべし」[16]。ここには、国家の一部を構成しながらも、海世界のなかで息づく沖縄を描こうとする強い動機を窺うことができよう。

　（2）第二世代、1869年明治政府による琉球処分研究：明治維新を経た後の1879年に、琉球王府から沖縄県への転換に対する研究をテーマとする。基本的には沖縄が明治政府のもとに組み込まれ、かつ東アジア朝貢体制のなかの琉球が日本国家の下へ組み込まれ、新たな沖縄県が形成され、東京から県知事が派遣されるという沖縄の本土化が始まることの意味を問い続ける。

　この明治日本の琉球王府に対する政策は、琉球王府が東アジアの朝貢秩序のなかで清朝の朝貢国として機能しており、二年に一度朝貢使節を派遣することによって保たれていた琉球王朝の正当性を切断した。もちろん日本との関係にあっても1609年の薩摩藩の侵攻以来、日本に対して、いわば準朝貢国ともいえる位置に立っていた。しかし、日本との関係は琉球王権を正当化する条件というよりも、むしろ中国と日本の貿易を媒介するという役割を琉球が果たしていたという側面が強い。したがって琉球が日本のなかに組み込まれ、かつ日本の一つの県として位置付けられることは、琉球王府の内部か

らの必然性や正当性の根拠に欠けるものがあった。その結果、脱清運動（清朝に復帰する運動）が起こり、またこの沖縄研究の第二世代においても日本国家のもとに琉球王府を組み込む明治政府の政策に対してそれを批判するという特徴をもっていた。

　第一世代の伊波普猷に代表される沖縄・琉球研究と第二世代の明治日本、特に琉球処分をめぐる研究は、それぞれ同時代人の歴史認識であると同時に、その後の歴史研究者の第一世代と第二世代の変化でもある。すなわち伊波普猷は19世紀から20世紀に生き、500年前の海の琉球に思いを馳せ、同じく20世紀に生きる沖縄研究第二世代は150年前の明治維新に思いを馳せた。[17] そしてそれぞれが、その時代の沖縄と日本との関係を重ね合わせている。さらに第二世代の場合には、1972年の沖縄の日本復帰問題にも重ね合わせている。

　（3）第三世代、アメリカの戦後支配研究：戦後沖縄の研究は、米軍基地に関する議論、またその基地によって生ずる沖縄内部の問題、さらにはベトナム戦争、湾岸戦争へと直結した軍事行動を沖縄が直接に目撃し体験したということによって、アメリカに対して、またアメリカからの影響という主題の下にすすめられた。[18] そしてこの第三世代の研究も、テーマとしてはペリーの琉球遠征がおこなわれた150年前に遡る、いわば琉球王府の対外関係からの歴史的連続性とも重ね合わせて考えることができるであろう。

　（4）第四世代、琉球王朝時代研究：このように琉球・沖縄史を500年、150年、50年の長さで議論しながら、琉球研究の第四世代はあらためて琉球王朝時代そのものを中心的課題として検討した。これは沖縄のアイデンティティとも密接に関連しており、アメリカの統治から日本の統治へと転変し、かつ沖縄が日本やアメリカという外国の文脈から位置付けられることに対して、この琉球王朝研究の世代はむしろ海に跨がり、中国・東南アジアに拡がった沖縄・琉球のネットワーク・アイデンティティを強調する。

　これら新しい、第四世代の研究として、この琉球王朝の研究は日本に対してよりも、むしろ中国に対する係わりとアジアへの視野を提起した。500年

間にわたって明清両王朝への朝貢国として存在し続けた琉球王朝が、中国との関係のみならず、東アジア・東南アジアとの関係においても多角的ネットワークを作り上げ、その下で琉球王府、または琉球商人が長距離の交易、交流活動をすすめてきたことに注目する。[19]

そこでは沖縄自身も一つの地域世界として、またネットワーク世界として存在していることが指摘される。沖縄は、首里の琉球王府が中国に対しては朝貢使節を送る朝貢国であったが、同時に宮古、八重山からは朝貢関係に擬した貢納品を受け取る王権であった。この琉球王国史観ともいえる新たな沖縄認識は単に歴史認識にとどまらず、沖縄の持つネットワーク性、海域性、外への拡がりを強調すると同時に、沖縄の内部世界をより構造的に明らかにしようとする特徴を示している。[20]

琉球・沖縄史研究がそれぞれ主要な交渉相手、あるいは統治政権の違いとして、清朝、日本、アメリカに、さらに日本へと変わっていくことに対して、上位の権力の変遷のみをもって沖縄・琉球の歴史を区分できないとする捉え方が存在する。この視角は、むしろ琉球世界・沖縄世界を一つの統一的な世界として、その海域像を明らかにしようとする強い動機を潜在させているといえる。その意味で琉球王朝研究を通じて、沖縄研究は東アジア海域史研究に対して新たな課題を方法的にも、またその対象設定においても投げかけている。

（5）第五世代、「ガリオア（GARIOA）留学生」：ガリオア留学生と呼ばれる戦後の沖縄からのアメリカ留学知識人についてその時代的特徴を回顧録に基づいて見てみたい。[21]

米国議会は、西ドイツや日本などの占領地と同様、琉球列島の住民を支援するため、いわゆるガリオア（Government Appropriation Relief in Occupied Areas 占領地域の統治と救済）資金を支出した。この資金は、民生の安定や経済の基盤整備、教育の振興など多様なプログラムに使えるようにし、1947年度に始まり、その後10年間毎年更新されることになっていたと言われる。米軍政府は、この資金を活用して沖縄からアメリカへ留学生を送ったのであ

る。沖縄は、1952年に発効した対日平和条約によって日本が独立を回復した後も引き続き20年間、事実上、米軍の占領下に放置されており、その間に財政支出の名目は変わっても、沖縄からの留学生は依然として米国陸軍省の奨学資金によるものであったので、実質的に「ガリオア留学生」とみなしてよいだろう。

　1945年に沖縄を占領した米軍は、漸次、沖縄における高等教育の振興に着手した。占領翌年には現在のうるま市にあった野戦用キャンプを利用して、学校の教員を養成する文教学校と英語人材の確保を目的とした外語学校を開校した。この両校を礎として1950年に琉球大学を首里城跡に設立したが、その同じ年に「日留」とも呼ばれた日本本土の大学への進学を認め、沖縄からの米国留学、いわゆる「米留」も始まったのである。戦後その頃に向学心に燃えていた沖縄の若いエリートたちは、それぞれの異なる進学の道を選んだが、その半面、戦争や米軍基地内就労など多くの共通体験を持った同世代の仲間同士だったとも言えよう。

　沖縄からのガリオア留学生は、沖縄同窓会が2001年に出版した『米国政府援助の沖縄奨学生名簿』によると、1949年の初年度には僅か2人であったが、その翌年度には53人になり、その後、人数に増減はあったものの、毎年継続して送られ、最終年の70年度までには総計約900人、複数回留学生を含めると延べ1,045人になっている。もちろん、このなかには1953年12月に日本に復帰した奄美諸島からの留学生も約20人含まれているが、2008年の時点でも7,200人余と言われるガリオア・フルブライト資金の支援で渡米した日本本土からの人数に比べても、沖縄からの留学生数がいかに多かったかが分かる。

　留学生各自の専攻科目は、人文・社会・自然科学の各分野、法学、農学、工学、医学など多岐にわたり、その選択や変更は全く自由であった。学業の成果については、最高学位の博士号取得者が正確に判明できるだけでも58名もいる。この数は目を見張るものがあるし、これほどの成果を挙げ得た留学生の能力や努力、忍耐力は称賛に価する。このPh.D.取得者たちは、日本または

アメリカの大学から学士号あるいは修士号を授与されていることは言うまでもない。

　（6）第六世代、現代沖縄研究：国家や民族としての求心力を何らかの形で位置付け、そこに焦点を定め、沖縄・琉球を検討しようとしてきた第一、第二、第三世代とも異なり、また琉球王朝を一つの地域世界として描きだそうとした第四世代の視点とも異なり、むしろ移動する人、沖縄人アイデンティティ、移民ネットワーク、ウチナンチュー世界という、移動し、ネットワークする沖縄人を描こうとする世代である。

　この世代はグローバル化する世界の動きに対応して、またポスト近代の視点から沖縄近代化に対する批判の視点も前面に出し、ディアスポラを示す離散する沖縄という側面から新たな沖縄像を描きだそうとする。そこでは、沖縄にその求心力を求めるのではなく、むしろ沖縄を離れることによって沖縄たらんとする、本土のなかの移民社会に注目している。この第六世代はこれまでの沖縄研究・琉球研究の時代的展開、視野、視点を再検討しつつ、むしろグローバルなウチナンチュー・ネットワークがその議論の場であるとみえる。[22]

　（7）第七世代、環太平洋アジア論：第二次大戦後の沖縄知識人の特徴として、アメリカ留学経由の知識人が論ずる沖縄・アジア知が存在していることは第五世代の沖縄論に見たのであるが、第七世代の沖縄論＝アジア論は、これら第五、第七世代二つの異なる世代を含め、上記の第一から第六世代までの複数の論点のすべてが相互に歴史的な琉球＝沖縄からのアジア知の円環をつくってきたことを、またそれらが現在に至って多様に再登場しているということを、アジア太平洋の視点から、また多分野複合の視野からおこなおうとしている。

　第七世代の戦後沖縄の知識人は、太平洋を跨いでアメリカとの直接的なつながりを持った学術文化を形作ってきたことを明確に示しながら、そのアメリカ論を視野に入れたアジアを論じていることである。これは冷戦期アジア＝太平洋アイデンティの追及とも呼べる議論であり、これまでの世代論の複数に跨った沖縄アイデンティティであるといえる。

さらにその第七世代の視野に関しては、近年刊行が開始された「*International Journal of Okinawan Studies*」にみることができる。[23] Gary Y. Okimoto, 'Okinawan Studies and Its interventions'、西里喜行「明清交替期の中琉日関係再考——琉球国王の冊封問題を中心に」、伊従勉「琉球祭祀にみる虚構と現実」、Gregory Smits,'Romanticizing the Ryukyu Past Origins of the Myth of Ryukyuan Pacifism'、Joyce N. Chinen, 'Okinawan Labor and Political Activists in Hawaii'、仲程昌徳「ハワイへの憧憬・アメリカへの違和——宮城聰とハワイ」と並ぶ構想は、これまでの琉球＝沖縄からの多様な時間的・空間的なアジア知を円環させる構想を示しているといえよう。

七世代にわたり、また七項目のテーマや方向性をもつ沖縄研究は、沖縄研究にとどまらない歴史研究、地域研究、またネットワーク研究という様々な課題を提示してきたといえよう。

これらの琉球・沖縄から発せられ続けている「アジア視野」は、日本に対してと同時に、これまで以上にむしろ中国に対する係わりのなかでのアジアへの視野を提起したといえる。東アジア・東南アジアに跨って多角的ネットワークを作り上げ、そこでは琉球＝沖縄自身も一つの地域世界として、またネットワーク世界として存在していることが強調される。

第七世代にみる現代の琉球・沖縄のアイデンティティは、異なる空間と異なる時間更には異なる主題を複合的にネットワークしたアイデンティティであるといえるが、旧来のそれを壊しながら作りまた作りながら壊すという多層循環する円環アイデンティティとなっているということでもある。これは、われわれが追求すべきグローバルアイデンティティのなかのアジアアイデンティティのあり方をすでに実践しているとも言えるのではないであろうか。

6. 中国の「脱亜」とアメリカ経由の日本文化論

グローバル化がいっそう進む中で、中国は「脱亜」をめざし、アメリカを交渉相手としながら東南アジアや中央アジア諸国とも多角的な地域連系を深

めている。そして、この現象は国際関係においてのみならず、民間の文化論にも及んでいる点を指摘できる。例えば、今まで海外華人文学といえば、ほとんどがマレーシア・シンガポールの華人文学をあげたのであるが、現在ではアメリカの華人文学を指すことが多くなってきている。また、日本理解、日本論に関連しても、アメリカ経由の日本論が登場している。

　一つの例として、荘錫昌が翻訳・解説した『菊花与刀（菊と刀）』の継続的なまた異なる版を重ねている知識人のうごきをあげることが出来る。これは、日本理解の方法として、戦後アメリカの人類学者ルース・ベネディクト（Ruth Benedict）によって書かれた『菊と刀』（The Chrysanthemum and Sword）を中国語に翻訳し、そこに原版には無い多くの挿絵や写真が独自に挿入された『菊花与刀——日本文化的諸模式』である。(24)そして、この翻訳が大学生をはじめとして多くの読者を得ており、さらにそれに続いて新たな図版解説版が出版されるという現象が継続した。すでに６冊以上の異なる同書の翻訳・解説版が出版されている。改めて言うまでもないが、該書は、戦後にアメリカが日本を占領統治するに当り、日本を「異文化」とみなし、異文化理解の視点からまた心理分析の方法によって表現したものであり、ひとつの象徴的な議論としてヨーロッパの「罪の文化」に対して日本は「恥の文化」であり、両者は根本的に異なる、とする。今に至るも世界中で日本文化論の代表的著作として読まれている。

　現在、中国の知識人が、この「異文化理解」の分析方法を通して、日本を議論しようとしていることは、今までの東アジアにおける中国文化の影響を論じた文化論とは異なる議論であるといえる。因みに、本書は、「了解日本」系列（挿図本）のシリーズ３冊のうちの１冊であり、他の２冊として、戴季陶『日本論』と小泉八雲（英国人 Lafcadio Hearn）『日本与日本人』（閻敏訳）があげられている。また吉川幸次郎が日本文化を理解する知識人と評した周作人『日本人論』や新渡戸稲造『武士道』なども刊行されているのではあるが、このような日本文化論のきっかけをつくった『菊と刀』にみられるような中国知識人による「アメリカ経由」の日本文化論は、おそらく歴史上初めてであろう。

中国における新たな日本文化アイデンティティの登場として『菊と刀』現象をみるならば、中国の日本文化研究は、文化交渉・文化外交の対象として、日本文化を異質文化論の範疇に分類したことを意味している。ただ見方を変えれば、冷戦期の同質論からくる友好・非友好という基準に比較するならば、より日本を対象化した視野であるとは言えようが、しかし翻って、ルース・ベネディクトが当時敵国であった日本を議論しようとした政治的動機という点に鑑みるならば、この異質論はアメリカ経由の日本研究全体には及んでいないように見受けられる。アメリカのアジア論はいまだ冷戦期を位置付けそれを越えようとしているとは考えられないということである。その意味では、中国の脱亜入米論は現在我々が議論すべきアジアのグローバルアイデンティティとは相当な距離があると言えるかもしれない。他方では、中国知識人は「中国モデル」という表現のもとで新たなアイデンティティの追求を始めていることも注目される。
(25)

7. グローバルに中国・東アジアをどう認識するか
　　——開と閉の歴史サイクル

　現在、「中国をいかに捉えるか」という古くて新しい課題が改めて問われている。
　しかもこの問いがこれまでとは異なっている点は、中国との間に「距離」を置くことや、独自に中国を「見立てた」上での「見解」の提示や、「立場」の表明という一方向的な中国解釈や中国認識ではなく、現実には圧倒的に多くのひと・もの・情報の往来が存在しているという現実を前提として、「中国といかにかかわるか」「交流・対話のなかの相互認識」という現実的かつ実践的・双方向的な取り組みに向けた課題が問われていることである。別の表現を使うならば、日々の交流や交渉の中から導き出され、さらにそれが次の交渉へとつながっていくような関係性の蓄積過程として形作られる中国像である。

グローバルヒストリーのなかのアジアのアイデンティティ

　現在の「中国といかにかかわるか」という課題が条件づけられている理由は、中国が「開放」期である所にある。歴史的に見て、中国は、民間の動きを基本として、政策的には「開」と「閉」のサイクルを交互に繰り返してきた。1979年以降は改革開放政策が進められて来た「開」の局面にある。この「開」の状況を捉えるためには、1949年以降の「閉」の状況を捉え直す必要があり、さらにこの数十年周期が、19世紀中葉以降の開港場を通じた対外関係によって条件付けられているという背景がある。さらに、現在に至る全局面は、明初から清の中期にかけての400年余にわたり、朝貢貿易を維持しつつ、「海禁」政策による「閉」の時代と「展海」政策による「開」の時代が交替しており、華南から南洋に及ぶ海洋交易に強い影響力を行使した時期を受け継いでいる。

　そしてこのいずれの過程も、朝鮮・日本・琉球・越南・シャムなど東アジア、東南アジア地域の歴史に大きな影響を与えてきた。歴史的に見て、この中心―周縁関係は相互に影響を与え合いつつ、華夷秩序理念を共有する中で対応や対抗を繰り返してきた。

　そして現在、グローバリゼーションの動因は開と閉を問わず、また歴史過程の近古を問わずに、さらに課題の大小を問わず、すべての要因を眼前にさらけ出そうとしている。そしてこの事態は決して中国に止まるものではなく、グローバルに生じている現象である。とりわけ、歴史的往来が密であった東アジア地域ではいっそう強く見られる。そして、課題として追及すべきアジアのアイデンティティとは、このような混沌状況を指すのではなく、これらの歴史的背景を共同で見出すための相互討論をつみ重ねるという相互認識として位置付けられる必要があろう。

8. グローバルヒストリーによる中国・東アジア認識

　中国の歴史空間は、伝統的には、天下観に基づく華夷秩序であり、中華世界とも表現される。周縁は、地理的には東洋・西洋・南洋によって囲まれ、

そこには朝貢国が配されている。域内には、九州があり、また天円地方（天は円形で、地は方形）による「地方」があり、行政的には、「国」「省」「府」「県」などが置かれた。

　近代になると、ヨーロッパにおけるアジアを援用して亜細亜と表現される大地域像が構想されたり、それと並行して、「国家」の名称も論議された。近年のグローバリゼーションのなかでは、華僑・華人の活動に関連して、華人世界という表現で世界中の華人を総称する呼び方もある。また、比喩的に4匹の小竜として、1980年代のアジアNIEs（韓国・台湾・香港・シンガポール）は、巨竜の存在を示唆した周縁地域の呼び方であり、1990年代以降には、中国を加え、大中国（Greater China）という表現や、大華南という表現によって南の経済圏が表現される場合がある。国内の地域に関しても、郷鎮という末端の行政単位を現す地域が、経済発展に結びつけられて郷鎮企業と表現されたり、華僑からの投資活動が盛んな福建省の晋江県の経済活動を晋江モデルとして一般化させた表現もある。

　歴史空間認識を上下の系列で見たとき、天円地方という天地が対を成す地政的な表現も見られ、行政的な序列化とは異なる世界観・統治観を見ること

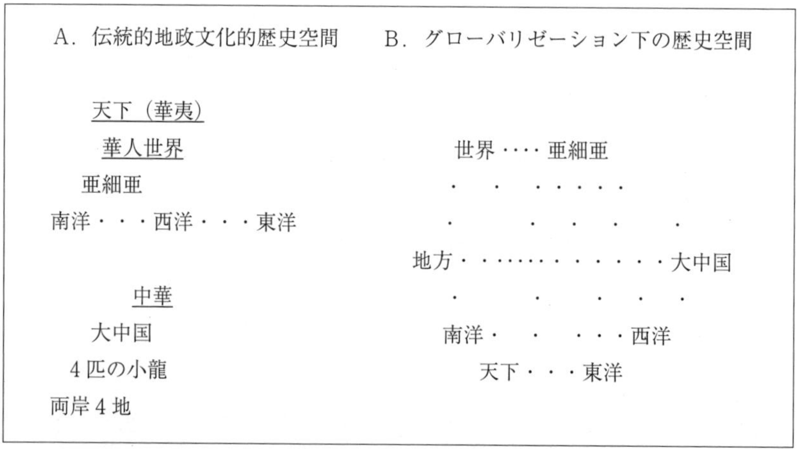

```
    A. 伝統的地政文化的歴史空間      B. グローバリゼーション下の歴史空間

        天下（華夷）
        華人世界                        世界 ‥‥ 亜細亜
        亜細亜                           ・       ・
        南洋 ・・・ 西洋 ・・・ 東洋        ・       ・
                                        地方 ・・・・・・・・・・ 大中国
        中華                             ・       ・
        大中国                           南洋 ・   ・・・ 西洋
        4匹の小龍                         天下 ・・・ 東洋
        両岸4地
```

図2　中国の歴史空間

ができるが、ここでも、歴史的な地域空間が時間的な先後関係を持たずに、時には重層的にまた同時並行的に登場していることを見ることができる。この点も、これまで、内外や上下を截然と分かつ観点ではなく、すべての歴史的な地域空間が解き放たれているというグローバリゼーションの影響を見ることができる。しかも、これらはすべて「ナショナリズム」の表現をとって噴き出しているといえる。この現象は、一方では冷戦構造の終結と共に、これまで閉じ込められた「歴史」が自己への回帰・回復を主張していると見ることができよう。同時に、解き放たれたすべての歴史空間に関する議論は、長期の歴史の中のある特定の時期や時代を設定し、それを同時代史的に論ずるというよりも、むしろ冷戦後の地域の流動すなわち地域アイデンティティの流動に照応させて、現在の視点からすべてを等し並に「ナショナリズム」によって表現せざるを得ない。そこでは、グローバル化した世界に表出するナショナリズムに潜むジレンマを見ることができる。

　先に見た地域関係のグローバル化に倣い、中国における歴史空間のグローバル化を図2に例示してみる。

9. 進行する国家のディアスポラ化

　グローバリゼーションの動きは又地域アイデンティティの拡散・離散（ディアスポラ）現象が進行していることを意味している。

　現在、制度や体制、国家や民族など、19世紀から20世紀にかけて、求心的作用によって自らを集中化してきた核心領域において、周辺化・周縁化・離散化が進んでいる。総じて言えば、国家のディアスポラ現象が進行しつつある。この現象は、国家そのものが地域化・地方化するという側面を持つが、従来ディアスポラ現象として消極的に認識されてきた対外的離散や拡散現象が、現在新たなネットワークの形成や移民と本国との関係の強化など、ディアスポラの新たな国際的側面が注目されているということでもある。

　過去に政治的な強制や変動によって余儀無くされた移民や移動も、近年の

表1　上位20カ国における華僑華人数

	国別	華僑華人数（カッコ内は1980年代）
1	インドネシア	7,261,984（600万）
2	タイ	6,994,372（465万）
3	マレーシア	5,920,200（509万）
4	アメリカ	3,360,000
5	シンガポール	2,594,234（200万）
6	カナダ	1,413,952
7	ペルー	1,300,000
8	ベトナム	1,220,566（96万）
9	フィリピン	1,096,169（110万）
10	ミャンマー	1,018,074（71万）
11	ロシア	998,000
12	オーストラリア	573,468
13	日本	381,225（13万）
14	カンボジア	321,180（30万）
15	イギリス	229,977
16	フランス	227,497
17	インド	180,584（11万）
18	ラオス	172,933
19	ブラジル	146,180
20	オランダ	140,182

賈海濤、石滄金『海外印度人与海外華人国際影響力比較研究』（山東人民出版社、2007）95頁。

表2　1953-1994年、台湾において高等教育を受けた東南アジアからの中国人統計

年次/国名	マレーシア	インドネシア	ベトナム	フィリピン	シンガポール	タイ	カンボジア	ブルネイ	ミャンマー
1955以前	11	11	24	11	4	8	1		2
1956-60	297	190	230	96	75	19	12	12	23
1961-65	1454	773	609	157	122	71	53	45	40
1966-70	2355	744	648	49	18	153	50	52	204
1971-75	2407	672	760	58	54	182	30	50	448
1976-80	2502	547	773	28	28	247	102	55	521
1981-85	3543	736	279	23	123	361	136	69	511
1986-90	3254	838	223	39	123	428	43	79	794
1991-94	2822	393	59	28	106	212	11	71	575
Total	18645	4904	3605	489	653	1681	437	433	3118

Edmund Terence Gomez and Hsin-Huang Michael Hsiao, ed., *Chinese Business in South-East Asia*, Curzom Press, 2001, p.163

社会経済的な変化に伴って対内的・対外的なネットワークが形成され、ひと・もの・かねの動きがいっそう広がっている。

　今、さまざまな場で進行しつつあるディアスポラ現象の中で、70年代のアジアNIESに始まり、80年代の中国の改革開放政策に至るまで一貫して議論されている動きは、東南アジアを中心とした華僑ネットワークの役割の大きさであり、さらに新華僑・新移民と称される中東・アフリカをはじめとする世界各地への華僑・華人・華裔の移民ネットワーク、投資ネットワーク、の広がりである。もちろん香港・台湾もこの例外ではない。

　表1、2は、それぞれ、現在の華僑華人人口の上位20カ国の1980年代との比較、台湾において高等教育を受けた東南アジア華僑華人の人数を示したものである。ここには、現在の政治・経済・社会的な移動が、地域間にわたって人的資源の移動と蓄積としての特徴を持ち、ひとの移動が新しい地域間関係を形作っていることを示している。ただ、この統計には近年急増しているアフリカ移民が含まれていないが、アフリカへは100万人を単位として移民が生じているとみられ、アフリカ大陸への移民動向も加えて検討するならば、現在のグローバリゼーションにみる人の移動や移民現象の中で中国系移民が占める比重が大きいことも注目すべきである。

　ディアスポラ現象に伴って、華僑・華人・華裔のアイデンティティが、よりいっそう強化された形で追求され始めた。海外への移民と同時に、移民の本国回帰が本国投資として経済的におこなわれている。そこでは両者の空隙を埋めるものとして、執拗に歴史への問いかけがおこなわれ、より理念的・原理的な自己の帰属対象が求められており、その歴史を遡及する心理過程は、いっそう純粋化・原則化を示す傾向にある。韓国・ベトナムの在外移民も、同一の傾向を示している。

　このディアスポラ現象が本国と新たな結びつきを示し、かつそれが歴史の論議を巻き込んでおこなわれている過程で、東アジア・東南アジアの経済発展を示すダイナミズムが、各国における歴史認識の論議をもつき動かしている。ベトナムや韓国・中国・香港・台湾において、ディアスポラが当面の課

題に適合的であるからと言って、歴史的なアイデンティティを直ちに変更するわけにはいかない。そこではむしろ、歴史的な社会の紐帯がすなわち非公式の紐帯が前面に出ているとも言える。

10. 歴史認識のディアスポラ化

近年中国において、相ついで清朝末期の20世紀初頭に出版された上海の急激な社会変化を描写した書物が再版されている。代表的なものとして、呉研人の『二十年目睹之怪現象』(1903年)、陸士諤『最近上海秘密史』(1910年)がある。ともに19世紀末から20世紀初頭の上海の変化を「怪現象」や「秘密史」として捉え、経済取引き、官界の内情、対外関係、人間関係における事件や悪風潮をシリーズで紹介したものであり、そこには、激変する社会情況に驚き、当惑し、憤慨する民衆・知識人の様子が余すところなく示されている。

この状況から二つの特徴を看取できる。すなわち、およそ百年前に大きく変化しつつあった社会が、旧来の社会認識の枠組を持つ今の知識人に大きな衝撃を与えていること、そして過去と共通する動機から、現在の中国の改革開放中の社会変化を重ね合わせて困惑していることである。実際、1979年以降の改革開放政策も今世紀初頭の上海と同様、中央政府が明確な経済政策を導入したというよりも、いわば社会のエネルギーによって生産のエネルギーを引き出そうとしたとみなすことができるからである。

その結果として、地域性・歴史性・社会性がそれぞれの地方においていっせいに噴出した。いわば、社会の流動・沿海地域への労働移民・地域のディアスポラ化ともいえる事態である。例えば、農村や中小都市における加工工業である郷鎮企業を見ると、資金の獲得や労働の形態、利益の分配などに、民間社会に蓄積された経営の知恵とも言うべき「合股」といわれる歴史的な共同出資の形態が現われている。また、温州・寧波・汕頭など、沿海・沿江の港湾都市における商業や貿易活動は、歴史的な集散市場の蓄積の程度に応

じて再登場することになった。さらに、海外華僑の華南沿海地域への投資も、歴史的な本国送金のチャネルと重なり合い、泉州・漳州など沿海地域の急速な経済活動を呼び起こした。これら一連の動きは、中国の歴史的な社会秩序であり、かつ長期にわたって維持・再編・強化されてきた地縁・血縁・業縁のつながりが機能しており、総じて「社会」のネットワークが前面に登場している。そこで国家や中央のレベルのみで中国を捉えてきたことへの反省から、新たなテーマとして、このような地方性・歴史性・文化性を持った社会にどのようにかかわるかというテーマが浮上してくることになる。変化・発展現象のなかの社会ネットワークの非変化・維持強化という側面が見えてくる。

翻って民間社会の視点からアイデンティティ論を考えるとき、そこにはアイデンティティという形で対象化され取り出されることは無いものの、厳然として存在する社会という人との結びつきに出会うことになる。したがってそこでは、果たして民間社会にまで深められた対象理解を試みているかという問いを絶えず発し続けることが求められる。

おわりに――沿海都市ネットワーク

これまで見たように、アジアのアイデンティティは多様かつ多層であり、唯一的なまた排他的絶対的なものではなく、とりわけグローバリゼーションの動きの下では、それらは開放され、噴出する様相を呈していた。しかし、アイデンティティの表出はしばしばナショナリズムという唯一絶対のアイデンティティとされ、政治化されたアイデンティティとしてのみ、すなわち、他と区別し自らを主張する根拠とされがちである。我々は、ナショナリズムそれ自身が持つジレンマに対して、歴史的な理解を深める過程において、アイデンティティを一層開放し、かつ多様な組み合わせを構想していくことになる。

グローバリゼーションというある歴史必然的な環境条件の登場によって、

現代世界に住む我々は、否応無く従来のアイデンティティの変化を余儀なくされている。ネットワークやディアスポラ、またこれまでアイデンティティを代表してきたナショナリズムなど、すでにこれまでと同様な機能を果たしえなくなっている。本稿においてもこの変化の側面をさまざまに検討してきた。そこでは、グローバリゼーションのアイデンティティを持つことによって、またそれを前提とすることによって初めて、我々は従来のアイデンティが拠って立つ根拠を見たのであり、同時に、地域アイデンティティが現代世界で示す多くの失敗も見ることができるといえよう。結論的に言えることは、すべての空間的なまた時間的な更には主体的・主題的なアイデンティティは、それをアイデンティティの枠に入れようとした瞬間から、すでにグローバリゼーションとの親和力を欠くことになる。グローバリゼーションの中のアジアアイデンティティは、アジアをグローバルに広げそこに重ね合わせる形でアジアアイデンティティを議論するか、あるいは、アジアをさまざまな要素に解きほぐし、それら各要素をグローバルの中に展開させることによってアジアアイデンティティを意識的に分散させるのか、という方向が考えられよう。現在ではいずれの場合においてもナショナリズムという１語によってのみアイデンティティを表現するほか無いという状況ではあるが、両者は似て非なるものとして、2030年代にはまったく異なる様相を呈して現れてくると考えられる。

　これまで、アイデンティティを根拠として成り立っていた思想や思考は、相手を否定することによってのみ自己のアイデンティティを作ろうとする否定的アイデンティティ獲得の動きに対しては無力であった。アイデンティティ形成に失敗の歴史に取り組むことが求められていることもグローバリゼーションが提起している課題であると言えよう。[26]

　現在発展を続けるアジアの各地域は、単に工業生産分野を欧米に代替する役割を担うのみではなく、経済の質や生産のあり方を転換させることが求められている。また、人口問題というグローバルヒストリーの課題から見ると、2030年、2050年などに大きな転機が間違いなく訪れようとしている。そこ

では、アジアは三つに分類され、工業化したアジアは高齢化のピークを迎え、中国は 2030 年が分水嶺となりその後急速に高齢化社会に転じるため、社会資本を充実させるためにそれほど長い時間は残されてはいないということでもある。2050 年に世界人口総数はピークを迎え（91.5 億人の上限。現在 68.3 億人）、その結果必要となるであろう世界的な人口流動化・労働力の再配分や経済活動の地域的再編などに直面するアジアを見る必要がある。これは中央アジア・南アジア・トルコ・イランなどイスラム地域を中心とする「若いアジア」の登場を意味する。(27) グローバルに現在と今後を見据えたアジアの変化からもアジアのアイデンティティは条件付けられている。そこでは、アジアに歴史的に見られた広域地域秩序と多層化し共有され分有された歴史的地域とその流動（「極化」「国家化」「周縁化」「都市化」）などによって生ずる地域的な結び付きの安定度の吟味、交渉・競争・対立・紛争・衝突とその解決や収束に関する検討が、それぞれにまた総合的に検討され地域秩序に適用され長期の地域サイクルと歴史サイクルに還元されなければならない。ここから導き出される構築されるべきアジア地域連関とそれに伴うアジアのアイデンティティは、（ a ）圏域として構想されるグローバルのなかのアジアであり、これは中国をネットワークセンターとして周縁との地域関連からなるアジアのアイデンティティを形成する。同時に、（ b ）高齢化・高齢化途上・若年という三つの異なるアジアの人口構成相互間の地域連関が構想される。2030 年に中国が迎える分水嶺を境として、高齢化・工業化のアジアと若いアジアの転換を中国が中継しながら移行させる。さらに（ c ）上海や東京・ソウル、マニラやジャカルタなど、形成の背景を異にするアジアの大都市に人口が集中する。これら都市間連係を形成すること、すなわち、沿海都市ネットワークの形成は、アジアにおいて長い歴史を持ち、今後のアジアのアイデンティティ構築に重要な役割を果たすと考えられる。これらの三つの異なる地域連携のモデルをめぐって、これからのアジアのアイデンティティは構築されると考えられ、これは同時にグローバルな課題に他ならないと言えよう。(28)

注

（ 1 ） D.R.Howland, *Borders of Chinese Civilization:geography and History at Empire's End*, Duke University Press, 1996、Daniel Dorling and David Fairbairn, *Mapping:Ways of Representing the World*, Longman, 1997、孫歌『アジアを語ることのジレンマ——知の共同空間を求めて』岩波書店、2002 年、白永瑞『思想東亜：朝鮮半島視角的歴史与実践』生活・読書・新知三聯書店、2011 年。

（ 2 ） Larry Sawers, Daniel Schydlowsky, David Nickerson eds., *Emerging Financial Markets in the Global Economy*, World Scientific, 2000、Rasiah Gengatharen, *Derivatives Law and Regulation*, Kluwer law International, 2001, Alfred Steinherr, *Derivatives: The Wild Beast of Finance*, John Wiley & Sons, Ltd., 1998。

（ 3 ） Johannes Dragsbaek Schmidt and Jacques Hersh eds., *Globalization and Social Change,* Routledge, 2000。

（ 4 ） 宇野重昭『北東アジア学への道』（国際書院、2012）において論じられている「地域研究の更生」という課題も、冷戦後の世界にあって、すなわちグローバリゼーションの下で噴出する地域・地方のエネルギーの方向付けとその可能性に関する戦略につながると考えられる。またこの課題を考える歴史的視野は、冷戦後の世界ではなく明治時代からの再検討が必要であるという指摘は、現在我々が取り組むべき原点を示している。

（ 5 ） 宇野重昭・勝村哲也・今岡日出紀 編『海洋資源開発とオーシャン・ガバナンス』国際書院、2004 年、Carolyn Cartier, *Globalizing South China*, Blackwell, Oxford, 2001。

（ 6 ） Kenneth Pomeranz and Steven Topik, *The world that trade created: society, culture, and the world economy, 1400-the present*, Sharpe, 1999。

（ 7 ） Peter Duus ed., *The Japanese Discovery of America: Brief History with Documents,* Bedford Books, 1997, ロイ・ビン・ウォン「国家と世界のあいだ——アジアにおけるブローデルの〈地域〉」『思想』937 号、pp.5-30、2002 年。

（ 8 ） Calorine Cartier, *Globalizing South China*, Blackwell, Oxford,2001。

（ 9 ） Aihwa Ong, *Ungrounded Empires*, Routledge, 1997、また濱下武志『華僑・華人と中華網』（岩波書店、2013 年）「第 9 章華僑・華人研究の現在——グローバルとローカルの間で」参照。

(10) Andre Gunder Frank, *ReOrient*, University of California Press, 1998。

(11) 周方銀「朝貢体制的均衡分析」『国際政治科学』2011・1（総第 25 期）、第 29-58 頁、Yan Xuetong, *Ancient Chinese Thought, Modern Chinese Power*, Princeton University Press, 2011, Andre Gunder Frank, *ReOrient : Global Economy in the*

Asian Age, University of California Press, 1998。

（12）Andrew E. Barshay, *The Social Sciences in Japan*, University of California Press, 2004。

（13）川村朋貴・小林功・中井精一 編『海域世界のネットワークと重層性』桂書房、2008年、浜下武志『沖縄入門』ちくま新書、筑摩書房、2000年。

（14）張淑雅『韓戦救台湾？――解読美国対台政策』島嶼新書、衛城出版、2011年。

（15）「佳人奇遇」『飲冰室専集之八十八』上海中華書局、1898年、1〜220頁、Vinh Sinh "Elegant Females" Re-encountered from Tōkai Sanshi's Kajin no Kigū to Phan Châu Trinh's Giai Nhân Kỳ Ngô Diễn Ca, *Vietnamese Studies*, East Asia Program, Cornell Universtiy, 1990。

（16）『伊波普猷全集』第十巻、平凡社、1976年、16頁。

（17）金城正篤『琉球処分論』タイムス選書、沖縄タイムス社、1978年、西里喜行『清末中琉日関係史の研究』京都大学学術出版社、2005年。

（18）我部政明『日米関係のなかの沖縄』三一書房、1996年。

（19）高良倉吉『琉球王国』岩波書店、1993年、Takeshi Hamashita, The *Lidai Baoan* and the Ryukyu Maritime Tributary Trade Network with China and Southeast Asia, the Fourteenth to Seventeenth Centuries,（Eric Tagliacozzo and Wen-Chin Chang, ed., *Chinese Circulations: Capital, Commodities, and Networks in Southeast Asia*, Duke University Press, 2011）。

（20）豊見山和行『琉球王国の外交と王権』吉川弘文館、2004年。

（21）ガリオア・フルブライト沖縄同窓会編『ガリオア留学生の足跡』（那覇出版社、2008年）の「まえがき」1-3頁（同窓会会長比嘉幹郎）、金城弘征『金門クラブ――もうひとつの沖縄戦後史』ひるぎ社、1988年。また、関連する記述として以下を参照。照屋善彦・山里勝己・琉球大学アメリカ研究会編『戦後沖縄とアメリカ――異文化接触の50年』沖縄タイムス社、1995年、中野聡『歴史経験としてのアメリカ帝国――米比関係史の群像』岩波書店、2007年、浜下武志『沖縄入門――アジアをつなぐ海域構想』ちくま新書、筑摩書房、2000年、松田武『戦後日本におけるアメリカのソフト・パワー――半永久的依存の起源』岩波書店、2008年、山里勝己『琉大物語1947-1972』琉球新報社、2010年、Martin Collcutt, Kato Mikio and Ronald P. Toby, ed., *Japan and Its World: Marius B. Jansen and the Internationalization of Japanese Studies*, I-House Press, 2007。

（22）冨山一郎『近代日本社会と「沖縄人」――「日本人」になるということ』日本経済評論社、1990年。

（23）*International Journal of Okinawan Studies*, Kazuyuki Tomiyama, Editor-in-Chief.

Vol.1(1) March, 2010. Kenkyusha。

(24) 魯思・本尼迪特『菊花与刀——日本文化的諸模式』（孫志民、馬小鶴、朱理勝訳、荘錫昌校、九州出版社、2005年1月）、また濱下武志「ルース・ベネディクト『菊と刀』をめぐる東アジア地政文化」（ポーリン・ケント、北原淳編著『紛争解決：グローバル化・地域・文化』ミネルヴァ書房、2010年）参照。

(25) 尹倩「中国模式与印度模式之比較」『理論与現代化』（2006年第4期7月）、60-65頁、 同「"中国模式"的基本内涵」『高校理論戦線』（2011年7月、第1期）、7-10頁、などを参照。

(26) Richard McMahon, ed., Post-identity? —Culture and European Integration, (Routledge, 2013)。

(27) Jack A. Goldstone,'The New Population Bomb,' *Foreign Affairs*, 89.1 （Jan/Feb 2010)、pp.31-43。

(28) 百瀬宏、大島美穂、志摩園子『環バルト海——地域協力のゆくえ』岩波書店、1995年。バルト海都市連合 UBC（Union of the Baltic Cities）は、歴史的にハンザ同盟以来の沿海交易ネットワークを背景として、1991年に結成された。http://www.glslcities.org/documents/UrveTiidusppt.pdf（2013年9月3日閲覧）。

中国から見える世界史像と複合的アイデンティティ
―― 「中国の夢」と中国式「民主主義」の可能性

宇野　重昭

はじめに――日中の衝突回避をめざして

　21世紀の現在、アジアは世界を揺り動かし、世界を変えつつある。時代の先を読む人は『アジア力の世紀』などという表題を著書に掲げている[1]。ただしそこでは、突き詰めてみるなら、結局「力」に力点がおかれている。力をもって理念を実現しようというのなら、それはそれで理解すべきかも知れない。ではアジアの理念とは、なんであろうか。力の論理はどのように理念に組み込まれるのであろうか。

　いうまでもなく現在のアジアの力の中心は中国である。その中国は20世紀末より史上まれな高度成長を続け、世界の秩序に大きな影響を及ぼそうとしている。そして近代の国際秩序を支えてきた平和、民主、人権の理念に密着しようとしている。それが密着なのか挑戦なのかあるいは独自の創造なのか、世界の人々は固唾をのんで見守るところである。

　まず独特の道義を掲げながらも現実主義的・実践主義的な中国が、結局国力の増大を基本としているように見えることから論を進めたい。いうまでもなく統計論的には中国が2020年代からそれほど遠くない時期に国内総生産（GDP）で形式上米国を上回り、世界一になると予測されている。中国の当局者はこの国力増大の見込みを誇りとこそすれ、隠そうとはしていない[2]。

　中国の国力増大は中国に理念的な夢を拡張させるとともに、そのパワー・

ポリティックスの論理を顕在化させ、現実を基盤に理念へと相互触発をはかっている。言葉の上では人権の尊重、平和的環境、人間第一の「民主」を強調している。しかし、アヘン戦争以来の屈辱の思いを噛みしめてきた大国は、国力が世界第2位となった現実を契機に、自己主張を「中国式社会主義」の名のもとに展開している。

現実のパワー・ポリティックスを直視してみたい。この中国の国力増大の現実は、日本にとつて不本意ながら、まず領土問題として顕在化した。とくに尖閣諸島領有権問題において、2012年4月の東京都知事石原慎太郎の歴史的経緯軽視の購入表明、7月7日の当時の首相野田佳彦の不用意な国有化方針決定、そして9月11日の購入実施によって、中国側のペースに引き込まれ「根本的変化」が起きた（10月30日中国外務省報道官の表現）というわけである。

そして2013年現在島嶼の実効支配をめぐって日中双方の公的警備艇が入り乱れ、「中国新聞ネット」の報道として12月24日の『新華社＝中国通信』が伝えるところによると、「衝突が起きる危険を排除できない」とまで表現されるに至った。このような過激な発言は、その前年中国の国力が日本のそれを越えるまでは、予想しえないものであった。

少なくとも今後数年間、ジグザグの過程のなかで、中国の国力増大傾向とともに衝突事件が発生するエネルギーが蓄積されていく可能性は大きい。その結果、情報伝達の如何によっては、日中双方の世論が激昂し、小規模な事件が大きな事件に拡大する可能性も懸念される。

もちろん人口増大、格差拡大、治安悪化と困難な国内問題を抱える中国と、他方安全保障問題をめぐって世論が割れる日本が、経済金融関係の混乱を懼れる国際社会の圧力を背景に、いずれも衝突拡大を警戒していることは当然のことである。また事実双方が、経済・文化・社会・科学・環境問題などの各分野において、協力関係の継続に腐心していることは、一定のレベル以上の事態悪化を防いでいる。そして何より国際世論が東アジアにおける軍事衝突に批判的である。

したがって今後日中関係は小規模な衝突事件はありうるとしても、現実には対峙関係をつづけ、問題点「棚上げ」状態を実質的に維持し（2013年現在日本は、建前としては「棚上げ」、領土問題そのものの存在も否認しているが）、ともあれ経済・文化・社会の交流と話し合いを継続し、可能なかぎり政治的接触を試み、流血の惨事の忌避に努力するであろう。

もっとも長期友好のため、識者は、日中間の信頼関係を回復せよと口を揃えているが、しかし、その信頼関係を回復する有効な鍵をいまだ開拓できないでいる。さしあたっては経済・人的交流などの輪を広げ、他方、不測の事態拡大を防止するための安全保障上の枠組みを拡大し、情報伝達の方法を工夫し、信頼醸成の手懸りを段取りを追って開発していくよりほかに方法が見当たらない。

そこで本稿は、より一歩を進め、恒久的日中関係の安定をめざし、そのため、戦略論的な5年・10年・15年といういわば短期間より、20年、30年、40年と時間的距離を長くとることに重点を置いて、日中双方の考え方、価値観、思考様式などを浮き彫りにしてみたい。そのほうが理念の国際化による現実化、民主化の開拓による平和への貢献の可能性が見えてくるからである。

もちろん中国の強権的手法を非難することは容易である。しかし非難するだけでは中国は変わらない。同じく中国がひたすら日本の右傾化を非難しても、日本の国家としての体質は悪化することはあっても、日本人自身のアイデンティティは変わらない。迂遠なようではあるが、現段階の中国の民族的アイデンティティ、日本の民族的アイデンティティを整理し、それぞれの普遍性・世界性に向かう複合性を考察することが、ナショナリズムの危険性を抑制し、相互信頼の道を再開拓するのに有効と考えている。

1. 理念としての「中国の夢」の意義

「中国の夢」と接近方法

　そのための手掛かりはまず中国において理念論的かつ戦略論的でもある「中国の夢」の分析にある。そしてその夢に関連しているいわゆる「二つの百年」論も検討してみたい。

　そこには、中国近代百年の怒りと思いが炊き込められているとともに、未来に向かっての中国の理想と目標が体現されていると考えられる。伝統的に「華夷思想」の優越的国際秩序観を堅持してきた中国が、アヘン戦争以来「西欧的砲艦政策」の前に屈服し、それより百年有余、隠忍自重、「半植民地体制」とたたかってきた歴史の重みは大きい。

　「二つの百年」の未来への「中国の夢」というのは、2021年の中国共産党創立百年記念までに政治体制改革のための経済的・社会的条件を整え、2049年の中華人民共和国建国百年までに新政治体制による独自の国家「富強で民主的で文明的かつ調和的な社会主義的現代国家を建設する」（2012年11月17日習近平講話、人民出版社発行中国語パンフレットからの訳語）という戦略的未来目標である。[3]戦略的というのは、これが現政権発足から10年の大政策目標と考えられるからであり、今後その表現方法に変化があり得るものだからである。

　その間、政治・経済・社会などの政府統計分析、広範囲の非政府的組織、民衆運動などとの親近感の醸成、情報交換、共通する利益の析出などの統計的数量的側面は公開されていくものと考えられる。反面グローバル化が進めば進むほど高まる中国の個性保持への欲求、民族としての主張、中国の立場からの「道義的」主張、世界における中国の存在理由の強化などの力説は、違った形で展開されていくであろう。この場合には、統計的資料とは異なり、数量的分析困難な「情念」的次元の問題が多量に包含されよう。

　筆者は、このような数量的合理性の枠にあてはまらない広義の「情念」も

政治的に重視している。情念といっても熱情・誇り・情緒などの狭義なものに制限するものではない。たとえば「中国共産党規約」(2012年11月14日採択)にある「マルクス・レーニン主義には強大な生命力がある」といったような表現は、中国的「理」によって認識された広義の情念に基づくものと考えている。この広義の情念は、心理的問題、信念体系、組織的理念、宗教的究極論など多岐にわたる。これはアジア・アフリカ等においてはもちろん、西欧的理性論とキリスト教的神学中心の欧米においても、大きな役割をはたしている。したがって筆者は、「情念」を情念としていたずらに「不合理」という先入観に押し込めず、歴史意識・愛憎・宗教的意識などにおける情念とともに分析対象とし、それぞれの伝統的・個性的な広義の「理性」の型と組み合わせて考察すべきことを主張してきた。(4) その背景には17世紀以来に西欧において発展してきた「近代的理性」だけが唯一の普遍的理性ではないという考えかたがあり、アジアの可能性を「アジアの論理」から考え直してみたいという目的意識がある。最近一部政治学研究者が主張する「現に生きている地域の情念的な生のありかたを取り上げ、それらを正統的な政治の世界に組み込むべきこと(5)」という表現があるが、同感である。

現実問題にかえりたい。現在の中国は、第18期共産党大会以後の転換期にある。そして新しい指導者の習近平総書記は、「二つの百年」をめざす長期的目標として「中国の夢」を掲げた。これを単なる理想主義、民族主義、政治戦術として冷笑する人も数多い。しかし筆者は、これを、現代の中国の現実にそくした理念・目標・意志、つまり、広い意味での積極的な情念の提起と考えている。したがって「中国の夢」を黙殺すると、中国現政権の意思と目的そして思考様式がよくわからなくなる。

そこで中国の現状を確認し、中国の現実的発展方向、とくに国際社会に参入するこれからの中国の影響力をさぐるため、まず「中国の夢」をめぐる検討から出発したい。

中国ナショナリズムの見方――強力な「民族復興の夢」をめぐって

　まず筆者にとって「中国の夢」をめぐる学問的関心は、中国が、強国に向かう現実に立脚しながら、それを適度に抑制する新しい理念の指導性を模索しているのではないかという点にある。当然その抑制原理は、グローバル化、国際化指向と不可分になる。そこでは情念としての民族性指向と、より理性的な国際的・世界的指向が、歴史的経験に立脚して複雑に組み合わされて展開しているものと考えている。

　もちろん「中国の夢」は民族的意識が色濃いものではあるが、だからといって単なる「中華民族」意識高揚のための政治的宣伝にとどまるものとは考えられない。また情念的性格を帯びているが一定の歴史観・価値意識に支えられ、中国の立場から見た独自の「理」につながっていると見ている。

　手始めに、事実からスタートしたい。周知のように2012年11月15日新しい中国の最高指導者となった習近平総書記は、その就任の挨拶において次のように「重大な責任を果たす」ことを語った。その内容は次のような点に集約的に表れている。

　「この重大な責任は、民族に対する責任である。わが民族は偉大な民族である。五千年余にわたる文明発展の過程のなかで、中華民族は人類文明の進歩に消し去ることのできない貢献を果たした」。

　「われわれの責任とは、全党と全国の各民族の人民を団結させ率いて、歴史のバトンを受けて、中華民族の偉大な復興のために引き続き努力・奮闘することで、中華民族をさらに力強く全世界の民族の中で自立させ、人類のために新たなより大きな貢献を果たすことにある」（『人民中国』2012年12月号22～23頁の日本語訳から引用）。

　この表現は歴史的に、別に珍しいものではない。そして今回は「中華民族の偉大な復興」がキー・ワードである。まさにアヘン戦争敗北以来の歴史的経験を踏まえた壮大な責任意識であり夢であり、情念である。そして「復興」という言葉が示唆するものは、アヘン戦争以前の「偉大な中国」の回復の夢

である。もちろん、その夢が、中国中心の意識があり過ぎること、報復の念が潜伏していると見られること、「中華民族」という用語自体が問題であるという批判はある。とくに「中華民族」という表現は中国周辺のすべての「少数民族」を中華の統一的統治下においた大国主義政治用語であると非難されるわけである。

たしかにこの「中国復興の夢」における中華主義的な色彩は覆うべくもない。しかし、ここで注意したいことは、中国がナショナリズムという表現を意識的に忌避し、あくまで「民族」とか「愛国主義を中核とする民族の精神」という用語を用いていることである。もちろん社会主義を標榜する以上、マルクス主義の国際主義的性格から忌避されているナショナリズムという用語を用いるはずはない。しかしそこで含意されていることは、それだけにとどまらない。そこには1910年代の五・四文化運動の当初のように、ナショナリズムを西欧的な悪しき風潮として忌避した価値意識も潜在している（『新青年』初期の陳独秀の論調などにもナショナリズムを海外から輸入した悪しき文化とする見解が散見される）。

こうして現在でも、その「民族」の主張のなかに過度のナショナリズムを抑制する論理、つまり中国の倫理的価値観と素朴な国際主義的感覚も取り込まれている。また現在の中国指導部も「中華復興」の意識を可能な限り中国の、世界における役割の問題に結びつけようとしている。

したがって一般的なナショナリズムという表現を当てはめることは、中国にとって不本意ということになるであろう。ただし本稿では学術的用語として一般的に理解されている先例にしたがって、あえてナショナリズムという用語を中国の民族運動・民族精神にも適用したい。ただしそれだけに中国の特性にはいっそう注意を払っていきたい。

被圧迫民族としての意識の重要性

ところで中国のナショナリズム的意識が、中国がアヘン戦争以来20世紀末まで被圧迫の状況に苦しめられてきたことと、それ以前の東アジアにおけ

る優越的立場とのギャップが大き過ぎる歴史的経験に起因していることは、ほとんどすべての識者が指摘している通りである。筆者も40年間以上、中国の「民族解放運動」の光と影に研究を集中してきた。この被圧迫の傷跡は極めて深い。それだけに中国を立ち直らせた民族解放運動の歴史的意義は大きい。それにもかかわらず、ただ中国民族解放運動の意義を理想主義的に過大評価すると、実は中国の民族意識はまだ発展途上であるという重要なファクトが見落される。

中国の人々の意識のなかでは、国民国家は未完成なのである。民族統一も未完成なら、新しい民族意識も国内に完全には徹底していない。そこで筆者は中国民族意識なるものも、全国的規模では想像より遅くしか発展しなかったという歴史的事実を着目したい。中国の近代的民族意識の芽生えを20世紀初頭に求める場合、それが広大な中国の国土に広がるのには一世紀を要しているという事実への注目である。

都市の知識分子の場合は思想的立場から「ナショナリズムという外国製の思想」を拒否したものもあったが、広大な農村の民衆は、拒否といったようなものではなく、そもそも肌身でナショナリズムというものを受け付けていないことを、筆者は農村調査（1974年から10年間）で痛感させられた。

また各地に「民族」という知的産物が到達したからといって、それをすぐわが身に関係するものとして内在化して理解するには時間を要した。伝統的な中国的コミュニティに生きてきた中国民衆にとって中華民族の一員であるという自意識は、疑似的家族意識の拡大適用はさておき、一世紀たっても完全には浸透していないようにも思われてならない。

中国ナショナリズムの特異性

しかも中国の知識人あるいは都市富裕層にとっても民族意識を持つということは歴史的に苛烈な経験を共有するということになる。その歴史的経験とはなんであったのか。それは新しい近代的民族意識が新しい社会変革の思想と否応なく結びついたからである。

周知のように後発国の民族意識は、民族の危機意識となり、その危機に目覚めない者にたいする「覚醒」への強制力となった。そしてその強制力は革命となり、社会を揺り動かした。そして 20 世紀初頭以来の革命は上層部にとどまる易姓革命から人々の生きるあり方を変える社会革命に発展した。

　ただ 20 世紀はもはや自力だけでは社会変革を貫徹することは不可能になっていた。強大な外国勢力が、革命派を援助するとともに、他方では軍事的政治的に成功した権力者を支援するという不思議な現象が進行したからである。そして被圧迫民族としての意識覚醒は、直接・間接、強力な国際的契機と不可分に結びついた。しかしその国際的援助、国際的連帯の呼びかけは、人々を鼓舞するとともに、反面さまざまな態様で人々の期待と革命への忠誠を裏切った。その歴史的経験は苦痛という言葉だけでは表現できない。つまり思想としての革命的民族運動は、原理的に民族と人間の解放を指向することとなり、必然的に普遍性を求め、海外からの援助をうけることが当然とされたが、現実にはその海外からの援助は、それぞれの自国内的論理を抱懐しており、一見奇妙な形態をとることも少なくなかった。典型的な例は中国が受容したコミンテルンからの援助である。たとえば「プロレタリア革命」を志向する共産主義ロシアが「ブルジョア革命」をめざす中国の国民革命を援助するということは、当時は「社会主義国家の植民地・後進国援助の必然性」として現実的にも理念的にも疑うことなく「革命の利益」なるものと直結された。それを政治的に理論化したものが「革命の正義のための戦略・戦術論」である。そしてそれは正義と合理を旨とするがゆえに過剰介入を自明のこととした。

　そしてようやく混迷から立ち直った中国は、みずからの戦略戦術を編み出し、一方においては侵略日本に対して国際的配置図の構想を背景とする「持久戦」の方式によって抵抗し、他方において、すさまじい党内闘争の経験と、自己自身の革命的路線を建設することによってソ連の過剰介入を排除していった。しかしマルクス・レーニン主義、社会主義の思想は中国化されて新しい近代的基軸となった。そこでは確かに西欧一辺倒、露骨な排他的戦略・

戦術論、独裁の無限定是認は否定された。しかし全面的欧化論の形をとった中国の特殊性の主張、積極的政治技術論としての「戦略」論、富の平等的分配を目標として合理化された政治主導の「社会主義」は、肯定された。

「中華民族」、「中華一家」の意識も再現された。それはかつて抗日・国防闘争を推進するためにも不可欠とされた。そしてその意識は建国直後も保持され、新中国は「チベット進軍」など、「統治区域」を拡大したとき、広範に適用した。香港・マカオ接収の場合には「一国両制」の方法を支える柱ともなった。残るのは台湾を中国本土と一体化させる方法の創出である。その場合にも「中華一家」の呼びかけは効果的であろう。

ともあれ1949年以来今日まで、中国はまだ統一されていないという被圧迫民族の意識の重みを注視したい。

想像としてのナショナリズム

ただしナショナリズムは、すべて、さまざまな危険性を伴い、傾向としては自己中心性を発揮する。理解不能の異質の他者に対しては物理的暴力を発揮することもある。他方国際化・地球化がすすむ現代、民族意識は、その国際主義的原理に違和感を覚えながらも、現実にはこれに接近し、溶け合い、その過程における効果として、民族主義の"偏狭性"を制限していくことも期待された。

そもそもナショナリズムというものは、実体論的には、流動して止まないものである。なぜナショナリズがそのように柔軟なのであろうか。

それはナショナリズムが論理的な知的構築物ではなく、むしろ計測不可能な情念的存在であり、「想像の共同体」だからである。[9]

ここで有名なベネディクト・アンダーソンの指摘を引用すると、国民というものは、たとえ10億人の生きた人間を擁する最大の国民でも、限られた国境があり、その国境の向こうに他の国民が居ることから、自からを「限られたものとして想像」し、「いかなる国民も自からを人類全体と同一に想像することはない」。[10]もちろん人によっては自らを限りなく人類に一体化して

イメージすることはありうる。しかし現代国際社会においては、国の外に一歩を踏み出す時、国籍というものの存在に心理的衝撃を受ける。

　少なくとも国境が必要とされる限り、現代の人は、それぞれに民族性を持つ。あるいは意識せざるを得ない。とりわけ先進国の植民地主義的支配に苦しんできた人々にとっては、被抑圧の酷烈な民族の経験は記憶の中に鮮明に残されている。そしてその感覚は、新しいグローバリゼーションの時代にあっても独特の形で生きている。この被圧迫民族のナショナリズムを、一方において積極的に認めるとともに、どのようにその抑制の原理も発展させることが出来るのかということを考えてみたい。

被圧迫民族ナショナリズムの現実性

　この被圧迫民族のナショナリズムの性格に関し、ナショナリズムは、世界の普遍主義化にもかかわらず激化しているのではなく、世界の普遍主義化ゆえに激化していることを指摘して注目の的となった大澤真幸氏（著書『ナショナリズムの由来』講談社に対する2007年9月2日『朝日新聞』書評参照）は、その後「ナショナリズムという謎」というきわめて興味深い一文を草して（『書斎の窓』有斐閣、2010年1・2月号）、次のように発言している。

　「植民地におけるナショナリズムの成熟が明確になるのは、いうまでもなく植民地が本国である帝国から独立するための革命的な運動が起きたときである。しかしこの独立戦争は、非常に変な戦争である。というのも、革命の闘士は誰一人として、帝国と植民地との間の主従関係を逆転させて、かっての帝国を自らの配下に置こうという野心をもたなかったからである」。

　「その意味するところは何か。植民地の住民は、西欧にある帝国に反旗を翻しているときさえも、なおその帝国への忠誠心を、最後のところでは保持していた。（中略）一方には、無論、植民地そのものを独立の国民として思い描く共同性の感情があるのだが、他方には、遥かかなたの西欧の帝国に信従する感情が否定しがたく残っており、両者が調和的な二重奏を奏でているのである」（上掲47頁）。

この「二重のコミットメント論」は、表現はともあれ、基本的には妥当な指摘といえよう。もちろん民族革命の闘士がだれ一人抵抗の野心をもたなかつたわけではなく、日本においてはやせ我慢の「和魂洋才」論が展開し、中国においては「中体西用」の論理のなかに絞り出された「全面欧化論」と「中国式」の「独自性」が強調された。

　しかし結局文化「帝国」たる欧米の文明論が後発諸国に積極的に導入されたことは、それぞれの歴史に見るとおりである。そして後進国・植民地における民族主義は、普遍的人類の遺産とされた人権・民主・「自由」の原理を歓迎した。

　この「二重のコミットメント」論がそのまま中国や日本の近代にあてはまらないことは筆者も従来指摘してきたところではあるが、被圧迫民族のナショナリズムの特徴とその可能性を指摘している点では、まつたく同意見である。「中国の夢」の構想を考えてみるとき理論的参考意見として取り入れたい。

日本ナショナリズムとの落差

　ここで日本のナショナリズム問題も一瞥しておきたい。日本と中国のナショナリズムが、いまや互いに影響を及ぼし合っていることも事実であり、また、極端なナショナリズム間の衝突を回避するためにも、日中の比較考究が必要な前提と考えられるからである。

　周知のように日本は明治維新以来、先進国型のナショナリズムを意識的に強化してきた。そして、基軸なき日本思想に疑似的な基軸を挿入させる方法に腐心してきた。それが思想的誤りのもと極端な国家主義となり、大東亜共栄圏思想にみられる非現実的な思想となったことは周知のことである。それが敗戦によって、突然挫折した。

　やがて日本は第二次世界大戦後戦勝国アメリカの考え方を全面的に導入した。ただ敗戦に対する民族意識的怨念は部分的に残った。それは極東国際軍事裁判の評価問題に対する分裂に端的にあらわれている。確かに観念的には

日本は偏狭なナショナリズムを卒業した。しかし別の意味では伝統思想に立脚するナショナリズムが、被圧迫型ナショナリズムとして、アメリカに「抱擁されつつも」ひそかに反抗する特殊な混合型ナショナリズムとして温められた。

したがって日本のナショナリズムは、多重構造の形となっている。このような日本ナショナリズムに対して、中国のナショナリズム否定のナショナリズムが対置している。しかも日中双方、相手の現代的ナショナリズムの様相をよく知らない。これは危険なことである。現代においては中国のナショナリズムと日本のナショナリズムは互いに影響を及ぼし合い、たがいにゆがめ合う危険性があるからである。

万一「中国の夢」があまりにも強力なナショナリズムと受け取られると、日本の「ナショナリズム」も刺激され、日本がそれこそ「右傾化」（保守主義回帰？）する危惧も生じる。これはお互いに相手の国を知っているつもりで知らないことのためだけではなく、政治的バイアスで知らされる情報に引きずりまわされることにも起因しているのかも知れない。

さらに実体論的に観る場合、中国の人にとって、日本のナショナリズムの形は、元来、分かりにくいものであろう。日本ナショナリズムは、歴史的に変転を繰り返しており、あまりにも多様であり、混交しているからである。「理」の基軸を持つ中国にとって日本思想の基軸は不明瞭である。これを丸山眞男は「つまりこれはあらゆる時代の観念や思想に否応なく相互連関性を与え、すべての思想的立場がそれとの関係で自己を歴史的に位置づけるような中核あるいは座標軸に当たる思想的伝統はわが国には形成されなかった」(11)と表現している。

もっとも日本には比較的早くから民族意識的なものが民衆レベルでも生まれており、国家指導者層のナショナリズムとは異なるという見方もある。たとえば日本は相対的に小国であるにもかかわらず諸藩が割拠して競い合い、藩校における教育とともに庶民階級の寺子屋も発達して「読み書きそろばん」とともに歴史・地理も学び、日本全体のことに興味を抱く風潮も生じた。

その意味では江戸時代から民族意識の原型が生まれていたと見ることもできよう。
(12)

　もしそうであるならば広大な中国における民族意識とは異なる。中国では知識階級の儒教文化という一種の基軸的なものは生まれていたものの、庶民の民族意識はまったく白紙に近い状況のなかに放置されていた。そして庶民にとって民族主義は現代になって接するものである。ある意味で中国庶民は民族精神を現代になっても学習の最中とも見られよう。

　しかし中国の指導者層の多くは日本ナショナリズムの実体究明にあまり関心を持たず、日本には指導階級にある種の基軸的なものがあり、他方庶民の民族意識は白紙に近いという、中国自身の体験を反映させたイメージがあるように思われてならない。

　筆者の考えでは、日本の指導者層にはそれほど確固とした思想的基軸があるわけではなく、庶民（あるいはその延長線としての中間階級を含む日本人一般）にしても明確な思想の基軸があるわけではないが、しかし日本人意識が全くの白紙だったわけではなく、比較的早い段階から初歩的な民族意識に目覚めていた。人によっては、明治初期の民間憲法草案に見られるように、人間尊重の意識さえ身に着けている。現在にしても、日本の一般民衆は、戦争には骨の髄から反対で、各種世論調査に見られるように、保守主義的指導者層の平和憲法改正推進にはその非民主的な手続きの方法自身に批判的で、同時に日米軍事同盟のこれ以上の強化には疑義の雰囲気が強い。

　したがって最近の中国側論文に見られることが多くなった「日本の右傾化」という表現に、日本の庶民層は不安を感じている。もちろん多数の人々は、日本国首相が靖国神社参拝に固執する感情は充分には理解できないし、アメリカの在日軍事基地に対しては違和感が強い。しかし日本人の日本人意識は日本人の心の中に深く潜在している。したがって海外からあたかも既成事実かのように日本が「右傾化した」と指摘されることには反発する。日本がいわゆる右傾化することに強い危惧はあるものの、外から日本は「右傾化した」といわれることには不満と不安を増殖する。

同時に忘れてならないことは、結果的に、日本人が国外からの批判に逆反応し、結局影響を受けやすいことである。それは日本のそれまでの原型ともいうべきものが外来の政治、思想、文化などの圧力により緊張感を生み出し、その影響下に「日本」が絶えず再形成されたからとも解釈できる。周知のように仏教が伝来した時にはかえって伝統的日本思想なるものが姿を現し、朱子学の圧力が大きかったときにはあらためて国学が再編成され、大戦後のアメリカ日本占領期には「日本とアメリカの交配型モデルというべきもの」が形成された結果、逆に日本の独自性意識が強調されることもあった。⁽¹³⁾

　ではどうすればよいのであろうか。少なくとも日中相互理解前進のため、中国は日本のナショナルな傾向性をすべて「右翼的」と誤解しないで理性的に分析すること、日本は中国の「復興への夢」を偏狭なナショナリズムと誤解しないで中国側の意識にできるかぎりそって、中国にそくした理解の方法に努めることである。

　ここで本稿は、これ以上日本の問題に深入りしない。以上のような日本意識を踏まえて、「中国の夢」に対する問題に焦点を合わせたい。⁽¹⁴⁾

2.「中国の夢」の仕組みに対する見方について

歴史的経過のなかの「中国の夢」

　「中国の夢」というものは、歴史的な、ある段階に則して現れた。そのある段階というのは、世界に対して中国が自信をもって登場しはじめた世紀の転換期のことになる。すなわち20世紀末から21世紀初頭にかけて、鄧小平が「改革・開放」にかけた夢、つまり国民一人当たりのGNPを1000ドルとする目標は、鄧小平の死の直後乗り越えられた。これより前、1987年に鄧小平は来訪した外国の指導者に対して「三十年から五十年かけて、発達国の水準に近づく」と未来展望を語っている。⁽¹⁵⁾

　国際的常識からいっても、一人当たりのGNPが1000ドルから4000ドル

に達するということは、いわゆる中進国のレベルに達することである。しかし現実の経済成長は、その予測を上回った。世界における中国の順位は驚くべき速さで向上した。1998年世銀は、GNPの総体からいって中国はすでにカナダ、スペインを追い越し、世界経済強国ベストテンの第七位に進出したと公表した。中国の自信はいっそう刺激された。それまでは中国が国際社会に積極的に進出することはなお時期尚早とされていたものが、参加を速めてもよいという機運に転じた。それが2001年末のWTO加盟の意欲につながった。

いうまでもなく中国の国際社会参入は、元来、欧米主導の自由主義的国際枠組みに参加してこれに順応するためでなく、国際秩序のルールを取り込みつつも、なおそのルールを発展途上国側に有利に改変していくことにあった[16]。したがってそのための実力を備えているかどうかということが討論の中心であった。当時は「中国の市場経済は整備が待たれており、このほか若干の政策・規定と企業行為がWTOルールに合致せず、……WTOのメカニズムの中で敗訴する可能性もある」[17]というような見解もあった。しかし中国はあえてこのチャンスに挑戦した。おりから中国政治の中心には、中国の自尊心回復、世界の多極化、中国独自の国際社会参入をセットにして主張したことで知られる江沢民が居た[18]。その江沢民総書記が2002年の中国共産党第16回大会も指導した。かれは次のように力説した。習近平総書記の「中国の夢」の先駆である。それは「中華民族の偉大な復興」を掲げるとともに、「人類の文明の進歩に対する中国の貢献」を熱っぽく語っている。そのポイントは次の通りである。

「中国の特色ある道の上に中華民族の偉大な復興を実現しよう。これは歴史と時代がわれわれの党に賦与した厳しい使命である」[19]。

「中華文明は広く深く、淵源は遠く、人類の文明の進歩のために巨大な貢献をするであろう」[20]。

その2002年から10年間、中国の経済発展は、後継者胡錦濤総書記の指導のもと世界史的にも括目すべきものがあった。これに関し筆者が勤務する島根県立大学が、2007年6月北京大学国際関係学院と国際シンポジウムを開

催したさい、王緝思同学院院長が中国の現実主義的な立場を明示して、次のように解説した。

「中国の研究者陳江生は、人民元の切り上げを考慮に入れても、2016年における中国のGNPは7.741兆ドル、日本は5.323兆ドル、アメリカは17.498兆ドルと試算する。この試算から中・日・米の十年後のGNP比をおおまかに計算してみれば、1：0.7：2.2となる」。

「中国の経済規模が日本に匹敵する、あるいは日本を追い越したとき、中国人の心のなかの『大国』としての日本の位置づけがどうなるかは、推して知るべきである。日本が、もうさほど重要でないとみなされるようになったとき、中日関係の難題を解決することの重要性や緊急性さえも疑われかねない」[21]。

ただし王緝思院長は日本に対して十分好意的で、バランス感覚も優れていた。中国の国内のさまざまな難問に関しても、現実主義的立場から中国の弱点も隠そうとはしなかった。それでもなおかつ経済的国力の観点から中国が日本を追い越したとき、中国人の対日心理が激変することを明確に指摘していた。これには筆者の想像以上のものがあった。

したがって、一般に、2011年の中国が、2002年と比較して、GDPで3.9倍、一人当たりGDPで3.7倍、国防予算が3.5倍と日本人に伝えられたこと（たとえば2012年11月9日の『毎日新聞』の例参照）の心理的効果は大きかった。中国政府統計によると、2000年が経済産出量1兆700億ドルに対して2012年が8兆3000億ドルであるから7倍を超える。また同じ期間に外貨準備高が数十倍の3兆3100億ドルとなった。「質」の問題はさておき「中国の夢」が中国の国力と発展の自信と密接に組み合わされていることは、確認しておく必要がある。

民族的主張をカバーする国際主義

こうして「中国の夢」は、本来、国家の力量の向上と民族的自信の向上が組み合わされて土台となっていたが、次第に、その発言力の効果を見据えつつ、内容を多彩に組み立て、来るべき中国の内外政策の全体をおおきく提示

する仕組みになっていた。

　そして現段階においては2012年11月の習近平総書記の積極的発信以来、当初は国家・民族とその観点からの人民の生活向上と、世界における中国の位置向上に力点がおかれていたが、その観点をくりかえしながらも、やがて「中国の夢」は「世界の夢」に通じるという中国的世界史像に焦点が移っていったという感が強い。

　まず同年12月習近平総書記は外国人専門家に対外戦略を語り、「国際社会はますますグローバル化が進展しており、運命共同体となっている」という認識を強調し、「どの国家も独善的立場をとることはできず、各国が呉越同舟、共に助け合うことが要求されている」と「人類共同の利益を増進」すべきことを論じている。いかにも中国的表現の国際的相互依存論であるが、「美しい地球一家」の建設という表現までが飛び出している点は注目されよう。(22)　そしてこういった表現は、習近平総書記だけではなく、指導部各員が各様にバックアップしている。

　たとえば政治局常務委員の劉雲山は、2013年4月に中・欧政党ハイレベルフォーラムに出席し「ウィンウィンの理念は中・欧の全面的な戦略的パートナーシップの核心である。相互依存の世界で、国家間の関係は『食うか食われるか』の競争でも『勝つか負けるか』の勝負でもない」(23)と、相互依存を重要なキーワードにして前面に押し出している。利益を分かち合い、良性の競争を行い、たがいに寛容の精神を発揮していこうというわけである。

　そして20世紀末以来目立ってきた強調点であるが、多極化時代に相互の特徴を大切にしようというやや守勢的な姿勢から積極的な交流推進にポイントを前進させている。たとえば『光明日報』、『人民日報』の編集長を歴任し中国国務院新聞弁公室主任となった王晨は、「中国の文明は世界のさまざまな文明と交流・対話し、お互いに学び合い、融合・革新する中で、自らを補充・発展させ、同時に世界の文化を豊かにし、人類文明の多様性の保護に独特な貢献をしなければなりません」(24)とのべている。最近はPR的文書に「融合」という表現が現れ出したことが注目される。

この表現は、元来の「全面欧化論」を変形させて中国と世界を一丸とし、共に新しい世界文明を作っていこうという積極的な呼びかけと理解されよう。

　では、こうした積極姿勢のなかでアメリカはどう位置づけられるのであろうか。いうまでもなくアメリカは中国にたいしてGNPでなお２倍以上である。そして軍事力になると６倍という計算のしかたもある。(25)

　そのアメリカは、歴史的にはパートナーというより中国のライバルに近い。

　19世紀に入ってからの米中関係は複雑である。もちろん中国は、精神的に、物質的にアメリカから多大の恩恵を受けたが、それでも1921～22年のワシントン条約前後には、アメリカ留学の経験を持ちキリスト教の影響を強く受けた孫文でさえ、アメリカが大国として自己中心的で、中国の存在を軽視していることに不満を述べている。その後第二次世界大戦中、中国はアメリカの対華援助には感謝しているものの、中国共産党の場合、1946年から49年の国共内戦期にアメリカが国民党援助に舵を切ったことは怒りの対象であり、朝鮮動乱への介入、台湾の中国本土からの分離は、いまだ中国統一への夢を破るものとして痛恨の対象となっている。

　しかし時代は大きく変った。1978年の改革開放の時代以降、経済的発展のため平和的国際環境を切望する中国は、現実にアメリカをパートナーと考えざるを得なくなった。中国共産党の対米姿勢はおおきく転換した。その意味で「中国の夢」の構想を打ち出した中国が、オバマ米大統領とどのような提携方式を考案していくかは国際的にも注目の的であつた。その焦点が2013年６月７日の中米首脳会談である。結果は予想以上の接近であった。(26) この雰囲気を象徴するものが習近平主席の「中国の夢」と「アメリカン・ドリーム」とが相通じるという表現である。もちろん中国の夢とアメリカン・ドリームとの間には質的相違がある。したがって中国はアメリカとの首脳共同記者会見後は「米国を含む各国人民の美しい夢と相通じるものがある」という表現の方をとくに多用している。アメリカとだけではなく、今後広範囲なアジア・アフリカ諸国と夢を共有するという一般論に重点を置くことにしたためであろう。『人民中国』への特別寄稿でオバサンジョ元ナイジェリア

大統領が、「最近習近平国家主席が『中国の夢』をスローガンとして掲げた時、全世界に驚きが走った」と率直にのべながらも、今後内容が豊富になっていくものと好意的に評価し、「アメリカの夢、中国の夢、アフリカの夢にしろ、夢に特許があるわけはなく、だれでも採用し、あるいは修正して取り入れ、使うことが出来る」と述べているのは、なかなかうがった表現のように思われる。

ともあれ「中国の夢」と「アメリカの夢」が通じ合うと表現することによって中国はアメリカの対中親近感を呼び出し、くわえてアジア・アフリカ諸国の「中国の夢」に対する理解を引き出したことは、中国外交の成功ともいえよう。またこのような国際的理解を取り付ける間に、中国の民族精神のトーンを若干和らげることもできたとも評価しうる。

強力な中国の立場と主張

しかし中国はすべての国に対して柔和な顔を見せたわけではない。楊潔篪国務委員（中央外事工作指導小組弁公室主任）は「中国の夢を歪曲し、けなそうとする一部国際勢力のたくらみは打ち砕かれた」と、「中国の夢」の国際的理解に抵抗する力のあることを指摘した。この場合の抵抗勢力とは領土問題で対立している日本や一部の東南アジアの国を意識していることは明らかであろう。この「新たな情勢下における中国の外交理論と実践の革新」と題する談話は、「中国の夢」の戦略的リアリズムを端的に表明している。同じ文書のなかで「釣魚島、南海などの問題では、わが国の領土と海洋権益を揺るぎなく守り、周辺諸国との紛争の対話と交渉を通じた適切な処理と解決を促進した」と表現していることからも、その意図は知られよう。意識的に日本に対してだけは厳しい姿勢を示しているのであろう。

他方アメリカに対しては、一転融和的側面を打ち出し、「お互いの戦略的意図を客観的理性的に見て、あくまでもパートナーになり、ライバルにはならないようにする」、「小異を残して大同につき、包容・相互参照によって、共に進歩する」、「自身の発展を求めるとき共同の発展をはかるようにし、利

益の融合構造をたえず深化させる」と、新しいタイプの大国関係構築の三つのポイントを明確にしている。ただしアメリカとの新しい大国関係についても、国際政治的リアリズムは垣間見せ、それが先例のない新しい経験であり、出来合いの経験のない「歴史的創意」である以上、「順風満帆というわけにいかない」ということも率直に指摘している。

このような対米態度は、同じくリアリストとして知られている閻学通院長（清華大学当代国際関係研究院院長）の場合にはもっと露骨で、たとえば『朝日新聞』のインタビュー（2012年12月）においては、「中国と米国との競争と衝突は不可避で、今後10年間どんどん激しくなっていくと思う。国力の差が狭まっていくからだ」とのべたという文字が紙上に躍った。ただし用心深く、「『衝突』といっても戦争ではない。政治、軍事、文化、経済各面での競争だ」と付け加えたということである。また日本に関しては、「米国がまだ中国より強大なのに対し日本は中国より弱い」と指摘したともいわれる。新聞記者の印象記ともいえるが、そのような表現が紙上を飾った微妙な影響力は無視できない。

もっとも中国は2010年総合国力において日本を抜いたものの、軍事力においてはまだその段階に達していないものと一般的には考えられる。ただ中国の国防予算が名目で日本のそれの2倍近いという各種の統計が公表されている以上、いずれ中国の総合的軍事力が日本を抜くことは予想される。現在中国指導者は「負けない軍事力」を口にしているが、それは、実際の軍事衝突に備えるというよりは、「戦争の準備を整え、戦いに勝つことが、強大な軍隊を建設する要で、戦いをする基準に基づいて軍隊の建設を進め、準備を整え、命令が出れば直ちに出動し、出動すれば戦い、戦えば勝利するようにしなければならない」という心構えの問題といえよう。それかあらぬか、そのような態勢をとって初めて「戦わずして人を屈服させる兵となる」という中国伝統的思想の散見も見られる。「勝つ軍隊の建設」というスローガンは、あくまで姿勢の問題である。ただあり得べき不用意な軍事的小衝突を回避するため、「中国の夢」という目標がこのような奥深いリアリズムをカバーし

ていることも認識しておくべきであろう。

3. 中国民主主義の独自性の背景

理念としての「民主」の重要性

「中国の夢」を検討するとき、その理念としての国際化と並んで現実に極めて重要な問題は、民意の動向である。ある意味では最も重要なテーマでもある。民の声は天の声であり、その民は、溝口雄三の表現を借りるなら、「天が生じた自然的存在としての『生民』で」、本質的に支配者家族が人為的に構成したような「王朝＝国家の命運に巻き込まれるものではなかった」。[32] つまり民は天意において国家と同格である。そして現実的な力としても、国家・政府の運命を左右する。その意味で民主主義の動向は、その段階の中国政治の質を代表する。

当然習近平（2012年党書記、中華人民共和国副主席）も、指導権獲得以前から、民の本質的公共性、民意の重大性を意識していた。ただし現実的方法としては、中国共産党独特の方法としての「民主集中制」という政治的方法をとった。それは民意にしたがって政治を行うというよりは、上からの指導という政治形態をとるものである。習近平の代表的なものとしては2012年6月28日の創造先進者表彰の大会における講話があるが、そこでは人民の主体的地位を尊重するとともに、従来からの中国共産党の民衆路線の意義を総括している。[33]

ここで習近平は、民主の基礎の上に集中することと、集中的指導下と民主を結び合わせるべきであることを強調し、「民主集中制はわれわれの党の根本的組織制度であるとともに指導制度」であること、そして「全党同志と全国人民の利益と願望」を体現したものであることを強調している。[34] そして続いて共産党党内の民主の重要性を指摘し、党内民主は「党の生命」であること、民主的討論のなかで共通の認識を形成すべきことを説く。

結局リアリズムからいって、中国民主主義の重点は、究極的な民意の重要

性を掲げながらなお当面は民衆の生活向上に置かれる。周知のように中国指導部は、2020年までに小康社会を全面的に完成させ、その年には都市住民の一人当たりの所得を2010年の二倍にすることを目標にすると公表している。そして格差是正・所得配分が順調に進めば、この二倍という目標は、農村を含む全中国の人民に敷衍されることが説明され、そこであらためて習近平は「扶貧開発」の重要談話を公開し、「発展の遅れた地域が同一歩調で小康を実現するための行動指針」を指示して、「農村、とくに貧困地域の小康がなければ、全面的小康社会の建設もあり得ない」と、政治がまず手を付けるべき要務であることを指示した。(35) 民を利することは、まず政治としての王道であろう。

　当然「民衆からの遊離」は中国指導部として最も危惧しているところである。したがってGNPの全体量を高めるとともに、不当に（というよりは許容限度を超えて）富を吸収しようとする官僚主義を可能な限り制御することになる。所得格差はリーゾナブルな一線内に抑えなければならない。そして目に見える形で民を豊かにしなければならない。そうしてはじめて「中国の夢」は「人民の夢」となりうる。

　さきほど引用した劉雲山常務委員も「『中国の夢』とは、結局のところ人民の夢であり、その根本的な目標は人民に幸福をもたらすことである。国家と民族の発展を促進するためには、一人ひとりが自らの夢を描くように励まし、また一人ひとりがすばらしい人生を送るチャンスを共に享受でき、夢が正夢になるチャンスを共に享受でき、祖国と時代とともに成長と発展するチャンスを共に享受できるような条件を創り出さなければならない」(36)と民衆一人ひとりの幸福を強調している。遠い未来の夢とはいえ、指導部が強く民意を意識していることは明らかである。

　また前掲のオバサンジョ元ナイジェリア大統領も、「要するに『中国の夢』は、現在および将来のすべての中国の人々の幸福、健康、生活向上に関する夢であり、中国が地球規模の意思決定と国際分業における役割と地位に関する夢」(37)であろうと言及している。ダメをおしているともいえる。2012年

11月以来「重大な責任を果たす」ことになった習近平総書記（後に主席兼任）が、民衆一人ひとりの富の向上と民主の質に言及していることは、いうまでもない。

そこで、「民衆は真の英雄である。人民大衆はわれわれの力の源泉だ。われわれは次のことをよく承知している。一人ひとりの力には限りがあるが、みんなが心を一つにして一致協力すれば、強固な城塞となり、乗り越えられない困難はない」と表現している。⁽³⁸⁾

それにもかかわらず民衆によって政治を推進するという表現は、ほとんど見られない。少なくとも「過渡期」にあっての中国政治においては、あくまで指導的民主主義であり、上から呼びかける全体の一致である。そして目標はあくまで民の生活向上である。もっとも生活を向上させることは、制度としての民主主義の進展と結びつくわけで、民主化が進み、法治が進まなければ「中国の夢」は「人民の夢」にならないし、「中国の夢」の目標は達成できない。

世界史的視野から見て

では中国はどこまで民主主義の法制化を進めているのであろうか。また世界的レベルから見た民主主義の向上に向かっているのであろうか。

もちろん世界的視野から見るとき中国の政治的民主化の目標達成が「二つの百年」より先の遠い未来にあること、つまり2050年より先のことであることは当然考えられる。同時に、現在の民主化の試行錯誤に見られるように、その究極目標が西欧基準の民主主義ではなく、きわめて中国的、個性的なものであることも明らかである。⁽³⁹⁾ また当面は、後述のように、すでに一種の市民民主化が芽生えてきているにもかかわらず、同時に民衆指導、言論統制の姿勢もまた強化されている。

要するに中国民主主義の形成において、中国がまず欧米の民主主義から多くのことを学んでいることは事実であるが、しかし、それにもかかわらず中国では伝統的な考え方から民、天、公権力、公理と民意の親和性が極めて強く、さらに「実事求是」的実践論的見地から制度としての民主主義は時代の

要請に応じて徐々に構築され、かつたえず変化しつづけるものと考えられている（もちろん量から質への劇的変化はありうるものの、圧倒的多数の一般民衆は、社会混乱を招く「質的変化」を必ずしも望んでいないように見える）。

　この中国式民主主義の考え方は国外の者には、かなりわかりにくい。この結果先進国から見る中国の「民主」・「民主制」の評判は、はなはだ芳しくない。もちろん先進国の眼といっても主としてアメリカやイギリスのような自由第一、個人第一の価値観から見える中国である。日本の論調においてもまた、占領期以来のアメリカの影響を強く受け、中国の「遅れた特異の民主主義」批判が圧倒的である。その観点から見るなら、中国の権威主義的支配、縁故主義的支配、家族と派閥、人脈の輻輳した官僚主義などは、批判以外の何物でもない。ただし中立的意見も多種多様に存在する。筆者もかって宋慶齢日本基金会・武田清子編『中国のきり拓く道――日本より見る』（勁草書房、1992年）に、近い将来中国の縁故主義をなくすことができると考えることは楽観的であり、せいぜい「考量」の対象である（江蘇省小城鎮研究会理事長朱通華教授の表現）と、数年間の現地調査の結果を語ったことがある。しかしこれは少数意見かも知れない。むしろ日本の大多数の人は日本の現状と比較して中国の縁故主義の強さを驚きの眼をもって眺めているように感じられる。

　この日本人の中国観に強い影響を与えているものは当然ジャーナリズムがある。最近の最大の話題の一つは『朝日新聞』連載、在中国総局の『紅の党：習近平体制誕生の内幕』（朝日新聞出版、2012年）であろう。「足でかせいだ渾身のノンフィクション」ということで、薄熙来事件、「赤い貴族」、「指導者たち」のことなど、驚くほどよく調べている。国際報道部次長古谷浩一の「あとがき」によると「中国の権力移行の動きを同時進行で伝える困難さを、私を含め誰も分かっていなかった」、「こんな連載始めなければよかった」と何度も後悔したそうなので、大変な苦労をしたものと推察される。結果的には、従来の中国研究の日本人がほとんど知らなかった赤裸々な事実を記載しているので大変珍重されたことは否定できない。それだけに「中国には三権分立はなく、検察も裁判所も党支配」という見方が広く定着し、大勢の人々

の関心の的となり、その後も新聞紙上での特集記事が続いた。

　たしかに中国では「法治」とはいっても「徳治」の考え方が依然として主流で、司法と道徳と政治には密接な関係があり、裁判の公開性の遅れ、裁判官養成の遅れは、先進国との比ではない。(40)また「民主」といっても、民主精神を支える言論の自由は厳しく制限され、情報は統制されている。さらに、革命と危機の時代にマルクス主義の基軸的価値観ともあいまって突出した「プロレタリア独裁」の組織原理は、危機が大きく変化したにもかかわらず、むしろ危機が存在すればこそ、現在もなお生きている。マルクス主義的道義論が中国の伝統的道義論と密接に絡み合っていることも注目されている。

　ただしこれらの現象から中国の政治・法治・裁判をただ批判しても、現実の中国は変わらない。外国から導入するものの「精華はとって糟は棄てる」という中国的な近代的思考様式から見る限り、先進国の優れた政治制度、たとえば議会制民主主義の方式は進んで導入するものの、その現実的成果のあがらない部分は棄て、啓蒙主義的賢人政治の伝統、「徳」重視の推薦主義は常に復活する。もちろん人々が納得する方式は歴史的経験を経ながら変化し得る。しかし欧米の民主主義制度は現実に時間がかかり、非能率である。したがって完全な欧米式の民主主義制度導入を支持する人は、本質的変化がない限り、知識人を中心とする国民の数パーセントにとどまるであろう。もちろん知識人の間では西欧型民主主義の導入に関する論議は熱心に討論されている。そして中国の国の広さ、人口の大きさ、民度の相違観などからくる中国民主主義特殊論（「国情論」）には批判が強い。(41)

　考えてみるといま政治のありかたが抜本的に変わるということは、当面の政治的・経済的任務の緊急性、議会制民主主義の本来的非効率性からいって中国に大混乱を招来する危険性も大きい。そして13億人の超大国が実際に破局に直面した時、これを救済できる外部世界は存在しない。中国はすべて自己責任によって自己を救済しなければならない。当然中国のことについて民主的に決定すべき人びとは、中国人自身である。

　いまや世界にはグローバリズムと価値観の多元化が進行している。西欧的

民主主義観も、ギリシャ以来の優れた自由の伝統を科学的に引き継ぐものとしてその世界史的意義評価は高く評価できる。とはいえ、この文化遺産を完全に実行できる国は、価値観的に、政治的に、社会的に、地理的に、そこの住民が自から受け入れることのできる所に限定されるであろう。もちろん占領期とか、民族分裂期とか、イデオロギー的対抗期に、たまたまアメリカとの関係が密接に存在し、その民主主義的方式を受容する可能性が生まれた例も現実に存在する。しかしそれは今後の世界の至る所に期待できるものではない。

変容する世界の民主主義

しかも上記の例外的にある民族や地域が西欧的民主主義を導入することに成功した場合でも、それが真に「民主的」といえるかどうかは、わからない。西欧式民主主義が完全な制度として全世界に通用するという夢は、いまや揺らいでいる。17世紀にはじまる西欧中心の科学主義、市民革命も絶対的・普遍的なものではなくなっている。アメリカはもちろん、イギリス、フランスといえども、中央政府にどこまで権力を集中してよいのか、あるいは集中できるか、現実に民意はどこまで政治に反映されているのか試行錯誤を繰り返している。それでもなおかつ先進国の一部は、近代欧米モデルなるものを唯一の基準として後発諸国に持ち込もうとする希望を持っている。しかし実際には「アラブの春」に典型的に見られるように、前近代的な権力主義者を打倒しても、庶民にまでは民主主義の心の習慣は浸透せず、混迷が続いている。これを「民主主義の未熟」と評するだけでは解決にならない。いわゆる先進国・準先進国でも末端まで民主主義の原理は浸透せず、むしろ民主主義制度に対する疑惑と動揺の現実が指摘されている。『朝日新聞』の「危機の民主主義」の解説では、フランスのクロード・ルブランの言葉を引用して、グローバル化した経済などの制約のもと、現在の政権運営は現実主義的になり、それぞれ相違がなくなって民意は手懸りがつかめなくなり、民主主義制度における選挙の場合でも選択基準が見えなくなって民意が漂流した結果、ポピュリスト（大衆迎合）的政治家に傾くことが多くなっている傾向が指摘さ

れている。⁽⁴³⁾　いまやそれぞれの民情・国情にあった民主主義の試みが模索されてよい時代である。まさに多極化されるべき民主主義の時代である。議会制民主主義の正統性が20世紀の世界に確立された事実は尊重されるべきであるが、その制度のありかたは国、民族、地域によって異なり得る。グローバルヒストリーの問題意識から見るならば、中国の民主主義もまた多極化時代の民主主義の一つの方式として考察するほうが生産的である。また中国民主主義の実体は「中国の夢」の現実的側面と表裏しているものと考えられる。

4. 歴史的経験のなかの中国民主主義

　では近現代中国における民主主義の理念はなんであろうか。当然のことながら、当初は、そして基本的には、西欧の民主主義から多大の影響を受けた。同時にまたその理念は絶えずアジアの伝統と照合されるとともに、実際の経験に基づいて修正されている。そこでその近代中国における経験を現実的な歴史的先例から再検討してみたい。

　中国の基本は、「人民による政府」の思想のアジア的原型である。よく知られているように中国には独自の「天」の思想があり、「天の心」と「民の心」を同一視する伝統があった。何をいまさらという人があるかも知れないが、その近代におけるパターンを中国共産党の創始者の一人、李大釗の「民彝」論に見てみたい。

　「民彝」という表現はわかりにくいが、[44] きわめて実践的な考え方である。李大釗の代表的論文「民彝と政治」は、まず中国の伝統にならって、「天の視るはわが民の視るにしたがい、天の聴くはわが民の聴くにしたがう」という有名な『書経』の言葉から出発する。民こそ公なのである。「したがって、むしろ指導・涵養する以外は、無為を本旨とし、民が自からその才能をうまく用い、その常性にしたがって行動し、自からの判断で選択し、かれら自身で自身の成果をあげていくというふうに、坦々と至当なみちをあゆんでいくにまかせることこそ上策」[45] という民衆の自発性強調主義が展開される。ただ

これは近代的政治科学の観点から見るといわゆる「無政府主義」に近くなり、やはり民主主義実現のためには法と制度が必要となる。

そこで李大釗もそれには気が付いており、民主主義の現実的組み立てのためイギリスの憲法を参考にし、ジョン・スチュアート・ミルやベンサムの政治思想を取り上げている。当然民彝の理念も西欧起源の法と制度と組み合わされて流通されなければならない。

したがって積極的に「代議制度」を導入することが提起された。そしてイギリス憲法はイギリスの民彝として自然に育ってきたものであるが、やがて外国にも普及するにいたったと主張される。西欧の思考様式と経験から育ったものであるから、たとえ明確に解釈できない部分があったとしても、これを尊信しなければならない、というわけである。

さらに李大釗はデモクラシー採択に当たって、人間としての自らの革新を実行しなければならないと主張した。つまり「われわれはよろしく儒家の『日に新たなり』（易）の趣旨を自覚し、仏門の懺悔の工夫をまもり、キリスト教の復活の教義にしたがって面目をあらため心を洗い、まず自己を再造する」という主張である。いささか大げさに感じる人もあるかも知れない。しかし民主主義には、利益とか、利益の発想から進むより、なんらかの倫理性の感覚から進む方が、その精神を身に着けやすい側面も濃厚にある。

そして五四文化運動期から革命期に通ずる中国知識人・指導者層が西欧の民主主義思想を評価し取り入れたことは、原則的に認められてもよいであろう。

この議会制民主主義の方式は、プロレタリア独裁を前提とする社会主義国家でも積極的に導入された。それはソ連から中国に人民民主主義として輸出された。民主主義を無条件に承認するのではなく、導入した民主主義に制約を付する考え方である。

それでも民主主義は魅力的であった。それは人間解放と平等社会の価値目標を示し、多様な人々の同意を取り付けるためにも、意義が大きかった。毛沢東も例外ではない。農民革命と抗日運動の実践を通して毛沢東は、民主主義というものが人々に平等の精神を教え、相互扶助の精神を養うものである

ことを「実事求是」的に知った。1940年の「新民主主義論」では次のように述べている。

「適切な形式の政権機関がないと国家を代表することができない。中国は現在、国民大会、省民大会、区民大会から郷民大会にいたる系統を用いることができ、また各級の大会によって、政府を選挙することができる。ただし必ず男女、信仰、財産、教育による差別のない、真に普遍的で平等な選挙制を実行しなければならない。そうしてはじめて各革命的階級が国家のなかで占める位置に適合することができ、民意を表現して革命闘争を指揮することができ、新民主主義の精神に適合することができる」[46]。

これはプロレタリア階級の指導権を前提とする「民主集中制」の考え方に立脚したもので、上からの啓蒙的指導の色彩の濃いものではあるが、民主主義の基本方式はそのまま受容しているものということができよう。同様の考え方は多党間協力と政治協商制度をめざす1950年代初頭の中華人民共和国・人民共和国憲法が確定した時にも採用され、少なからざる人々に「人民こそ主人公」という感動を覚えさせた[47]。それは欧米の「三権分立」とは異なるが、現段階の中国の実践にあわせた「中国式民主政治」の歩みを象徴するものであった。問題は、その後の中国民主政治がどの程度進んだものかということである。

5. 中国民主主義のむつかしさ

大規模国家の民主主義

建国後の中国も、国際政治の変動の中に、困難な歩みを続けた。いうまでもないことであるが中国の政治を考えるとき日本人の多くは中国の規模の大きさを考慮の外において、思想的に普遍的と考えられる理念的民主主義を価値基準にしてしまうことが多い。しかし13億人以上という人口の圧力は、当初数千万人までの規模の国家を対象に考案された議会制民主主義では経験

できない不思議さと巨大さがある。

　かねてから「規模とデモクラシー」の関係性を論じたロバート・A・ダールは『デモクラシーとは何か』において、「世界で最も人口が多く、世界屈指の強国である中国は、今まで一度も民主化されたことはなかった」、「そして、近いうちに民主化される見通しがあるかと言えば、それは、はなはだ疑わしいと言わざるをえない」(48)とのべている。

　たしかに話し合いと寛容な妥協を旨とする民主主義の場合、直接言葉をかわしうる生活圏内の村落的自治体の場合と、地域的アイデンティティは存在するものの不特定多数が主力である上からの行政優先の自治体の場合とでは、代表を選出する基準が異なる。まして情念的に想像された国民国家レベルの適切な代表者選びは、それぞれの政治文化によって大きく異なる。ダールは「デモクラシーを実現できる可能性は、その国の市民とリーダーがデモクラシーの理念や価値体系や慣行を強く支持している場合には高くなる」ものの、「民主的な国に住む人間は、すべての人が完全に民主的な市民にならけなければならないということではない。さいわいにも、そうではないのである。もし、それが必須の条件ならば、もはや、デモクラシーは存在しないことになる」と指摘している。もちろんダールは西欧的民主主義の原理の立場にたっているため中国の別の「民主主義」のあり様には気が付いていないが、中国の国の大きさと広さには十分配慮し、西欧の数千万人単位の国民国家との相違も頭の中に入れていたように思われる。

　このほか人口の巨大さ、国土の多様性の延長線上に、民主主義の条件に関し、地域間の格差が大きいこと、資源が不足していること、発展がアンバランスで、協調に欠け、持続性がない問題など、中国における民主主義の条件は多種多様で、その前途は依然として深刻である（2013年5月14日「新華社＝中国通信」参照）。

不可避の「増量的民主主義」

　このような諸条件を考えるとき、中国においては、独自の民主主義のあり

かたが不可避となる。中国の人は西欧の民主主義の価値を知らないわけではない。とくに最近の中国学生が西欧の基本的文献をよく読んでいることは日本の学生を上回るのではないかという印象さえうける。なかには、むしろ専門家向きではないかというような政治哲学・政治思想史の教科書も存在する。

このような中にあって日本人の間に広く知られているのが兪可平『中国は民主主義に向かう：共産党幹部学者の提言』(49)である。西欧政治学に通じるとともに、中国の独創的な政治モデルを主張し、次のように中国の理想とする目標を明示している。

「改革開放以来のわが国の政治の発展は、過去の伝統的な政治イデオロギーや政治制度とは明らかに異なっており、また西側のモデルとはさらに異なっている。これらと違って、中国は一種の独創的な特色をもった政治モデルを形成しつつあり、中国共産党はこの種の政治モデルを中国の特色ある社会主義民主政治と呼んでいる。その理想とする目標は、党の指導の貫徹、人民民主主義、法により国を治めるという三者を有機的に統一することである」(50)。

ここで現在の中国の民主主義が、西欧の民主主義モデルとは決定的に相違することを「過去の伝統的な政治イデオロギー」以上に違うと強調していることが注目されよう。このモデルにより兪可平は、中国の民主統治を徐々に進め、市民の政治的権益を拡大していくことを期待し、この方式を「増量式民主主義」と呼んでいる。この増量式民主主義の実質は「人民大衆が本来もっている政治利益を損なわない前提のもとで新しい政治利益を最大限増やすことである」(51)と、中国政治方式の慎重性を明示している。

では民主主義とはいっても、民衆の政治参加は認めないのであろうか。この点に関して兪可平は、「民主政治の核心にある問題は人民の政治参加」であるとしながらも、「市民の政治参加は合法的で、組織的で秩序だったものでなければならない」とし、「増量式民主主義を発展させる基本的手段は、市民の秩序ある政治参加を不断に拡大することに力を注ぎ市民の自発的、分散的、被組織的な政治参加を、できるだけ党と政府が主導する政治的枠組みに組み入れることである」(52)としている。

つまり民衆は破壊的なものでないかぎり積極的に意見をのべることは奨励されるのであるが、あくまで党と政府の公務員にたいして上申できる権利に止まり、その積極的部分を取り入れることによって政治改革を前進させることは一定の限界内にとどめられることになる。民衆の側からの自主的発議に対する配慮はまだ弱いといえる。

では党の組織的指導者かあるいは政府の官僚が、腐敗ないし民意を誤解して、その民衆の建設的意見を取り入れようとしない場合にはどうなるのか。あるいはこの党員・公務員の誤りを組織的にチェックする政治的機能は別に存在するのか。しかしその試みは2013年現在まだ組織的検討が始まったばかりである。もちろんこの点は日本でも欧米でも苦慮しているところである。なぜなら先進国の民主的要求の場合でも、原理的には立法府関係、極端な場合は立法府の選挙のときにのみしか、国民の「権利」発揮が認められておらず、国民投票要求の大衆デモその他の試みなどによって辛うじて凝固した政治が動くという現実もある。

行政の権力行使に関し民意が反映できるのは、民意代表者の選択権が官僚に把握されているかぎり、現実問題として低いレベルの政策決定にとどまらざるを得ない。もしそうであるならば、中国の指導的民主と先進国の自由民主主義の差は現実的にはどこにあるのであろうか。

6. 中国民主主義の漸進性

ともあれ、きびしい環境のもとではあるが、中国の民主化の努力は、一歩一歩実を結んでいるとも考えられる。ただし欧米式民主をそのまま中国に導入することは厳しく拒否されている。このため、中国の民主化は、欧米あるいは日本のような国の人々からは、民主主義の前進とは見えにくいのであろう。

とくに強力かつ本質的に社会主義に不可避とされるプロレタリア独裁下の指導的民主主義の原理を、どのようにして民主化するかという方法と段取りが明らかにされていない。どのような時点で「プロレタリアート」の独裁の

原理を改変し、実質的民主化を推進することができるかという問題の存在である。その明確化には長い年月が必要とされるであろう。当面は経済発展の構造が基本的に完成する 2021 年が一つの段階とされ（小康の全面的完成）、その後 20 年から 30 年かけて（2049 年の「中華人民共和国 100 周年記念」が象徴的目標）、政治体制の改革が完遂に向かって進み始めるものとされている[53]。ただし、それまでの時期にも、行政効率やサービスの向上、庶民の陳情聴取体制の改善、社会保障整備の加速などが一歩一歩努力されていく、はずである。その状況いかんによっては、今後先送りという批判、社会格差の増大の深刻化、国際緊張の制御システムの遅れによる対外紛争、人間の安全保障対策の決定的な遅れなどから、民衆の不満が統御不可能な段階に達する危惧も十分あり得る。

その意味で中国の増量的民主化は、たえず危機と直面しながら慎重に進められるであろう。また上記のタイムスケジュールを着実に進めるためには党幹部・行政官僚の協力が不可避であるが、汚職・縁故関係・浪費の体質の克服が百年河清を待つ状況である以上、まず党内民主化のバランスのとれた改革が優先される必要性が大きいであろう。

「三つの代表」の意義

そう考えていくと 2001 年 7 月 1 日に江沢民が中国共産党 80 周年の記念演説で主張した「三つの代表論」の歴史的意義は想像以上に大きい。これは鄧小平の改革理論を質的に前進させ、「先進的な生産力の発展要求」・「先進的な文化の前進方向」とならんで「もっとも広大な人民の根本利益」を提起し、「従来は労働者階級を代表する党であったのに対して、市場経済化に伴う社会の興隆に対応して私営企業家も含めた多元化する階級を広く代表する党へと変貌しつつある」ことを示唆した重要な問題提起である[54]。

これは、プロレタリア政党である共産党のなかに「私営企業家」の参入も認めたものとして、従来の多党間の連合政府推進の発想と大きく違っている。もちろん参入を認められる私営企業者の数はおおきく限定されるものであるが、市場化の急速な前進のもと、その量は質に転化していく可能性もあり得

る。また党内民主化の具体的前進に、刺激を与えていくことでもあろう。

この「三つの代表論」は、「中国の特色ある社会主義の新しい局面を切り開く」ものとして、2002年11月中国共産党第16回大会において正式に採択された。これは「時代と共に発展する科学理論」として継承されることになる。

中国民主主義への手懸り

経済発展の長期的展望と難題、伝統的社会の政治文化の保持、社会主義のおもてとうらの理想と統制など、数々の問題をかかえながら中国民主化は試行錯誤のなかに胎動している。その典型的な一例が都市および農村におけるコミュニティの変化、社区・居民委員会の前進である。

たとえば島根県立大学から下記のように実際に参与した研究者の報告によると、2010年7月25日のハルピンにおける中国社会学会学術年会「社会転型と社会治理」は、国家と社会の間の居民委員会の役割を重視し（唐燕霞報告）、国家より自立した自発スタイルの「身辺的公共性」に着目し（李曉東報告）、中国公民社会とNGOの役割などから「連結民主主義」がありうるかどうかに関して問題を提起した（江口伸吾報告）とのことである。日本側出席者からの問題提起とはいえ、中国の院長クラスの学者が出席している社会学会において、このような論議が行われたということは自体は、現実的な中国の民主化の動きの一端として注目に値するであろう。

なお江口伸吾は「現代中国における基層社会の再編と党の役割」において（注54参照）、具体的に山東省青島市の実例を現地調査し、党のリーダーシップと社区建設の関係を論じ、「民情室」・「民意箱」・「居民聴証会」などが設置されて住民の意見を取り入れる仕組みがなされる一方、党員による「徳治」も強調され、社区党委員会6名全員が居民委員会委員と兼任になるという結果の間接選挙が実施されていたことを指摘している。したがって「これらの情報公開制度や民衆の意見を制度建設に反映させる試みは、あくまでも党・国家が主導して実施される制度であり、そこには主体的なアクターとしての民衆が制度的に位置づけられていないという限界性がある」[55]という江口伸吾

の指摘は、中国民主主義の現段階の前進の手懸りを模索するうえで示唆的である。

そしてこのような実態は前出の兪可平『中国は民主主義に向かう』でも、認めている。「大多数の民間組織は、党政権力機関に依存し過ぎており、"官営"の色彩が濃厚である。前にも指摘したように、政府主導と官民の二重型は中国市民社会の顕著な特徴であるが、多くの民間組織について言えば、"官"の色彩が濃厚すぎて、"民"の色彩が薄すぎる」(56)というわけである。居民委員会、婦女連合会代表団、民兵会なども例外ではない。多くの人々は末端の基層の党支部や郷鎮党政機関にさえ依存している。

もちろん例外的な前進もある。昨年広東省のウーカン（烏坎）村で、村を牛耳ってきた共産党支部前書記への住民の抗議運動が高まり、自主の直接選挙で村民の信頼する人が新村長に選ばれ、今回限りではあったが自治の村の勝利達成として、日本の新聞でも大きく報道された（たとえば2012年3月5日『朝日新聞』）。

しかしこれは稀な例であったからこそジャーナリズムでも取り上げたのであって、これにより「徳」のある人を選ぶという上からの「徳治」の伝統が変わったわけではない。現段階の中国で法治が完全に実施され徳治が全否定されるとは考えにくい。徳治の世界に法治がどの程度参入したかを評価する方が現実的である。

それでも中国における法治と民主化は漸進的に姿を現しつつある。

市民の民主主義へ

その意味で最近目を引いたものの一つに李妍焱『中国の市民社会』(57)がある。中国の「市民社会の底力」を、1990年代なかばから台頭してきたNGOを中心に、民主化の現状を論じたもので、共産党と政府のイニシアティブの存在にもかかわらず、思い切って、「異なる視点、異なる立場から、公共問題に携わる『参加の仕組み』を創り上げようとするNGOなどの民間組織が、中国社会に現れたこと自体、社会主義体制の大きな変化を示唆している」(58)と踏

み込んで表現している。中国はもはや、党と政府がすべてをコントロールする国ではないというわけであろう。

　表面上の公平社会が、開発と経済成長によって崩れ、生まれや身分・立場に由来する理不尽な格差と差別が拡大し、目に見えるようになった、弱者の存在というものをあらためてまっすぐに見据えようとしたものである。ただしNGOなど政治参加の仕組みの未来は、なおこれからということになるであろう。

　他方学術的に注目されるものに阿古智子の「中国の『公民社会』と民主化の行方」という論文がある。[59] 官僚の汚職や環境汚染に抗議する人々をバックアップする「公共知識人」、つまり弁護士たちの「訴訟」や「公民調査団」活動などを詳細に調査しているだけにいっそう幅が広く説得力がある。そして、現段階における情報革命の現実を活用し、「世論を動かすソーシャルメディアとしてインターネット人口と中国版ツイッター（微博）利用者の急上昇の意味」を積極的に取り上げ、このような新しい政治的手法に着目した指導者が、「定期的にネットユーザーと対話を試みている」ことを指摘している。[60]

　たしかに「ネット世論」は民主化推進には大切な武器である。しかし「ネット世論」の高まりにつれて、様相は複雑化し、欧・米・日批判や、中国政府の見解に密着し過ぎるように見える見解も多く表明されるようになった。なかにはナショナリズムを扇動するようなものもあり、諸刃の剣ともいうべきものも少なくない。このため中国政府は利用と統制の厳しい「指導」を行っている。

　民主化のためにネット世論が果たす大きな役割と、それにもかかわらず一定の政府の側からの「指導性」が求められる点は、どこの国でもあり得る。ただし現在の中国においては、政府に不都合な意見に対する取り締まりが内部的危機意識からか、厳しすぎることも否定できない。

　それにもかかわらず「ネット世論」は着実に成果を積み上げている。阿古智子論文が紹介している豊富な資料と例は、説得力が大きい。そして最近の新聞が時たま報道しているように、中央の党と政府は、現地の幹部の政策が公正なバランスを欠いて地域の民衆の反発を招く場合には、その上に存在す

る党や政府の機関が民衆運動指導者を支持することを前提に、リーダー（村民委員会委員長など）の選挙のやり直しとその自主的選出結果を積極的に承認している。

　世界史的に見ても被圧迫民族の民族解放運動や民主化運動が民族国家の独立・主権回復の努力と並行して推進され、結果的に民衆の民主主義が触発された例は多い。阿古論文はこのような歴史的特徴の例が中国にも当てはまることを指摘し、「植民地化や戦争で失われた国家の主権と尊厳を取り戻すプロセスの中で民主化がすすめられた」と表現している。またそのような場合、社会主義的正義論が採択され、政権がそのリーダーシップ把握にあたって一種の「道義性」を獲得することが多い。阿古論文は、この問題に踏み込み「血縁を重んじる伝統文化と社会主義の集団指導体制はフォーマルなチェック・アンド・バランスの制度を確立することより、倫理観の強いリーダーに信任を与えることを選択」する傾向性を指摘している[61]。民衆が、権力にたいして、道義論的親近感を抱き、政府公認のもとでの民主化を進める社会的・歴史的源泉として注目に値する。

　公と私をめぐって

　このこととも関連して阿古智子論文がさらに「公と私」の問題に踏み込んでいることも注目される。いうまでもなく「公」と「私」の関係は、「公」の側がその支配の正統性を担保する鍵であり、その「公」に対する「私」の主張が民主主義の質を決定する。「公」と「私」が互いに相手の内容に踏み込む場合には、「公」はその「公」のなかに「私」を取り込んで、公権力の行使のなかに「私」を代表していると主張することもできるが、「公」と「私」が実質的に関係をもたなくなっているような場合には、たがいに「場」あるいは立場の相違が強調されることになり、民主主義の手続きによって選出されたはずの権力機構が建前としての「民主」の名によって「民」の意思とは無関係に非民主主義的な政策を強行することもあり得る。中国では、どうなっているのであろうか。

阿古論文では、その「おわりに」において、あらためて中国における「公と私」の問題をとりあげ、費孝通の「差序格局」の例を引きつつ、中国では公と私の領域が伸縮自在であり（つまり「家」概念を通してたがいに入り込んでおり）、結果的に「私」の範囲が圧縮され、「公」が「公家」となって拡大していることを示唆している。したがって「私＝自家」の範囲を「公＝公家」に拡大させるには、「家族が分かち合うのと同じぐらい強力な価値観やアイデンティティを地域社会や国において創出する必要がある」[62]と極めて重要な問題提起をおこなっている。

このような問題を北京で数か月間筆者と共々に連続講義をしながら毎晩のように意見交換をし続けた溝口雄三が、その後、中国の「公」と「私」の関係に新たな解釈を固めて、『中国の公と私』（研文出版、1995）を出版した。溝口の論点の一つは、中国思想の伝統において、古代における天・天下と生民の深遠な関係論が宋学（朱子学・陽明学など）において一段と深められ、さらにその天理の内容がその伝統的原型近代に向かって歴史的に発展・変化し続けたことの見解をまとめることにあった。

つまり民衆は、本来的に正しい「自然」・「天」と緊密に結びついている。「民の声は、天の声」である。その本来的に正しい「民」は「生民」とされている。問題は天と民＝私の現実的関係である。つまり民には私欲、私心もある。「私」に偏するものは厳しく批判される。「私」が全面的に賞揚されるわけではない。習近平指導下にあっては、あらためてさまざまな私心・私欲を公によって批判している。「公」を十分意識した「私」のありかたが問われ、そのうえでの公私の均衡が大切にされているように見える。ただし「公＝公家」の自覚は、覆い隠されている。

以上の公私の関係は歴史的に変遷してきた。しかし原理は変わらない。そしてこの原理は近代になって国家の概念が明確にされ、人民が「国民」と称されるようになっても、その民としての原理的正しさは変わらない。「『国民』は『人人』をその内実」とし、「個人」と対概念をなしつつ、相対性とともに総体性を含意し、「『生民』の天生、天生、多数、均＝平等のほか、自

由、自治、自主、自立、および、共同性、総体性などの概念を含み、総じて『国民の公』は、日本の、国家＝おおやけにおよそ従属的な『国民の公』とはかなり違って、『人人の公』にふさわしいものになった」ということである。「領域的、重層的な日本の公は、国家を公の最終、かつ最大の領域として、そこにとどまり、その上層には公界をもたない、実質的には国家どまりの公であるのに対し、原理的な中国の公は、民権、民生、民族が、同心円的に、民族・国家を超えるものとしての天下的な公界を共有している」というわけである。

こういった原理から、李妍焱が、「『天下』は、地理的範囲としては『中華民族の国家』を指すが、『天下』の正義は『天理』と呼ばれ、時の為政者を遥かに超える権威を持っている」、「『天理』の具体的な内容は、『説得力のある』ものに絶えず書き換えられていく。つまり、圧倒的多数の人が納得するような理屈が、その世の『天理』となる」、「大概の中国人は、天下を考え、天下のために自らが動くという思考様式と行動様式に慣れ親しんできた」と述べていることも理解できる。

もちろん「天下」の思想がそのまま政治参加の文化につながるわけではない。市民社会においてはNGOだけではなく様々な政治参加の方式が存在している。またそれぞれの参加方式においても多様な意見もありうる。そこでは寛容の精神こそが民主的協力の原点になり、何が公で何が私であるかも、実践的に解決されて行かなければならない。李論文も指摘しているように、「天下」の思想の伝統が、様々な参加の仕組みとどのように相いれるようになるかは、これからの中国民主主義の課題である。そのためには、原理的には民を代表する公権力が、その人間的、組織的、権力の自己廻転的誤りを露呈したとき、これを是正する機構への民衆参加の中国方式が少なくとも2050年までには創出される必要がある。

おわりに──普遍性と民族性の複合的アイデンティティ

　グローバル化がさらに進む21世紀の現代、東アジアにおける世紀前半の焦眉の問題は、いずれ総合的国力においてアメリカに追いつく中国が、パワー・ポリティックスの次元において、「中華復興」のスローガンの下どこまでアヘン戦争以前の中国の版図を回復しようとしているのか、またその場合「中国の夢」に仮託されている究極的理念の国際性・普遍性によって、どこまでそのパワーの無限性を制御しうるかという可能性である。

　いうまでもなく世界は年々、科学そして社会・経済の近代的・現代的発展によって、また民主化・人権および人間尊重の前進において、予想を越えて変化し続けている。当然のこととして、中国における国際性と民族的独自性の両側面も、世界の歴史的発展に即応して現実に変化している。

　中国が自からのありかたを、このような世界の変化と関連させて考えるというようなことは、百年前の"半植民地以下の次植民地"（孫文の「三民主義」講演の表現）時代の被圧迫感に苦吟していた時代には考えられないことであった。

　それが大きく変わってきた。すでに孫文がまだ活躍していた時代に、世界史的状況の激変は始まっていた。そのきっかけは第一次世界大戦の想像を絶する惨禍に人々が人類の文明のありかたを問い直し、西欧文明の本質に疑問を投げかけて以来のことである。その結果、アジアのアイデンティティの可能性も再認識された。そして中国においても、世界文明社会への積極的参加の論理が提起され、それに呼応して中国の伝統も見直された。国際参加と中国の独自性発展の相互触発的推進の時代の始まりである。国際性と民族性の両側面はたがいに影響を及ぼしつつ、論争の的となった。

　そして19世紀中葉に始まった「中体西用」論と「全面欧化」論の拮抗は、20世紀には形を変え、一方には科学化第一主義、他方では新しい人生観、価値観、哲学の主張となった。

　もちろん20世紀は、世界戦争、帝国主義の時代である。強者優位の時代

である。表面的にはどうしても科学万能論が実践的に有利となる。その結果科学的近代化を新しい中国のアイデンティティにしようという主張も現れた。世界的普遍性を中国の新しいアイデンティティの核としようというわけである。他方政治哲学・人生論としては、中国人の伝統的アイデンティティの革新の主張が力を発揮した。そして中国における危機が深まれば深まるほど、中国の独自の世界的存在理由が力説された。

　もちろん中国の独自の存在理由といっても、現実の国際化の進行を無視することは出来ない。その結果国際性を加味した中国の存在の意義論がさかんになった。そしてたとえば第一次世界大戦後の西欧を視察してきて認識を改めた梁啓超は、次のような論理を提案した。20世紀の時代を超えるに当り、まず確認しておきたい。すなわち、

　「我々の愛すべき青年たちに希望する。第一のステップとして、一人一人に自国の文化を尊重し、愛護する誠意を持ってほしい。第二のステップとして、西洋人が学問を研究する方法を用いて自国の文化を研究し、その真の姿をつかんでほしい。第三のステップとして、自分たちの文化を総合し、さらに他者のものを取り入れて補うことで、一種の化学作用を引き起こし、新しい文化のシステムを作ってほしい。第四のステップとして、この新しいシステムを外に向かって拡大し、人類全体がそのすばらしさを体得できるようにしてほしい」[66]。つまり、いったん西欧文化をくぐった後での中国中心への世界論である。

　これを戦後竹内好が「日本とアジア」で表現して有名になった一節を比較しておきたい。両者は一見酷似している。新しい国際的思考を重視したうえでの自国あるいはアジアの文化発展の可能性追求である。ただし自国ないしアジアの位置づけが大きく違っている。

　竹内好は提起した。「西欧的な優れた価値を、より大規模に実現するために、西洋をもう一度東洋によって包み直す、逆に西洋自身をこちらから変革する、この文化的な巻き返し、あるいは価値の上の巻き返しによって普遍性をつくり出す」[67]、そのためにはそれを可能にすることのできる自己、つまり日本自

身の主体性をつくりなおすということである。

　西欧の文化力によって、アジアのなかに普遍的な文化を創造し、それによって西欧、そして世界を変えていこうという点では共通している。しかし梁啓超は明らかに中国自身の問題に回帰しているのに対して、竹内好はもっぱらヨーロッパの変化によるアジアの変化に期待している。それによって日本も変化できるからである。つまり日本文化には、それだけの国際的力あるいは主体性がなかった。したがって竹内は価値論として方法論として問題を提起することにとどまった。他方中国には中国を通して世界に影響を及ぼす自信があった。いわば中国の底力、実力である。

　その中国の力は反帝国主義的な民族独立運動の実践によって培養された。いわば鋼鉄は歴史のなかに鍛えられたのである。そしてそれはヨーロッパに学びつつもヨーロッパを批判するという形をとった。もちろん日本においても、ヨーロッパ批判は起こった。しかしヨーロッパに深く学びつつ、そのヨーロッパを批判しようという精神と物質の重層的意識は希薄であった。ヨーロッパに学ぶといっても科学技術が中心だったからである。またヨーロッパの哲学・思想を学ぶ場合にも、それを日本自身の哲学・思想に換骨奪胎しようとした人は少なかった。これに対し中国はヨーロッパの思想的基軸を導入しながら、それをそのまま中国自身の思想的基軸に転換させた。そしてそれの大衆化をはかった。

　典型的には中国における中国式マルクス主義創成の過程にその頑強な思想構造を見ることができよう。そこでは思想的な基軸たりうるマルクス主義さえ中国の戦略戦術論の次元において消化・吸収し、これに中国の実践を結合させて、『実事求是』本位のマルクス主義を考えだした。毛沢東は、「公式的マルクス主義者は、ただマルクス主義と中国革命にたいし冗談を言っている」とさえ言いきった。強烈な自己主張である。
(68)

　このマルクス主義の戦略原理は、その後「中国式社会主義」（中国の特色ある社会主義）として中国共産党に定着した。現在の中国では、それは、「人類文明の成果の学習・参考を基礎」に、「中国の実践、中国の道を読み解き」、「中

国の特色、風格、気概をもつ哲学・社会科学の学術用語体系」にしたものの一環とされている。つまり世界と普遍性の名によって中国自身を押し出したのである。

そして現在は中国の世界的貢献を次のように論じている。たとえば「総じて言えば、中国は西側に学び、すでに強大なる現代的な政府体系を構築した。だが同時に、独自の政治文化も有しており、両者を融合することで、今日、西側の民主制度を当惑させているナロードニキ主義、短視主義や法条主義といった問題をより克服しやすくする」。

もちろん中国が「自由、民主、人権」を人類が生み出した文明の共通の成果として取り上げ、評価していることは知識人・指導者層の発言から確認できる。

ただ問題は、その普遍的原理の表れ方が、国や民族、歴史的発展段階において異なっているという主張である。つまり、中国を通してみる社会主義、中国を通してみる民主主義、中国を通してみる市場原理がクローズアップされることになる。

それはある意味で中国の確信となり、現実となっている。世界全体にもその多極化が進んでいる現在、このような中国の主張に、一理を認めるべきであるかも知れない。時間的に空間的に社会主義、民主主義、ひいては人権のありかたが世界のなかでそれぞれに相違してくることが考えられるからである。社会主義、民主主義、人権も、歴史的過程のなかで広く認識されてきた価値であるが、歴史（時間）・地理（空間）を越えた絶対的なものではない。

そもそも中国は、久しく外国の干渉、内戦の続発に悩まされ、戦後復興、イデオロギー論争の時代の苦難もまだ続いている。しかも民衆は当然のことながらひたすら自らの生活の向上を希求している。生きるための必然である。この民衆の要求にこたえるには、エネルギー多消費型の高度経済成長を継続しないかぎり所得の再分配も見通しがつきにくく、その結果不満のエネルギーが一定の限界を越える場合には中央の指導力維持も困難となる。現実には中国の民衆の意識改革も、政府の政策も時代の進行に立ち遅れている。変

化に対応しきれないからである。現在「4大危険」(精神倦怠、能力不足、大衆からの離脱、腐敗の危機) と「4大試練」(政権運営、改革開放、市場経済、外部環境がもたらす試練) が叫ばれる所以でもある。

　人口が巨大で、地域の格差も大きく、行政機構も未整備である。したがって民主主義の推進にしても、戸籍問題の解消にしても、法治の推進にしても、先端を切っている先進国の眼から見ると歯がゆいほど遅い。加えて、啓蒙独裁の歴史的遺産の圧力、人口移動の規模の大きさと多様性、家族の存在価値の存続性など、欧米とは異質な伝統的諸問題が絡んでくる。それらは中国自身の特質である。

　こうして国際的に開かれた普遍性の推進と、中国自身のアイデンティティをめぐって激しい論争が生じることも不可避となった。中国が歴史的屈辱から立ち直っていまや強国への道を歩んでいることをえがいた劉傑『中国の強国構想』(71)は、とくに2008年以来活発となっている普遍的価値と中国モデルの論争が中国共産党指導部のなかにも及んでいることを指摘している。そして中国の人々が日清戦争以来の苦しみから立ち直り、いまや「中国モデル=模式」を唱えるほど自信を持つようになった側面と、中国の経済力の増大が政治と社会の変容をもたらしている問題点の側面とを指摘し、ひたすら「人間の意識の変革」の不可避性を説いている。これは常識であろう。ではどのようにして中国人の意識変革を進めることになるのであろうか。

　人間の意識を変えるということは、民族的アイデンティティを変えるということと連動してくる。それは、少なくとも、それは数十年、あるいは数百年かかる問題であろう。人間あるいは民族のアイデンティティを変えるということは容易なことではない。もちろんアイデンティティという言葉はこの用語を提唱したエリクソンすら認めているように曖昧であり多義的である。つまり変化しうるものである。

　その用語は元来個人としての人間の問題から民族の問題へと発展し、いまや地域、エスニック、職業、非政府的組織ですらアイデンティティの対象とされている。それと同時に、激動の現代、「アイデンティティの変容」、「漂

流するアイデンティティ」という言葉も流行している。こうしてアイデンティティが比較的短期（とはいっても 10 年・20 年・30 年以上の期間）に変わり得ることが提起されるようになった。

　もっとも中国における民族的アイデンティティは百年に近い歴史のなかで形を整えてきた。しかもアイデンティティを背景とする中国ナショナリズムは、本文で論じたように、まだ上昇気流のなかにある。ただグローバル化がさらに進む現在、人類的・普遍的アイデンティティの創成も急務である。したがって人類的アイデンティティの確立をめざして民族的アイデンティティを有機的に組み込んでいくよりほかに道はない。筆者は、これを、個人・家族・組織・民族と積み上げていく重層的アイデンティティに対して、民族と民族、そして民族と人類との複合的アイデンティティの形成と呼んでいる。複合的アイデンティティで最も大切なことは異種混合、つまりハイブリッドなアイデンティティの形成をめざすことであって、他者を他者として尊重することである。現実的には当面民族的アイデンティティを呼び起こさなければならないそれぞれの国の現状は認めながら、それ以上に人類的・国際的アイデンティティを呼び覚ますことである。習近平指導部の「中国の夢」の構想も、民族復興のナショナルなアイデンティティの強調にもかかわらず、長期的には国際的・人類的な未来のアイデンティティへ顔を向けていこうとするものと期待されている。そうしてはじめてパワー・ポリティックスを有効に制御する可能性も生まれる。同様なことは日本の場合にもあてはまる。日本は国際化においては中国に先行している。しかしその国際化のなかに日本自身の価値観・世界観・民主的目標を中国ほど有機的に組みこんでいない。日中の長期友好、相互理解、平等互恵の信頼の機運を盛り上げていくためにも、まず自らの伝統の広義の再生、積極的社会・経済の発展意義、平和外交を含む日本の国際的魅力を再整備していくことが期待される。

　「中国の夢」は、現段階では中国人自身の夢が基礎である。「中華復興の夢」を強調することによって、「数世代の中国人の悲願が凝集」[72]されたものの、反面「中国の夢」の時代的限界性も露呈されている。ただ、その「中国の夢」

が国際的経験のなかで鍛え直されようといている。中国自身も、国際的な新しい経験によって、「中国の夢」が「実事求是」的に鍛えられていくことを示唆している。欧米も日本も、いたずらに「中国の夢」を批判したり、無視したりしてよい時代ではない。

　もはや多くの人類の課題が一国規模では解決することが難しい時代となっている。数十年単位で考え得るグローバルヒストリーの思考様式が要請される所以である。当然日本が理解している自由、民主、人権の実質的内容を国際的に明らかにする必要がある。同時に、日本の情念・心の尊重、寛容の精神、肌理こまかいバランス感覚などの長所、そして日本的民主主義、日本的平和主義の系譜を明示して世界の信頼を獲得しなければならない。その上で日本が戦前の「全体主義」、秘密国家に回帰するような選択肢は絶対にとらないことを明確にすることによって、国際的理解を深め、同時に対中国長期友好の道を開拓していく必要がある。それが日本が目指すべき複合的アイデンティティ創生の第一歩である。

注

（１）進藤榮一『アジア力の世紀』（岩波新書、2013年）。たとえば「まえがき」で、「アジア諸国が、地域総体として影響力を強めはじめる世紀へと、21世紀の基軸を変え始めた」と、中国を中心とするアジアの「力」の時代の意義を力説している。

（２）沈曉寧「新外交戦略の三大ポイント」（広く日本で公布されている『人民中国』2013年7月号29頁以下参照）。一般的には中国の目覚ましい発展の数字が具体的に強調されている。むしろ強くなる中国を誇示しようとしているかにも見える。

（３）この表現は今後10年間基本的には維持されると考えられるものの、時期によって、あるいは政治状況によって、部分的に変化することもあり得る。2012年段階の表現を確認しておくためあえて原文そのままの言い回しにした。

（４）拙著『北東アジア学への道』（国際書院、2012年）は、グローバル化時代の地域研究の転換を主題にしたものあるが、ねらいは広義の情念を再評価するところにある。

（５）同書159〜160頁。ここではマイケル・ウォルツァー（齋藤純一・谷澤正嗣・和田泰一訳）『政治と情念』（風行社、2006年）193頁以下と、齋藤純一「政治的空間

における理由と情念」(『思想』2010年5月号、岩波書店)から引用して、情念の意義を解説している。
(6)「中華民族」という用語が意識的に強調されるようになったのは、1937年以来、抗日民族統一戦線の対象が全民族的規模に拡大された頃のことである。とくに同年7月23日毛沢東が「日本帝国主義の進攻とたたかう方針・方法およびその前途について」を語った時、「中華民族解放万歳」という言葉で締めくくっていることが注目される(日本国際問題研究所中国部会編『中国共産党史資料集』第8巻、勁草書房、1974年、482頁)。そして中国国民党との第2次国共合作が進む間、コミンテルン執行委員会における中国共産党中央代表団声明において「民族のすべての勢力を結集してのみ中華民族の勝利が保証される」(1938年7月ごろ、上掲第9巻286頁)と強調された。なお、その翌月中共6期拡大6中全会においては、中華各民族として、漢族・満州族・モンゴル族・回族・チベット族・苗族ほか内部少数民族の名があげられている(同書376頁)。
(7)20世紀前半の中国平均人口を約4億人と考えると、1919年の五・四運動のころに近代的民族意識に目覚めた中国の人は0.1パーセントにも満たない。あれだけ大規模に抗日運動に立ち上った1937年でも、呼びかけた対象は数百万人であって、数千万、数億人ではない。数億人が影響された1967年のプロレタリア文化大革命開始のころでも、現場の農村で筆者が実感したことは、呼びかけの赤旗の行列に加わった人は微々たるものではないかという印象だった。もちろんそれは大規模なデモ行進に囲まれて乗っていた自動車が動けなくなった大都市における経験とは乖離している(1967年にプロ文革を現場で体験して)。

　1977年にジャック・グレイが書いた本の中には「中国における道徳的共同体は宗族か村まで、あるいはわずかに越えた地方までである。それは国家に及ばない。今なお国家に及ぶものは不完全である」(Jack Gray "China:Communism and Confucianism",in Archie Brown and Jack Gray : Political Culture and Political Change in Communist States, the Macmillan Press LTD,1977, p.203) とある表現は、あらためて新鮮に感じたものである。
(8)極端な言い方をすれば、ナショナリズムという概念は中国一般民衆にとってはあまり意味がなく、一部の知識人か、都市および先進的農村の住民にとって価値があるものだったともいえよう。
(9)周知のように、これはベネディクト・アンダーソンの表現からとったものである。有名な『増補 想像の共同体:ナショナリズムの起源と流行』(白石さや・白石隆訳、NTT出版、1997年)でアンダーソンは次のように表現している、「ここでは、人類学的精神で国民を次のように定義することにしよう。国民とはイメージとし

て心に描かれた想像の政治的共同体である」(24頁)、「なぜそれがかくも深く情念を揺さぶる正統性をもつのか、――つまり、ナショナリティ、ナショナリズムといった人造物は、個々別々の歴史的諸力が複雑に『交叉』するなかで、18世紀末にいたっておのずと蒸留されて創り出され、しかし、ひとたび創り出されると、『モジュール』（規格化され独自の機能をもつ交換可能な構成要素）となって、多かれ少なかれ自覚的に、きわめて多様な社会的土壌に移植できるようになり、こうして、これまた多様な、政治的、イデオロギー的パターンと合体し、またこれと合体されていった」(22頁)。

(10) 同書25頁。
(11) 丸山眞男『日本の思想』、岩波新書、1961年、2011年93刷、まえがき5頁。
(12) R・P・ドーア（松居弘道訳）『江戸時代の教育』（岩波書店、1970年）は日本の寺子屋教育が「日本国の一員であるという意識を児童に植え付けるだけのものがあつた」ことを具体的資料から解説している（273頁参照）。
(13) ジョン・ダワー（三浦陽一・高杉忠明・田代泰子訳）『敗北を抱きしめて』、岩波書店、2007年増補版、下、387頁）。
(14) 拙著前掲書265頁以下で、中国人の近代的アイデンティティにたいする日本人のアイデンティティの形成過程を詳細に比べている。
(15) 1982年8月21日、鄧小平がデクエヤル国連事務総長と会見した際に行った談話（『鄧小平文選』第二巻415-17頁に追加収録）。
(16) 筆者は中国の国務院研究室編『中国加入WTO：機遇・挑戦・対策』（中国言実出版社、2002年）などを用いて、中国が「参加」という言葉より「挑戦」という表現を多用していることに着目し、つぎのような江沢民の言葉、つまり「世界多極化と経済グローバル化の趨勢は曲折しながら発展し、（中略）総合的国力の競争は日増しに激しくなっている」と中国の前途を厳しく警告している。（拙稿「中国のWTO加盟と日中関係の将来」（『北東アジア研究』2002年10月4号5頁）。
(17) 郭言「WTO加盟の利害得失を正しく認識しよう」（『北京週報』2000年5月16日・No.20、25頁）
(18) 江沢民指導部の特徴と主張に関しては拙著『北東アジア学への道』（前掲書246～250頁）が詳しい。
(19) 江沢民「全面建設小康社会、開創中国特色社会主義事業新局面」（中共中央文献研究室編『十六大以来重要文献選編』（上）中央文献出版社、2頁。
(20) 同書32頁。ここでは中国が来るべき国際社会に参入するという考え方ではなく、むしろ世界の進展に中国が貢献するということに重点がおかれている。このような表現は以後中国側の資料には当然のこととして繰り返されることになる。

(21) 王緝思「中日米の国力比較からみた三カ国関係の行方」(宇野重昭・唐燕霞編『転機に立つ日中関係とアメリカ』国際書院、2008年）27・28頁。なお王緝思院長が引用した陳江生論文は『現代国際関係』2007年第9期に発表されたものである。数字は必ずしも正確とは考えられないものの、当時の中国がそのように考えていたという一例である。
(22) 習近平「中国は決して覇権を求めない」（2013年1月25日『人民日報海外版』日本月刊21頁)。
(23) 劉雲山の基調講演「ウィンウィンの未来を」（『人民中国』2013年6月号、14頁)。
(24) 王晨「世界と心を通わすために」（『人民中国』2013年1月号、11頁)。
(25) 計算の仕方にもよるが、中国の統計数字の量を重視するのではなく質を計算に加えようという発想からの数字である。進藤榮一氏はこれを「数学ではなく物理で」と表現している（前掲書124頁）。
(26) 習近平国家主席とオバマ大統領の会談は異例づくめであった。まず習近平主席が就任後わずか三カ月後に初訪米するとは、従来の経過から見ても予想を上回った。これに対するオバマ大統領がカリフォルニア州のアネンバーグ別荘で8時間も会談と交流に時間をさくとも、これまた予想以上であった。そして21世紀初頭まで「中国は大国」といわれることを忌避してきた中国が「新しい大国関係」の構築を正面から提起することも予想外であった。まさに中国とアメリカは、グローバル化の激流に直面して「同舟共済」で基本的に一致していたということが出来る。
(27) 『人民中国』2013年10月号、8頁。
(28) 2013年8月16日「新華社＝中国通信」、月刊『中国情勢』2013年9月号、85頁。
(29) 『朝日新聞』の見出しでは、「中華民族の復興で米と衝突は不可避『信頼なき協力』を」と鬼面人を驚かす表現となっているが、実際にはそのような印象まで受けたということであろう。力点は「信頼なき協力」にある。
(30) 2012年12月12日「新華社＝中国通信」、習近平「党の指揮に従うことは強大な軍隊の魂」
(31) 2013年2月21日「新華社電子版＝中国通信」、総参謀部論文「戦え、勝てることが強軍のかなめ」
(32) 溝口雄三『方法としての中国』（東京大学出版会、1989年）125頁。故人となった溝口雄三（元東京大学教授）とは、北京で同じ宿舎で半年間毎日のように討論したが、中国の民衆観の理念と現実に関しては、ほぼ同意見となった。
(33) これは2012年6月28日、中国共産党創立91周年記念日を前にしての講話であるが、この時期の習近平は党の組織再整備に力を入れており、中国民主を含む全般的総括は珍しい。題名は「始終堅持和充分発揮党的独特優勢」で中共中央文献

研究室『十七大以来重要文献選編』下（2013年4月）の1017〜1026頁に記載されている。なおここでは特に肩書きは付していない。
(34) 上掲1023頁。
(35) 「重要談話」は2013年3月『人民日報』理論編に紹介。執筆者は趙克志。
(36) 劉雲山「ウィンウィンの未来を」（前掲）15〜16頁。
(37) オバサンジョ「『中国の夢』『アフリカの夢』」（前掲）9頁。
(38) 『人民中国』2012年12月号、23頁。
(39) 筆者は20年あまり前に「中国の民主主義：政治文化の転生とその展望」と題する論文を加藤節編『デモクラシーの未来：アジアとヨーロッパ』（成蹊大学発行、東京大学出版会制作、1993年）に載せたことがある。ここで入江昭氏が「宇野論文は中国における民主化が、ヨーロッパの原型とは異なったものにならざるをえないこと、そしてそれにもかかわらず民主化の将来についてある程度楽観できることを指摘している」と巧みにまとめている（187頁）。宇野の中国民主主義観は、その後も変わっていない。長期的には楽観していることも変わらない。長期的には民主化は不可避と考えているからである。ただし当時はその理念的目標を中国共産党設立から百年後、つまり中国共産党の役割が質的に変化すると予測される時期においていた。しかし現在の習近平の「二つの百年」の構想を見ると、中華人民共和国建設百年後を理念目標とすることにずれるかも知れない。貧富の社会的格差が予想を超えて深化し、共産党内民主化が遅れていることも一因である。
(40) 筆者が1984年から10年間の江蘇省など現地調査で聞いた限り、農村の大部分の人たちは、人間関係の届かない町の裁判所より村内の初歩的な裁判で裁かれることを好み、町の裁判官を信用していない。町の裁判官も、法律の正規の教育を受けている者は少数派である。三権分立は絵に描いた餅に過ぎなかった。
(41) たとえば蔡定剣『民主是一種現代生活』（社会科学文献出版社、2011年）123頁参照。
(42) 山内昌之氏はエジプト政変に関し、「それはカイロ中心のタハリール広場やインターネット空間で繰り広げられた熱狂とは対照的だった。市民は民主化の具体的プロセスに持続的に関与しようとはしなかった」とエジプト人の政治参加への関心の驚くべき低さを指摘している（『読売新聞』2013年9月8日「真の民主主義不在の闘争」）。
(43) 『朝日新聞』「オピニオン編集長」大野博人「漂う民意取り戻せるか」（『朝日新聞』2010年9月20日）。引用されているのは、国際ニュース専門の仏週刊誌クーリエ・アンテルナシオナルのルブラン編集長。
(44) 「彝」という言葉にはいろいろな意味が含まれているが、ここでは李大釗にならって「器」あるいは「道具」という意味に理解したい。したがつて「民彝」とは「民

のものごとの道理をはかる用具」のことである。なお雑誌『民彝』は1916年5月15日中国人留学生総会によって日本で刊行された。李大釗の「民彝と政治」は『新編　原典中国近代思想史』第4巻26～36頁（岩波書店、2010年、一部省略）に収録されており、改訳者の坂元ひろ子が詳しい解題を付している。

(45) 同書28頁。
(46) 毛沢東「新民主主義論」（毛沢東文献資料研究会編『毛沢東集』第7巻、北望社、1971年、165頁）。
(47) 『人民中国』（2013年4月号）は「中国式民主政治」の歩みという表題をつけている。
(48) ロバート・A・ダール（中村孝文訳）、岩波書店、2001年、199頁。
(49) 兪可平『中国は民主主義に向かう』（末浪靖司訳、かもがわ出版、2009年）。兪可平は中国共産党編訳局副局長、北京大学中国政府革新研究センター主任。米デューク大学、ドイツ自由大学などの客員教授。
(50) 同書67頁。
(51) 同書69頁。
(52) 同書71頁。
(53) この間の具体的計画の内容は流動的であり、基本的構想も、中国共産党中央党校の「特別チーム」が作成した「報告」なるものが示唆している改革スケジュールを参考にしている（2004年11月20日『読売新聞』）。
(54) 江口伸吾「現代社会における基層社会の再編と党の役割」（島根県立大学『総合政策論叢』第18号、2010年2月、18頁）。
(55) 同書26頁。
(56) 兪可平前掲書166頁。
(57) 李妍焱『中国の市民社会──動き出す草の根NGO』、岩波新書、2012年。著者は長春生まれ、社会学者、駒澤大学准教授。
(58) 同書191頁。
(59) 阿古智子「中国の『公民社会』と民主化の行方─曲折するソーシャルメディアと政治制度の関係─」（日本国際政治学会編『国際政治』第169号「市民社会からみたアジア」、2012年6月）は、役人の腐敗に対する批判、環境汚染に対する抗議行動において、制度面の欠陥を補おうとする弁護士たちの活動に注目し、「影響的訴訟」や「公民調査団」など多くの事例を取り上げ、その事例から高まる中国の人々の公民意識をソーシャルメディアが後押しして、「新たな形の社会運動が広がっていく様子」を評価している（同書45頁）。
(60) 阿古智子は2010年12月時点のインターネット人口は4億8500万人、2011年末のツイッター利用者は1億9500万人と推定し、「ネット世論」に注目した政治指

導者に胡涛錦主席（胡錦濤のミスプリントか）、温家宝首相らがいることを例示している。（上掲 47 頁）
(61) 同書 55 頁。
(62) 同書 56 頁。
(63) 溝口雄三『中国の公と私』、研文出版、1995、71 頁。
(64) 同書 81 頁。
(65) 李妍焱前掲書 203 頁。
(66) 梁啓超「欧遊心影録」（1920 年 3 月、『晨報』抄）岩波書店『新編　原典中国近代思想史』第 4 巻 318 頁。
(67) 竹内好「方法としてのアジア」、『日本とアジア』筑摩書房、1993 年、469 頁。
(68) 本文で論じた毛沢東「新民主主義論」参照。もちろん最近中国指導者によって毛沢東の言葉が引用されることが増え始めているが、筆者（宇野）は全面的に毛沢東の政治指導方法を支持しているのではなく、その歴史的な役割の肝要な部分を評価している。
(69) 2012 年 6 月 2 日「新華社＝中国通信」（『月刊中国情勢』139 号、7 頁「北京でマルクス主義理論研究整備事業会議」参照）。
(70) 2012 年 7 月 29 日「チャイナネット」、張意為「中国独特の政治形態」。ほぼ同様の文章は『人民中国』2012 年 8 月号 6 頁に転載されており、ナロードニキ主義はポピュリズムと訳されている。両者を考慮し、語彙を揃えた。
(71) 劉傑『中国の強国構想　日清戦争後から現代まで』（筑摩選書、2013 年）は現在の「中国モデルと普遍的価値」問題を 259 頁から 262 頁にわたってバランスよく紹介している。
(72) 2013 年第 20 号『求是』の中の表現（10 月 17 日『人民日報』が転載）。

II

中国から日本へ
アジアから世界へ

アジアの近代化と日本

光田　剛

はじめに

　アジアの近代化は長いあいだ「西洋化」とほとんど同義に考えられていた。20世紀後半、日本のめざましい経済発展の時期にも、「日本はアジア的でないから成功した」または「アジア性をいち早く脱却したから成功した」という議論が可能だった。しかし、韓国、台湾などの経済発展やタイやインドネシアの中進国化、そして中国の擡頭という現在の情勢の下で見れば、「西洋化」こそアジアの近代化だったという見かたは、全否定する必要はないにしても、それだけでは不足だと見えてくるのではないか。本稿では、「西洋化」としてよりも、アジア諸国の社会に内在的な要素から、アジアの近代化の過程を検討してみたい。それは、「いち早く西洋化してアジア近代化のリーダーになった」という近代日本像の見直しにもつながるはずである。

1. アジアの近代化をめぐる諸問題

(1) アジアにとって近代とは何か

　アジアにとって近代とは何かという問いは現在も古くて新しい問題であり続けている。[1]
　アジアは停滞し、ヨーロッパは進歩しているという見かたが成り立ってい

る時期にあっては、アジアに独自の「近代」はあり得ず、アジアにとっての近代化とはヨーロッパ化または西洋化であった。そこでは、ヨーロッパ勢力が、停滞していたアジアに「衝撃」を与え、それにアジアが「反応」することで、アジアの近代化が始まったとされた。また、停滞したアジアの「伝統」に対して、ヨーロッパの影響を受けてアジアは「近代」へと進んで行ったと理解された。「衝撃─反応モデル」、「伝統─近代化モデル」と呼ばれるのがこのような考えかたである。(2)

　これに対して、第二次世界大戦の時期の「アジア解放」論と、第二次世界大戦での敗北の経験を踏まえた竹内好は、アジア停滞論と「衝撃─反応モデル」を受け入れつつ、なおアジア独自の近代化の可能性を求めた。竹内は、アジアはヨーロッパによって進歩を強制されたと見る。ここで、アジアには、アジア自身の伝統を切り捨てて急速にヨーロッパ的な進歩を追求する近代化の可能性と、ヨーロッパによる強制の苦痛を忘れず、それに抵抗しつつ自らの進歩を追求する近代化の可能性が生まれた。竹内は、前者が第二次大戦以前の日本の近代化のコースであるとし、後者を中国の「毛沢東コース」に求めた。竹内は、第二次大戦での日本の敗北を、この第一の「優等生的」な近代化の敗北として捉え、ヨーロッパへの抵抗を通じた「毛沢東コース」の中国の近代化に希望を託した。竹内の「アジアの近代化」論は、アジア停滞論や「衝撃─反応モデル」自体を否定したものではなかったし、中国についての情報が十分でないなかで、また、マルクス主義がアジア解放の理論になりうるという見通しのもとで書かれていた。これらの点は、現在の議論から見れば不十分な点であろうが、それでも「アジア独自の近代」の可能性を論じた意義は小さくない。また、竹内の「アジアの近代化」論は、中国の、抵抗を通じた近代化と、日本の優等生的な近代化とをはっきりと区別して論じたところにも特徴がある。竹内は、その相互の関係を否定してはいないが、「アジアの近代化」の二つのモデルはまったく別のものとして理解した。また、竹内はけっして中国以外のアジアを忘れ去っているわけではないが、竹内のアジア論では中国がアジアを代表する位置に置かれている。少なくとも、中

国の経験を他のアジアの国の経験と対比して一般化することへの関心はそれほど強くない。(3)

　この竹内好のアジア論を、なおヨーロッパ中心モデルにとらわれているとして厳しく批判したのが溝口雄三である。溝口は竹内のアジア近代化論に対して自らの「基体発展論」を対置する。前近代のアジア社会は停滞していたわけではなく、ヨーロッパとは異なる発展を遂げていたのであり、アジアの近代化もそのアジア社会の発展の基礎の上に起こったものと理解しなければならないと主張した。溝口も、中国の近代化がヨーロッパ的なものを優れたものとして受け入れて進められた（「洋務」）ことは否定しないが、それはあくまで中国が主体となって行われたことを基本として理解する。この溝口の研究と同じ時期には、濱下武志が、中国を中心とする貿易の動きから、東アジア独自の国際関係・国際貿易システムが存在し、それは19世紀の中国の対外貿易にも大きな影響を与えたことを明らかにした。この研究は、古代以来の冊封―朝貢関係を論じる研究との相互参照も可能にした。(4)

　近年では、グローバルヒストリー研究の潮流とともに、アジア停滞論や単純な「衝撃―反応」モデルは過去のものになりつつある。また、「近代化」という概念も相対化され、従来ならば「近代化」の枠組みで論じられていた内容が、必ずしも「近代化」の枠組みを参照せずに論じられることも多くなった。国の枠組みも相対化され、たとえば、清朝支配下のある地域とイングランドのある地域の対比などという、地域社会単位の比較研究も行われるようになっている。(5)

　これに伴って、アジアの近代化に関する日本の近代化の位置づけも変化している。

　第二次世界大戦以前の日本盟主論では、日本はアジアの盟主・指導者としてアジアの欧米勢力からの解放を指導する位置にあると論じられた。それは、日本の帝国的支配を支える論理ともなり、またその指導的立場を受け入れない者に対する戦争を正当化する論理ともなった。第二次大戦後の竹内好の「日本は何者でもない」ということばは、このような日本盟主論への反省の下で

発せられたものである。竹内によれば、日本の近代化は先に述べたとおり「優等生」的な近代化であり、それは、抵抗を通じたアジアの近代化のようにアジアに根づいた近代化にはなり得ないものであった。[6]

しかし、日本の経済成長に伴って、日本がアジアの近代化をリードするというモデルも生き残った。また、同じ時期、江戸時代の日本の経済成長が注目され、イギリス（イングランド）とは異なるコースによる日本の産業の近代化が論じられた。[7]

近年では、ヨーロッパとは異なる経済発展の可能性が、日本以外のアジアにも視野を広げて追求され、少なくとも、日本以外のアジア諸国は停滞し、日本がそのアジア諸国の発展をリードしたという単純な枠組みは過去のものになりつつある。

このような「アジアの近代化と日本」をめぐる議論を見るかぎり、筆者がつけ加えることのできる新たな知見はほとんどない。加えて、アジアの歴史・経済・政治について新しい知見を次々と提示しつつあるグローバルヒストリーの成果も筆者は熟知しているとはとても言えない。したがって、ここでできることは、その限られた視野と知見の範囲で、これまでの議論を踏まえつつ、議論を整理することだけである。それにしても、この複雑な問題のすべてを論じることは、筆者の能力の点からも紙幅の点からも許されないので、ここでは、次の点に注目して議論を進めたいと思う。

(2) 出発点としての近世

第一に、出発点を明らかにすることである。一般的な「衝撃─反応」モデルでは、一方では、「近代」に達する以前の世界は各地域ごとに孤立しており、それぞれの社会の性質も異なっていたと見なされる。他方では、「封建社会」や「アジア型停滞社会」などと、過度に概括的な特徴づけが行われ、それぞれの社会が持っていた性格が捨象されすぎる逆の傾向も存在した。これに関して、問題が複雑になるのは、19世紀の後半から20世紀の初めにかけてこの枠組みに接した、たとえば福沢諭吉、厳復、梁啓超、兪吉濬（ゆきつしゅん）、ナームク・

ケマルなどアジアのそれぞれの社会の知識人たちが、この枠組みを自らのものとして、自らの社会についての認識枠組みを作ったこと、それが20世紀後半まで継承されたことである。すなわち、アジア各社会は近代より前にはそれぞれ孤立しており、また、ヨーロッパに対して後れた、停滞した状態にあったという自己イメージが、アジアの側でできてしまったのである。

しかし、アジアの各地域は、ヨーロッパや西洋が「近代」を持ちこむまではけっして孤立していたわけではなく、陸と海を通じて多様な交流を行っていたし、それぞれに影響を与えあっている。人の集団の移動も活発であった。10世紀から13世紀にかけてはトルコ系諸集団の大きな移動が大陸部アジアの社会を大きく変え、その上に13世紀に大モンゴル帝国が成立したのであったし、インド洋・シナ海においても、ダウやジャンクによる交易網が成立していた。

他方で、それぞれの社会には、社会の構成から政治体制、その政治体制に関する考えかたまでさまざまな個性があり、単純に「停滞社会」・「後れた社会」などと概括できるものでもない。たとえば、江戸時代の日本の幕藩体制、ムガル帝国のマンサブダーリー制、オスマン帝国のティマール制や18世紀のアーヤーンの分立などは、いずれも「封建」的な制度という一面を持つが、その内実はそれぞれにかなり大きく異なっているし、同じ時代の清王朝や朝鮮王朝の制度は「封建」と性格づけるのも難しい。また、それらの諸国の制度も、時代によって発展し変化しているのであって、一概に「停滞している」とも言えない。

アジア各地が孤立し、その社会の構造にも政治体制にも共通点がないという見かたと、それは封建社会であり停滞社会であるという共通点だけに注目する見かたの中間に、アジアの近代化への適切な「出発点」を見出さなければならない。

そこで注目されるのが「近世 (early modern)」という視点である。この視点に立つ議論は、ヨーロッパの「地理上の発見」時代または大航海時代と呼ばれる時期に、「新大陸」を含む世界は「近世化」のグローバリゼーション

を経験したとする。それは、航海術、銃砲の使用、銀本位・銀中心経済の確立を共通の特徴とする。ヨーロッパも、中国（明～清）・朝鮮・日本など東アジア地域もこの近世化を経験したし、インド洋海域、東南アジア海域にも近世的特徴は持ちこまれた。地中海帝国に成長した後のオスマン帝国、サファヴィー帝国、ムガル帝国、清（大清）帝国や、アユタヤ朝のシャム（後のタイ）、中期以後の朝鮮、江戸時代の日本などは、その支配下の社会が隅々まで「近世化」されていたかどうかは別として、すべてこの近世的特徴を持つ近世国家である。その点では、ハプスブルク帝国やロマノフ王朝のロシア、フランス、イギリスなども同質であった。この近世社会・近世国家が近代化の出発点である。もちろん、近世社会を支配する近世国家という共通の特徴はあっても、それぞれの国家は多様であり、社会はさらに多様であった。そして、その多様性のある側面が、それぞれの国の近代化の違いに影響を与えた。本稿はこのような視点に立ってアジアの近代化を論じていきたい。

(3) 統一化としての近代化

　第二に、近代化とは何かである。本稿では、近代化を社会的・地域的な統一化という視点から論じていきたい。これに関しても説明が必要だろう。
　近代化の特徴としては、主権国家・国民国家の成立、立憲制・議会制の施行、近代的産業と国民経済の成立、国民教育の普及、近代軍の成立など、いわゆる「ヨーロッパ的」な特徴を挙げることができる。この立場を採れば、近代化とは「ヨーロッパ化」であって、「ヨーロッパ」または西洋勢力との接触がなければ近代化は起こらないことになり、少なくとも近代化に関しては「衝撃―反応モデル」を採るほかなくなる。他方で、社会は世界各地域でそれぞれ独自に発展を遂げたのであり、何を近代化とするかはそれぞれの社会に応じて異なるとする立場もある。このような見かたは、世界各地域が一方的な「西洋の衝撃」で近代に進んだという、現在では説得力を失った見かたを克服する方向性を持ったものであるが、一方で、近世化と同様に近代化もグローバルなできごとであるので、何を近代化とするかはその地域によっ

てさまざまだというだけでは十分な説明能力を持たない。

　ここでも、考えなければならない点は、19世紀から20世紀にかけて近代化を進めつつあった世界各地域が、少なくともその「近代」のある時期に、「ヨーロッパ」的になることこそが文明化であり近代化であるという自意識を持ち、「ヨーロッパ化」を自ら積極的に推進したことである。エジプトのムハンマド・アリーの改革(11)、オスマン帝国のタンズィマート、タイのモンクット王の改革、清の「洋務」、日本の明治維新、朝鮮の開化派の運動など、みな、ある面で「ヨーロッパ化」を目指す改革であった。しかし、思想面では「全面西洋化」を目指す動きはあったにせよ、それらの改革では、いずれもそれまでの自らの社会との連続性を確保しようとする方向性も強く見られた。その方向で行われた努力の一部は伝統的・近世的な要素を近代社会のなかに再編することに成功した。たとえば、オスマン帝国では、西洋的な法の導入はシャリーアの再生・強化のためと位置づけられたし(12)、伝統的な「族長・部族民」関係は近代的な農牧村支配のシステムとして再編され固定された。清朝での議会制の導入は、伝統的な皇帝権力の再強化の一つの方法として認識された(13)。1898年の康有為派による急進的な西洋化改革さえ、康有為の特異な儒教解釈をもとにした世界観に裏打ちされていた(14)。日本の明治維新は、社会的には急進的な西洋化を実現し、政治制度も大きくヨーロッパ型に再編させつつも、伝統的な天皇の権威の再強化・絶対化を図るという一面を持っていた。朝鮮の開化派の改革も、国王の伝統的権威の再確立という課題を持ちつつ進められていた。

　したがって、アジアの近代化は、それぞれの近世社会・近世国家の発展を基盤に、「ヨーロッパ」的な要素、西洋的な要素の優位を認め、その導入を主要な目的として進められたということができる。ここで、重要になるのは、近世社会のどのような発展を基礎に、それぞれの社会、それぞれの国家が「ヨーロッパ」的な要素を受容したかである。その違いが、それぞれの社会・国家の近代化を大きく性格づけていると考えるからである。

　そこで、本稿では、近世から近代への発展について、社会・国家の原理的・

地域的統一に着目したい。

　古代・中世はもとより、近世国家でも、国家は、複数の、ばあいによっては両立し得ない立場を同時に掲げることで支配を行ってきた。オスマン帝国の皇帝は、ムスリムに対してはイスラームの保護者であったし、キリスト教徒に対してはキリスト教の、ユダヤ教徒に対してはユダヤ教の保護者であった。[15] ローマ皇帝の後継者として「カエサル」を名のり、やがてはイスラームのカリフをも称するようになる。清朝の皇帝は、漢人に対しては儒教的な最高の徳の体現者であり、漢文化・儒教文化の最高の保護者であったが、チベット仏教を信仰する満洲人・モンゴル人に対しては「転輪聖王」の称号を持つ菩薩天子であり、仏教的な世の救済者であった。[16] 日本では、とくに論理的な整合性を意識することもなく、天皇の権威と将軍の権威が並立していた。[17] 論理的に突きつめると両立し得ない可能性のある原理が使い分けられることで、近世国家はその支配を成り立たせていたのである。

　また、近世国家は、支配下の地域によって異なる支配体制を施行してきた。オスマン帝国では、帝国政府の直接支配を行う地域、太守や公を派遣して実質的に自治を認める地域、現地の王侯による支配を認める地域、貢納の義務さえ果たせば実質的に独立した政治を認める地域などが混在していた。[18] 清帝国でも漢人地域と遊牧地域では支配体制が異なっていた。日本でも、幕藩体制が採られ、幕府直轄領と各藩とではそれぞれ異なる方式での支配が行われていた。

　このような複数の原理の併存や身分・地域によって異なる支配体制が許容されなくなるのが近代である。平等で均質な国民を前提とする国民国家、共通の商習慣で成り立つ国民経済、全国のどこにあっても同じ軍律に服し同じ号令で動く近代軍、さらには全国のいずれの地域でも、また国民の財産や生活の態様にかかわらず通用する憲法の支配、全国のいずれの地域からも同じ方法で選挙される国民の代表からなる議会という、国家の内部に共通する統一された原理・支配体制が行われるのが近代である。もちろん、近代国家にあっても、その共通の原理・支配体制が行われない地域は存在しうる。植民

地を別にしても、国内の一部の地域を立憲体制から除外したり、特殊な地方制度を行ったりすることはありうる。しかし、それを実現するためには、いかに体制側からの一方的なものであれ、その特殊性に対する説明が必要であった。

しかも、このような原理の統一や支配制度の統一などは、「ヨーロッパ」[19]や西洋に出会うことによって初めて開始されたわけではない。アジアの多くの社会・国家では、近世国家のなかで内発的に進められて来たその統一化の動きが、国民国家、国民経済、近代軍、立憲制・議会制などといった「ヨーロッパ」由来の制度と結合したのである。そして、繰り返すと、そこでの内発的な発展と、「ヨーロッパ」由来の政治・経済その他の制度とがどのように整合し、どのように摩擦を起こしたかが、それぞれの近代化の質を大きく規定したのである。

本稿では、アジアの近代化を、近世社会から近代社会へ、近世国家から近代国家への発展として整理する。そのなかで、最初に問題にした、日本の近代化がそのなかでどのように位置づけられるかを論じることとしたい。なお、「アジア」といっても、日本との関連が主要になるので、論述の中心は、東アジアから東南アジアの東方、マラッカ海峡以東におかれることになる。

2. 東アジア近世の成立

(1) 東アジア近世への動き

東アジアの近世の始まりをここでは16世紀に置きたい。航海、銃砲の使用、銀本位・銀中心経済の三つの特徴が本格的に揃うのがこの時期だからである。

明王朝が漢人地域を統一するのが14世紀の後半である。14世紀は東アジアにとっては元王朝の衰退を契機とする混乱の時期であった。この14世紀後半に、朝鮮半島では李成桂の朝鮮王朝が成立し、日本でもいわゆる南北朝の合一を経て朝廷の支配と密接に関連した室町幕府体制が成立した。14世

紀は、おそらく天候不順の影響もあって、政治だけでなく社会も混乱した時期であった[20]。しかし、15世紀には、政治的・軍事的な動乱にもかかわらず、ばあいによってはその動乱の情勢に乗じながら、東アジア各地域で経済発展と社会の成熟が進んだ。

明王朝は、実質的には漢人王朝であり、マンチュリア、モンゴル、トルキスタン、チベットなどの地域の支配には強い関心を持っていなかったが、一方では元王朝の皇帝、大モンゴル帝国の大カアンの後継者としてモンゴル・オイラト勢力との慢性的な戦争を遂行しつづけなければならなかった[21]。このことが結果的に明王朝支配下の中国での人の動きを活発にした。長江下流域の南岸地域、江南を中心として経済が発展すると、遠隔地交易も活発となった。元朝支配下で遠隔地交易に銀が用いられ始め、明の時代にも銀を中心とする経済が行われたが、活発になる経済交流に比して銀の不足が顕著になってきた[22]。

一方で、明王朝は、海の世界も王朝のコントロール下に置こうとした。それは一面では元王朝の海洋発展の方向性を受け継いだものだった。他の一面では、王朝の海洋支配を皇帝権力の正統化の一環に組みこもうとし、冊封・朝貢関係を軸に据えた管理貿易体制の確立を志向した。朝鮮、日本の足利政権ともに、この体制に組みこまれることで中国との貿易を安定的に行おうとした。だが、海上交易の活発化は、この冊封・朝貢関係の周辺に、冊封・朝貢関係では正規に認められていない交易に従事する海商・海賊を叢生させることになった。中国沿岸の漢人と西日本沿岸地帯や朝鮮の海岸地帯の人びとが「倭」と呼ばれる集団を形成し、海賊行為とともに交易にも活発に従事したのである[23]。これがいわゆる後期倭寇である[24]。

ポルトガルが香辛料を求めて東南アジアに進出し、また、スペインが南アメリカ大陸の征服からさらに進んでフィリピン群島へとその支配を進めようとしてきたのは、このような時期であった。もとより、ポルトガルのインド洋・東南アジア進出は、インド洋におけるムスリムの交易網が成立していたから可能だったことであった。ポルトガルは、インド洋での従来の交易慣行

を無視して銃砲を多用した軍事的アプローチを取り、ゴア、マラッカなどの拠点都市を支配下に置いて「海上帝国」を築き上げた。これが、おそらくシナ海地域の倭人勢力を介して、日本・中国にヨーロッパ式の銃砲を伝えることになった。(25)

スペイン人とポルトガル人は、同時に、中国で不足していた銀をスペインドルのかたちで大量にアジアへと運んできた。東アジアでも、朝鮮での灰吹き法の開発を経て、日本の石見銀山でも大量の銀が採掘・精製されていた。しかし、明王朝は、ポルトガル・スペインとは国家間関係がなく、日本も「倭寇の本国」と見なして交易を遮断していたため、スペインドルも日本銀も正式の貿易ルートでは中国に入ることがなかった。銀は非公式のルートで中国に流入した。明王朝はこの事態についに厳しい管理貿易体制を開放する。(26)

日本列島のうち、西日本の沿海部・島嶼部の人びとは、14世紀ごろから活発に海上交易に従事していた。いわゆる前期倭寇である。1402年、足利義満が「日本国王」として冊封され、日本は明王朝の冊封の下に組みこまれたが、「勘合貿易」の形式で海上交易は続けられ、商業都市として堺・博多が発展した。(27)応仁・文明の乱後、明との冊封関係が途絶えるのと同時期に、「倭」の海商・海賊活動は活発になり、この「倭」の交易ルートを通じて銃砲が伝えられた。また、日本は銀の主要生産国の一つでもあった。江戸時代に石高制が採用されたように、経済の基本はなお米に置く制度で組み立てられていたが、(28)一方で金・銀を標準貨幣とする貨幣制度も社会に浸透しつつあった。地域的に格差はあるものの、日本列島もこの時期に近世の特徴を備えることになった。

朝鮮では、銃砲の普及、貨幣経済化ともに17世紀の倭乱・胡乱後となり、貨幣経済化の後も米・布などの現物貨幣が取引には多く用いられていた。しかし、その沿岸地帯は「倭」の世界に組みこまれており、明・日本との通交も行っていた。朝鮮も17世紀には近世の段階に入る。

ここで、銀中心経済、銃砲の使用、遠洋航海という近世の要件が東アジアに揃ったことになる。東アジアは近世化したのである。

(2) 東アジア近世の諸相

　明の近世化が明から清への王朝交替の一つの要因を生み出した。遼東地域での交易の活発化である。海上交易の活発化は、マンチュリアやその背後地域で産する毛皮などの産物の取引の活発化を生み出した。この貿易によって遼東地域で急成長を遂げたのが李成梁の勢力であった。李成梁勢力は、海の世界と、マンチュリアのジュシェン人との交易を媒介することによって富を得、軍事的影響力も拡大していたのである。[29] 日本の豊臣政権との対決を経て李成梁勢力が衰弱すると、かわって、アイシンギョロ家に率いられたジュシェン人がマンチュリアで擡頭し、中国史で金王朝として知られるアイシン国を復興させる（後金王朝）。アイシン国は、銃砲を活用する明王朝の軍事力の前に、漢人地域への進出を阻まれるが、東モンゴルへの拡張に成功し、朝鮮王朝も屈服させることに成功して、国名を清、まもなく大清と改める。このとき、ジュシェン人の名称もマンジュ（満洲）と改めている。[30] 1644年の明王朝の自滅とともに清は北京に首都を移し、その後、17世紀の終わりまでに雲南・台湾を含む領域をその支配下に収めた。ただし、16世紀、明の時代に開放された海への発展の方向性は、台湾の鄭氏政権（東寧国）に対抗するための遷界令と日本の「軍事化」を経て、再び厳格な海上貿易管理体制へと回帰していった。[31]

　この同じ時期に東アジア近世の構図が確立する。

　朝鮮は、豊臣政権下の日本の侵入（倭乱）とアイシン国の侵入（胡乱）によってその国土と人民は大きな打撃を受けた。また、日本の侵入を共同で防いだ明に「再造の恩」を感じていた朝鮮にとって、「野人」として扱っていた満洲人の清王朝に服属の礼をとらなければならないことは容易には受け入れがたいことだった。しかし、清にとっての朝貢使節を「燕行使」と呼ぶなど、清に対する儀礼と国内での解釈を違えることによって、現実の安全保障と中華の文化を受け継いだ国としてのアイデンティティーとを両立させたのである。[32]

　日本は、琉球をその支配下に収めるところまで拡張したが、朝鮮・中国へ

の拡張は止め、徳川幕府の下で貿易管理と人の往来の管理が強化される。いわゆる「鎖国」体制の成立である。

　16世紀の海商の発展の利益を享受してきた琉球王国は、17世紀初めに日本に攻撃されて屈服し、その支配下に組みこまれた。しかし清に対する冊封・朝貢関係も維持した。清にとっては、朝貢国である琉球に対する日本の支配は容認しがたい関係であったが、琉球に対する冊封・朝貢関係を断絶することも、日本との通商関係を途絶することも望まなかった。これが東アジアの諸国間関係に影響を落とすことになる。日本の徳川将軍が、足利将軍を継承して「源」の姓を国際的に使用しつつ、「日本国王」と自称することも、その地位を認めるよう中国皇帝に要求することもなかったのも、その影響の一つである(33)。そして、この日本の琉球支配が、清・朝鮮・日本の東アジア各国が東アジアの海の貿易を表立って活発化させることを阻んだのであった。この東アジア三国がいずれも「鎖国」的な体制をとることになったのはその帰結であった。

　さらに、これと並行して、東南アジアの海でも大きな変動が起こっていた。ポルトガルからオランダへの覇権の交替である。もとから、ポルトガルのインド洋・東南アジアの「海上帝国」は、「胡椒一粒が同じ重さの金と同じ価値を持つ」とまでいわれた貴重品の香辛料の交易によって成り立っていた。ポルトガルがその軍事力で守ろうとしたのも、基本的に香辛料貿易であったし、また、少量の貴重品の交易であったため、貿易量自体も多くはなかった。その「海上帝国」支配は限定されたものであり、強固な支配ではなかったのである。ポルトガル王家がスペインとの同君連合を強いられたこともあり、ポルトガルの衰退は早かった(34)。

　17世紀に、ポルトガルにかわってインド洋の覇権国家として擡頭したのがオランダである。オランダの東インド会社（VOC）は、南アフリカ、セイロン島、マラッカの拠点を獲得するとともに、ジャワ島のジャヤカルタに拠点を獲得してここをバタヴィアと名づけ、ここを拠点として東南アジア・東アジアの海の貿易に乗り出した(35)。

VOCの活動は多岐にわたっている。17世紀前半には、香辛料産地を軍事的に制圧し、旧勢力ポルトガルや新たなライバルのイギリスの勢力を追い落とした。台湾にも勢力拡張を進め、現在の台南郊外にゼーランディア城を築いて台湾（ただし現在の台南周辺のみ）支配を行った。マカオを支配下に置いて明・清との関係を持つとともに、日本との貿易関係を維持し、日本にはVOCがインドの産物を運び、日本への輸出をめぐってシャムと対立することもあった。[36] VOCは、ヨーロッパ勢力の出先であるとともに、アジア域内貿易の有力な担い手でもあったのである。

　17世紀の終わりには、東アジアでの清王朝、朝鮮王朝、日本の徳川幕府体制が安定を迎え、東南アジアではオランダのVOCがアジア域内貿易の有力な担い手であるとともに東南アジアの海の「軍事大国」として影響力を揮うという構図ができていた。この構図の下に、東アジアの近世秩序が安定を迎えたのである。

3. 東アジア近世の変容

　東アジアの近世秩序は、18世紀のあいだは安定をつづける。しかし、その諸方面で変化は始まっていた。

(1) 清

　清は、17世紀の半ばから乾隆時代に入り、その領域を最大版図にまで拡張していた。16世紀には中央アジアで清の有力なライバルだったジューンガルを最終的に滅ぼして、チベット仏教圏からさらにムスリム居住地域までその支配を拡張した。[37] 乾隆帝は、漢人の中華帝国と遊牧帝国の二重の性格を持つ清帝国を大きく拡張し、その領域の支配を安定させることに成功した。

　しかし、その清帝国をやがて揺るがすことになる変化が、主として漢人地域で始まっていた。その根本原因の一つは、清王朝の支配の安定が一因となって起こった漢人の人口爆発である。

この漢人の人口爆発によって、華中以北に住んでいた漢人が多く福建・湖南・広東・広西などの華南地方に移住した。ところが、長江以南は、清王朝にとって比較的新しい征服地であったため、王朝の支配が十分に及んでいなかった。後年、毛沢東が指摘することになるように、その支配は県城までしか及ばず、県城から遠い郷村部や山間地帯には王朝支配は十分に及んでいなかった。

　そのため、この地域の住民による自発的な互助組織が叢生することになる。これらの互助組織は、明朝の「遺老」が「反清復明」の思いを託して密かに民間に伝えた「反清秘密結社」の形態をとり、また、華南地方各地の地方神への信仰を取り入れて確立した。この反清秘密結社の形態をとる互助組織には、哥老会(かろうかい)、天地会、三合会などがあり、会党と総称される。会党は、村々の互助組織であると同時に、広域にわたる連合体をも形成した。これに、水運従事者の互助組織・秘密結社である青幇(チンパン)、華北農村の同様の組織である紅槍会(こうそうかい)なども加わり、清朝支配下の漢人社会は、この会党の勢力によって強く組織されることになる。[38]

　また、漢人の人口爆発は、漢人の海外への発展をも生み出すことになった。その代表的な渡航先は台湾と東南アジア各地であった。この漢人の海外への発展は、人身売買に等しいような状況で行われ、その人身貿易を支えたのは会党の組織であった。会党は、単に人身売買に従事するのみでなく、渡航先での漢人の生活を保護する役割も果たし、ばあいによっては「械闘」と呼ばれる騒乱も引き起こした。台湾ではそれが大きな反乱に発展することもあった。[39] さらに、漢人の海外への移住は、清帝国内に残った家族との経済的関係を保ったまま行われることも多く、そのために為替を用いた送金網が台湾・東南アジアと清朝沿岸の港町とのあいだで結ばれた。

　おそらくこの華南の未開墾地への移住と海外への移住によって人口増加圧力が軽減された影響もあり、長江中流・下流域を中心とする漢人地域の経済発展も促進された。商品の集積は、郷村で大地主として財産を蓄えた郷紳層の都市への進出を促し、地域によって差はあるが、従来は政治都市の性格の

強かった各省の省政府所在地は商業の中心の地位を獲得した。それが中心となって、省の紐帯や、省を超えた地域の紐帯も強くなっていった。寧波・上海を中心とする浙江・江蘇地域、広州を中心とする広東地域、漢口を中心とする湖南・湖北地域、天津を中心とする河北（当時は直隷省）地域などのまとまりである。

　ここで注意しなければならないのは、会党の叢生はもとより、漢人の海外移住と海外への定着も、各地の経済発展と地域社会の結びつきも、清朝政府が主導して行った社会変革ではないということである。会党は清朝にとっては潜在的な敵対勢力であったし、漢人の海外移住も清朝にとっては支配の不安定要因を生み出すため好ましからざる事態であり、海外の漢人は保護の対象とはせず、台湾への移住も公式には禁止していた。(40) 地方の経済発展は、清朝の地方官にとっては好ましいことであったが、地方官は基本的に回避・不久任の制をとっていたため、19世紀になるまで地方官は地方の経済発展の促進者の役割を十分に担うことができなかった。それを担ったのは、郷紳と、会党と、その双方と関係のある同郷者組織・同業者組織などであった。

　もう一つ注意しなければならないのは、この漢人人口の急増と漢人地域の経済発展が、漢人の中華帝国と遊牧帝国の二重帝国としての清帝国のバランスを崩したことである。乾隆帝の軍事的な領土拡大・確保政策にもかかわらず、あるいはそれが直接の原因となって、清帝国の遊牧帝国部分、つまりマンチュリア、モンゴル、東トルキスタン、チベットなどは急速に周縁化されていった。(41)

(2) 日本

　18世紀を通じて日本社会も変容していた。幕藩体制は安定的に維持されていたが、その支配体制は経済面から浸蝕され始めていた。徳川幕藩体制は米を基本に領主経済を支える体制だったが、米の生産の発展とともに、米価安の諸色（米以外の物価）高の趨勢が定着した。米価安は、米をその経済生活の基本にしている武士の生活に負担をかけ、全国的に見れば大きな地域差

があるものの、とくに都市や都市近郊では百姓・町人の生活を改善し、その影響力を強めた。また、日本列島での遠隔地交易は活発になり、その交易はアイヌモシリのアイヌをも巻きこんだのみでなく、幕府領・藩領の境界を越えて展開されて、政治的な幕府・藩の分立の基盤を掘り崩した。これによって経済基盤を脅かされた幕府・藩は、新田の開墾や特産品の生産を促進したため、日本列島の各地域の発展は促進され、それがまた遠隔地交易の発展を促した。幕府では、その商業的発展の成果を支配の基盤に取り入れようとする田沼政権の試みもあったが、その取り組みは系統的なものではなく、儒教的な農本主義・復古主義の傾向も強まって幕府支配を動揺させていく。

武士・百姓（農民）・町人から構成される身分制は、武士身分内部の厳格な門閥制度を含めて維持されたが、18世紀には、百姓・町人のなかから、いわゆる「勤勉革命」を経て富を蓄積し、社会的に有力になる豪農・豪商層が現れた。武士・百姓・町人の各身分の内部で階層分化が起こり、百姓・町人の上層部も武士とともに社会的影響力を獲得することになる。

(3) 朝鮮

最初から二度の「倭乱」と二度の「胡乱」による国土の荒廃のハンディキャップを背負って出発した後期朝鮮王朝は、17世紀に激しい党争を経験する。これは、同時に、社会への両班(ヤンバン)支配体制の定着をも意味した。古い型の権臣勢力が退場するなか、「士林」と呼ばれる儒学者的な両班勢力が儒学的教養を背景にして地方を支配し、それを基盤に王朝の政治を左右することになった。両班は儒学者でもあったから、学派対立や、政治的重大事件をめぐる論争での立場の違いが政治的対立に直結することになった。1575年に東人・西人に分かれた士林派は、1591年に東人が南人・北人に分裂し、1683年には西人が老論・少論に分裂して、南人・北人・老論・少論の「四色党派」が形成される。この四党派は、学派として継承されるとともに、婚姻関係もそれぞれの党派内部で結ばれ、学派対立と親族・姻族的な結合が重なり合って党派の分裂を固定化した。また、四色党派に分かれた士林派両班は、地方に

書院と総称される学校を設置してここを教育と政治活動の拠点とした。両班は、地方に根づく政治勢力であるとともに、科挙を受験して合格しなければならなかった。しかし、明・清の科挙が世襲貴族的な士大夫層を生み出さなかったのに対して、士林派両班は家系が固定し、貴族化した。[45]

　形成途上の四色党派が王室の動きと連動して混乱が続く一方で、倭乱・胡乱後、17世紀には社会・経済の発展も見られた。常設の市場（市廛）が成立し、王朝の商業行為から独立した私商の活動が活発になる。また、全国を行商する裸負商（ほふしょう）の活動も活発になった。このような社会の変化に対応して、税の徴収も大同法によってほぼ地税に一本化された。しかしこの発展は朝鮮社会に問題も引き起こした。朝鮮は両班・常民・中人・賤民によって成り立つ身分制社会であった。両班は特権身分であったため、経済活動を通じて富を蓄えた常民身分の有力者は、系譜を操作するなどして両班の身分を主張し、その特権を享受して負担をまぬがれようとした。その負担は貧しい農民階層に集中した。一方で、社会の下層に置かれた奴婢身分の解放を求める動きも活発化した。身分制は、経済の活性化、両班身分の影響の増大、社会的負担の偏り、賤民身分の解放を求める動きによって動揺した。[46]

　手工業・商業の発達に伴う貨幣経済の定着、市場の取引範囲の拡大、身分制の動揺が東アジア各地域に見られた。清帝国のばあい、これに漢人の台湾・東南アジアへの大規模な移住が加わった。これらが、身分的・地域的に分断された社会を統一化し、近世社会から近代社会への移行を準備する。この社会の自律的な動きに対して、清、朝鮮、日本の王朝政府・幕府は政治的な対応力を失って行った。そのような王朝政府の状況に対して、それぞれ社会または地方の側からその改革を促す動きが始まって行く。

（4）VOC

　ところで、東アジア・東部東南アジアで重要な活動主体であったVOCにも変化が起こっていた。その一つはオランダ本国の衰退である。17世紀の初期にポルトガルを抑えてアジアでの覇権をうち立てたオランダは、17世

紀を通じて、3次にわたるイギリスとの戦争と、隣接するカトリック大国フランスとの慢性的な戦争など、ヨーロッパでは絶えざる戦争に巻きこまれ続けた。1689年、オランダ総督オラニエ公ウィレム3世が総督妃マリーとともにイギリス王位に即き（イギリス王としてウィリアム3世、メアリー2世）、ヨーロッパの国際秩序に、19世紀の近代国際秩序の確立に通じる根本的な変革をもたらした。この変革はイギリスのヨーロッパでの地位を大きく向上させた一方で、出身国のオランダにとってはかえって不利に働いた。しかも、ウィレム3世には子がなく、イギリス王位は妻メアリーの妹アン（ステュアート家）に継承されたためオラニエ公の後継者を兼ねることができず、オランダ総督の後継者が不在となった。これを契機にプロイセンのホーエンツォレルン家の介入も活発となって、そのこともオランダ政治に衰退をもたらした。(47)

ただし、このオランダ本国の衰退とVOCの盛衰は区別して考えなければならない。18世紀のVOCは、スラウェシ島南部のマカッサル王国の動乱を機に東南アジア各地に分散したブギス人を傭兵として抱え、それまでバタヴィア周辺にとどまっていた領域支配をジャワ島全域に拡大する動きを始めていた。インドではフランスとイギリスが影響力を拡大し、1757年のプラッシーの戦いでイギリスの優位が確定し、イギリスはインドの地方政権への介入を通じてインド支配を徐々に実質化させて行く。だが、オランダは、ケープ植民地からセイロンとマラッカを経てバタヴィアにいたるルートを確保していたため、このイギリスとフランスのインド争奪の争いから直接の影響を蒙らなかった。(48) ところが、18世紀末、ヨーロッパの動乱が、東南アジア・東アジアでのVOCの覇権を終わらせることになる。

4. 東アジアの近代化

(1) ヨーロッパ近代化のアジアへの波及

フランス革命をめぐるヨーロッパの戦争は、第一次世界大戦に先立つ「世

界戦争」でもあった。エジプトは皇帝即位前のナポレオン・ボナパルトの攻撃を受け、社会的変革を迫られる。このエジプト社会の変革を主導しつつエジプトの政治権力を握り、やがてエジプトに世襲王朝を樹立するのが、アルバニア出身のムハンマド・アリーである。ムハンマド・アリーは、アラブ各地域を統一する王朝の樹立には失敗したが、今日に続く独立国エジプトの基礎を固めることには成功した。(49) オスマン帝国とイラン（ガージャール朝）は目まぐるしく変わるヨーロッパ国際政治に翻弄された。(50) ただし、オスマン帝国は、ヨーロッパでのフランス革命の進展と並行して、後のタンズィマートに先行する国内改革をこの時期に始めている。(51) インドでは、ナポレオンがロシア領経由でのインド攻撃を構想する一方で、マイソールがフランスとの提携によるイギリス勢力拡大阻止を目指して動いた。

そして、オランダがフランスの占領下に置かれ、オランダ政府がイギリスに亡命したことにより、ケープ植民地、セイロン、マレー半島、東インド（今日のインドネシア）の各植民地はイギリスの支配下に入ることに決められた。東インドのオランダ勢力はイギリス支配に抵抗したが、ラッフルズを中心とするイギリス勢力に打ち負かされた。後にオランダ領東インド自体はオランダの支配下に戻されるが、イギリスは新たに拠点としてシンガポールを獲得し、東南アジアから東アジアへの貿易ルートの主導権を握る。(52) また、この時期、イギリスは清帝国にアマースト使節団を派遣した。その主要目的であった清との通商拡大には成功しなかったが、アマースト使節団は朝鮮西海岸から琉球までの沿岸測量を行い、イギリスの東アジア進出の準備を行った。日本には、長崎へのイギリス艦フェートン号の侵入事件として、このフランス革命戦争が波及している。(53)

新たにインド・シンガポールの貿易ルートの主導権を握ったイギリスは、この時期、産業革命の本格化の時期を迎えていた。また、アメリカ合衆国独立による北アメリカ植民地の喪失により、新たな帝国の中心地としてインドへの支配を強めていた。アメリカ合衆国とインドからの綿花の輸入はイギリスの産業革命の進展に有利に働いた。他方で、喫茶の習慣がイギリス社会に

定着したことにより、イギリスは茶の輸入を増大させなければならなかった。経済の活発化と世界化は、取引の決済の効率化を促進し、1820年代にはロンドンのシティを中心とする国際金融市場が成立した。

　同じ時期に、イギリスは政治体制の近代化・民主化を進めていた。フランスとのうち続く戦争の戦費負担問題、1719年のハノーヴァー王朝の成立、ほぼ同時期の南海泡沫事件が政府が議会に責任を負う責任内閣制の成立を促した。その成立期に長期政権を担ったウォルポールのすぐれた政治手腕もあって、イギリスの近代政治の基礎が築かれた。社会を身分的・地域的に分断して異なる原理によって支配する中世的な政治から、統一された原理による合理的な政治へと移行したのである(54)。1776年に独立を宣言したアメリカ合衆国は、当初から憲法による近代的立憲政治を導入した。1789年に始まるフランス大革命でも、さまざまな揺れを伴いつつも、立憲政治の方向が確立された。立憲政治とはあいまいさを許さない統一的な法による支配であるから、18世紀、イギリス、アメリカ合衆国、フランスは中世的・近世的な政治のあり方を脱して近代政治体制へと移行したといえる。また、この三国は、立憲政治とともに議会政治をも確立していった。立憲政治は人民による君主権力の制限を本質とするし、議会政治は人民の代表による政治であるから、これらは政治の民主化をも意味した。また、それは、国民が国家の主体となる国民国家の定着でもあった。

　他方で、ヨーロッパにおける政治の近代化にはもう一つの方向性があった。それは君主権力の強化という方向性であった。君主権力を強化することで、それまで残っていた地域的・身分的な分断を克服し、ヨーロッパ国際秩序のなかでの国の生き残りとその勢力増大を図るものである。18世紀から19世紀にかけて、プロイセン、ロシアなどがこの方向性による近代国家建設を推進した。これも社会を身分・地域で分断して複数の原理を使い分ける政治から統一化された政治へという動きには違いない。君主権力の強化は政治の民主化と必ずしも矛盾するものではなく、強力な君主権力のもとで国民の発言権が増大することが社会の民主化を経て政治の民主化をもたらすという経路

はあり得る（モデル的にはフランスがそうであったように）。しかし、プロイセンやロシアなどの君主権強化の変革は政治の民主化を先送りする性格の強いものであった。

　イギリス、アメリカ（合衆国）、フランス、ロシアなどが、近世に獲得していた拠点を活用しつつ、主としてイギリスが握ったインド・シンガポールの貿易ルートを通じて東部東南アジア・東アジアに進出してきたのが、この地域での「西洋の衝撃」の実態である。

　ここで注意しなければならないのは、イギリス、アメリカ、フランス、プロイセン、ロシアなどの諸国にとっても、政治的・経済的近代化は18世紀から19世紀に進んだのであって、最初から「西洋は進んでいた」わけではないことである。銃砲などの軍事技術と軍隊の運用法はヨーロッパのほうが進んでおり、18世紀のインドではその格差はフランスやイギリスが勢力を拡大する上で有利に働いた。しかし、18世紀の中ごろまでは、オーストリア（ハプスブルク帝国）もロシアも、オスマン帝国に対する戦争では一進一退の情勢を繰り返しており、オスマン帝国に対しては軍事的に圧倒的優位に立ったというわけではない。(55) 18世紀の変化がヨーロッパとアメリカ合衆国を「進んだ国」とし、その状態でイギリス、アメリカ、フランス、ロシアなど「欧米」の諸国が東アジア諸国と接触したのである。この時点で、東アジア諸国は、それぞれ生産力を高め、経済的な転機を迎えつつあり、社会は成長し、政治体制と社会との不整合が問題化しつつあった。政治的な面から見れば、東アジア諸国の政治体制と社会との不整合を解決するための制度を、産業革命を経て軍事的な優位を確立した欧米諸国が持っており、それが東アジア諸国に「後れ」の認識を生み出したという一面がある。欧米諸国が、産業革命後の圧倒的な軍事力と経済力でアジアに近代化を強制した一面を軽視してはならないが、欧米諸国が「進歩を強制した」ばかりではなかったという一面も見落としてはならない。

　そして、このときの接触の違いが、東アジア諸国の近代化の違いを生み出すことになる。

(2) 中国（清・中華民国）

　イギリスとアメリカ合衆国は、18世紀後半から19世紀にかけて、茶貿易を通じて中国との経済関係を強めつつあった。この茶貿易での赤字を埋めるためにイギリス東インド会社が中国への組織的なアヘンの持ち込みを図ったことはよく知られている。ただ、この茶とアヘンをめぐる関係が「中国とイギリスの関係」という単純な二国間関係ではなかったことには注意する必要がある。

　イギリス側にはイギリス本国と東インド会社の関係があり、両者の利害は全く同一ではなかった。中国側でも、イギリスとの茶貿易で潤う広州とその広州市場に結びついた広東省の諸地域と、それに対する北京の清王朝の利害とは一致していなかった。茶貿易の活発化からアヘン戦争に向かう過程には、この時期の中国の状況が反映していた。まず、イギリスで国際金融市場が成立し、イギリス・アメリカ間でも為替取引が活発に行われるようになったときに、広州市場がこれに応じることができたのは、広州が海外に移住した華人（多くは漢人）の為替送金ルートに当たっていたからである。また、広州が、茶貿易の積み出し港として機能したのは、広州商人が華南各地の茶生産地や中継地とのつながりを持っていたからである。アヘン吸引の広がりが清王朝で問題となったとき、広州の官僚はアヘン貿易合法化論を唱えたが、アヘン貿易厳禁論がその主張を圧倒した。これには、広州が地方的利益を上げることに対するその他の地方の反撃という意味も含まれていた。先に述べたように、18世紀から19世紀の中国漢人地域では、省の中心的都市と、そこで取引される商品の生産地が、商業的・人的なつながりで結びつけられつつあり、これがほぼ省単位でのまとまりを生みつつあった。アヘン戦争後の五港開放と、第二次アヘン戦争後の条約港の拡大は、省の中心的都市を海外市場へと結びつけた。すなわち、香港・広州は広東省・広西省と、厦門は福建省南部と、福州は福建省北部と、寧波は浙江省、上海は浙江省・江蘇省と、漢口は湖北省・湖南省と、天津は直隷省（河北省）と海外市場とを結びつけたのである。

これは清帝国の統合に大きな脅威をもたらした。清帝国は、乾隆時代の末から、遊牧帝国部分を周縁化することで、伝統的な中華帝国の原理による統一化をその中心に置いていた。これは、ヨーロッパでの君主権強化による統一化と同じ性格のものであった。そして、その進行を担保していたのは、北京の王朝への権力の集中と、回避・不久任の制度による、地方の半独立政権の発生に対する徹底的な予防策であった。アヘン戦争後の香港割譲・五港開港は、香港に中国経済に大きな影響を与える拠点を作り出し、広州・上海も中国経済の新しい拠点として成長する契機となった。条約港の拡大は、産業・経済の中心地を各地に作り出すことになった。それは北京の清王朝の統制力の低下につながった。

　この傾向を促進したのが太平天国の乱（または太平天国革命）である。清王朝は、太平天国制圧のために、湘軍・淮軍などの大規模な地方義勇軍（郷勇）の力に頼らざるを得なかった。また、その資金を確保するために、国内関税の性格を持つ釐金の徴収を認めることとなった。清王朝の本来の軍制は、宋王朝以来の漢人中華帝国の中央集権的な軍制度に、満洲人の遊牧帝国的軍制度を融合した八旗・緑営の制度をとっていた。その特徴はすべての軍を皇帝直属としたことであった。地方・辺境に駐防する軍も皇帝直属とされていた[57]。地方の治安の維持に団練と呼ばれる地方の義勇軍を置くことは認められていたが、それは局地的・臨時的なものであった。ところが、この太平天国の乱を機に、その地方義勇軍が大規模化・恒久化し、事実上の恒久財源も獲得したのである[58]。これは統一化と君主権強化に逆行する動きであった。

　ただし、これは単純な統一化への逆行ではなかった。省を単位とする社会の統合強化への欲求がその動きを支えていた。その主体は、郷紳と、その郷紳とも複雑な関係を持ちつつ漢人社会に大きな影響力を持っていた会党であった。その点で、中国社会は、皇帝専制体制から郷紳を主体とする自治への変革を求める一種の民主化へと動き出していたのである。また、もう一つ注意しなければならない点は、省を単位とする統合強化が、中国全体の統合強化への志向と必ずしも矛盾しなかった点である。甲午戦争（日清戦争）・庚

子戦争（義和団戦争）の敗北を経た後の20世紀には、省人意識は、わが省人が中国全体を救うのだという強烈な救国意識となって、中国ナショナリズムの原型を形成することになる。⁽⁵⁹⁾

19世紀後半の中国では、議会制がこの君主権力の危機への対応策として注目されることになる。中国の衰弱は、君主と社会とのあいだの隔絶が大きくなり、上意下達・下意上達が順調に行われなくなった結果であると、1870年代以後の議会制論者は論じた。その状況への対応策としての議会開設が求められたのである。⁽⁶⁰⁾これは、科挙を通して官僚になりうる郷紳層の政治参加への要求を主として反映しており、政治の民主化として見たばあい、一定の限界があった。しかし、議会開設論の実質が郷紳層の政治参加への要求であったことは、20世紀に入って省議会（諮議局）・県議会などが開設されたとき、ここに郷紳層が結集し、郷紳層による新たな地方政治の運営が急速に開始されることにもつながった。

さらに、1900年代、庚子戦争後のいわゆる清朝新政の下で、清の軍は省単位で再編された。もちろん、形式上は、清帝国の軍隊であり、省の軍隊ではない。しかし、その省の軍隊の多くは地方義勇軍を起源に持ち、その省で将兵を募集していた。将兵の養成機関をその地方に設置している軍隊もあった。さらに、軍は、郷紳層だけのものではなかった。自ら望んで、とは必ずしもいえないが、軍には多くの社会下層の出身者が加わり、そのなかには軍の指導層まで成長する者もいた。⁽⁶¹⁾構成員の出身階層の広がりから見れば、省議会よりも軍のほうがより「民主的」であった。

このようにして、1900年代までに、中国の各省は、議会と軍を持ち、独自財源も持つ政治体として成長した。先に述べたように、各省の省人意識の高まりは、中国人の国民意識の形成と必ずしも矛盾はしなかった。しかし、清王朝は、釐金のような確実な財源をもたず、議会開設も各省とくらべて遅いペースでしか進めることができなかった。その結果、中国人の国民意識を政治的な運動に具体化させ、それを政治の変革にも安定化にもつなぐことができなかった。その結果、四川省鉄道敷設権問題とその四川省への湖北軍動

員問題を契機に省の自立意識と王朝とが鋭く対立することになり、清王朝は、独立性を強めた各省の連合体としての中華民国にとってかわられたのである。

　中国の近代化は、省社会の統一化として進み、省が議会・財源・軍を持ち、その省が連合体として近世王朝に替わる近代国家を樹立するというかたちに結実した。しかし、この省連合体国家は不安定だった。省連合体国家に対して不満があると、再びいくつもの省が別の連合体を結成し、従来の連合体国家を倒そうと動いたからである。1913年の第二革命、1916年の第三革命、1917年の「約法の争」などみなこの原理によって起こった事件であった。[62] この状況から、中国の国民単位の統一を実現するための動きが1910年代からあらためて始められ、それは1920年代の国民革命へと発展する。しかし、中国を、省の連合体ではなく、統一国家として完成させるという目標は、第二次世界大戦後まで持ち越されることになる。

　この過程にはもう一つ問題がある。この動きに、乾隆後期に周縁化された清帝国の遊牧帝国部分の動きが追随しなかったことである。この周縁化された地域の統合の問題は現在まで持ち越されている。

(3) 日本

　日本では、19世紀初頭には、藩（大名領）と幕僚・旗本領などが分立する近世国家の体制は、経済的な発展によって、そのままでは維持するのが難しくなっていた。名分論の発展は、天皇・朝廷の存在と将軍・幕府の存在を矛盾なく説明することへの要請につながり、その結果、将軍は天皇から日本の「大政」を一括して委任されているという大政委任論が意識されるようになった。[63] 18世紀後半のアイヌモシリ（蝦夷地）でのロシアとの接触は、日本が、「清・オランダ・朝鮮・琉球と通商・通交を行っている国」という状態ではなく、「鎖国」状態にあることを自覚させる契機となった。これまであいまいなままで通用してきた原理に明確性が要求され、そこに矛盾があればそれを解決することが求められる社会へと徐々に移行していたのである。

「世界戦争」としてのフランス革命戦争への遭遇がその時期に重なる。しかし、日本は、なお、対処しきれないほどの欧米勢力の圧力に遭遇することはなかった。その間に、日本はアヘン戦争に伴って清で収集・編纂された欧米諸国についての情報を参照している余裕があった。

同時に、18世紀の終わりごろから、いわゆる西南雄藩の改革が進められ、その活動が活発になっていた。それは、日本列島全体を覆う市場経済の発展に藩政がついて行けなかったことの帰結としての藩の借財を事実上帳消しにし、一方で新しい商品開発などを通じて独自の財源を確保して、藩単位の「富国強兵」策を推進していた。
(64)

1853年のペリー来航後、幕府は大政委任論を明確に採用し、アメリカとの条約締結については朝廷の勅許を求めた。これ以後、大局的に見れば、将軍自身が天皇を頂点とする機構の一員であることを自覚し、その役割を遂行しようという動きが強くなる。一方で、雄藩や一部の親藩を中心に、改革派の藩のあいだで連携を図る動きが急速に活発になる。その実務の担い手になったのが下級武士層であった。幕府側でも同じで、中下級の武士が変革の実務の担い手となった。この実務の担い手層のなかから、幕府側からは榎本武揚、勝海舟、福沢諭吉など、雄藩側からは西郷隆盛、大久保利通、木戸孝允などの維新の功労者や中江兆民、植木枝盛などの思想家が輩出することになる。
(65)

このなかで構想された制度の一つが諸侯合議である。幕藩制を変えることなく、将軍・大名の合議の場として議会を設立するという構想である。これに、実務の担い手層を加えて上院・下院を構成するという議会案が成立した。結果的に徳川幕府は打倒され、明治政府による統治へと移行する。明治政府は、廃藩置県を通じて中央集権体制を整備し、官制と法典の整備を通じて、統一された原理による統治を行う。一方で、維新前後の政治・軍事の実務の担い手となった下級武士層と、それを支えた各地の豪農層を中心とした自由民権運動が起こされ、日本の立憲制・議会制への動きを促進した。下級武士出身で明治政府の主導者となった元勲側が目指したのは君主権強化による近代化
(66)

であり、1889年に発布された大日本帝国憲法はそれを反映して天皇大権主義を採用していた。憲法発布とともに議会も開設された。この議会の原型の一つは、幕末に構想された諸侯合議と、それを下級武士の実務者が支えるという議会制であった。しかも、政府に入らなかった下級武士・豪農層の運動はより急進的・根本的な議会政治を求めてなお運動を続ける。その結果として、1920年代には、帝国憲法が予定していなかった政党内閣時代が実現することになる。民主化運動の担い手は、下級武士出身者や豪農から、富裕な都市住民や「豪農」よりさらに広い富裕農民層に移り、やがて男子普通選挙が実現する。政府側の「君主権強化としての近代化」を、さらに急進的・根本的な議会政治の実現へと、社会が動かしていったのである。それが可能だったのは、幕藩体制下でのエリート層と、富裕でない庶民層の中間に、下級武士層・豪農層などの、財産と教養を持ち、自らの政治的役割への自覚も持った層が存在したからである。いろいろと違いはあるが、この層は、中国での郷紳のカウンターパートと言ってもよいだろう。

　中国との違いにとって決定的だったのは国の大きさだったであろう。中国では、清帝国後期に成立していたのは省単位の市場圏であったのに対して、日本では同じ時期にアイヌモシリの一部まで含めた日本列島を覆う経済圏が作られていた。太平天国の乱への対応のなかから中国は省への政治・財政・軍事の凝集を強めていくが、日本では、藩領・幕府領への結集では不十分と見られて、藩・幕府の連携が自発的に図られていた。その結果、日本では、社会の経済的成長と、それが可能にした自覚的な政治参加意識とが、ほぼ日本列島の単位で国民意識を成立させることに成功したのである。もちろん、そのなかでも、「白河以北一山百文」と言われるような東北に対する敗者視は明治後半まで続いたし、北海道（アイヌモシリ）と沖縄の統合はさらに遅れる。日本の近代化も、中国について指摘したのと同様に、周縁化された地域の統合の問題とけっして無縁ではなく、しかもそれは今日完全に解決されているわけでもないのである。

(4) 朝鮮・韓国

　近世後期の問題山積のなかから、朝鮮政治の課題となったのが王権強化であった。

　四色党派の対立は、18世紀の英祖・正祖の時代に、王権が諸党派のバランスをとる「蕩平政治」によって安定を得た。英祖・正祖は、党派対立を利用しつつ、老論の宋時烈の学説を顕彰し、党派としても老論の勢力が拡大するように操縦した。宋時烈の主張は王権の伸長に有利に働くものだった。この英祖・正祖時代に王権は伸長し、それを支える勢力である老論の拡大にも成功した。(69)

　だが、19世紀に入ると、王統が不安定となり、即位時に幼少の王が相次いだこともあり、歴代の王正妃を出した安東金氏が政治の主導権を握る世道（勢道とも）政治が定着した。世道政治では政治権力が安東金氏を中心とするいくつかの名門に集中し、社会の抱える問題に対しては弥縫策による対応に終始したため、1811年の洪景来の乱、1862年には朝鮮半島南部全域にわたる大規模な壬戌民乱が勃発した。また、壬戌民乱の前夜には崔済愚(チェ・チェウ)が民衆宗教として東学を創始している。(70)

　このような情勢の解決策として、1863年に即位した高宗の父興宣大院君の政権が追求したのは、王権の再強化であった。この要求は、君主権強化による政治近代化という方向には合致する。

　だが、興宣大院君政権の政治は、その政策実現の基盤に十分に配慮しないものであった。興宣大院君は、王権強化の一環として、外国勢力に対する徹底した攘夷策を実行した。1866年の丙寅洋擾、1871年の辛未洋擾では興宣大院君の強硬策が奏功した。しかし、当時の朝鮮王朝の軍隊は、近世初期に設置された五営の形骸化もあって弱体で、強硬な攘夷策を持続できるものではなかった。また、丙寅洋擾で積極的な役割を果たした朴珪寿のように、民衆を積極的に動員して外国勢力に対応するという方法も、興宣大院君の下では一般的ではなかった。(71) 興宣大院君は、士林派両班に広く受け入れられる政

策を採ったが、一方で王権強化を目指す興宣大院君と士林派両班のあいだには対立があった。興宣大院君政権は、王権強化のためには、両班が各地方に政治的影響力を保持し拡張するのは好ましいことではないと判断し、その地方支配の拠点になっている書院の徹底的な整理を断行した。これは、政策的には興宣大院君の政策の支持者である保守的両班の反発を買った。保守的両班は衛正斥邪派として結集し、衛正斥邪派は1873年に大院君の排除に関与する。[72]一方で、市井生活の経験がある興宣大院君は漢城（ソウル）の民衆には人気のある政治家であった。その民衆を支持基盤として組織化するという発想も興宣大院君政権にはなかった。

　興宣大院君政権に替わったのは、開化派が中心となる閔氏政権であった。開化派政権の下で、日本との江華島条約締結など、これまでの非妥協的な「攘夷」策から開国策への転換が図られた。この時期になると、清王朝も洋務運動を始めている時期で、日本と清の双方から開化政策への圧力がかかりつつあった。[73]開化派には、金玉均ら親日的な急進派と、金弘集・金允植ら親清的な穏健派の両グループがあったとされ、このうち急進開化派は1884年の甲申政変の失敗で壊滅する。しかし、穏健派と呼ばれるグループは、親清的であることよりも、穏健に開化政策を推進することを目的としており、状況によっては日本に近い立場を採ることもあった。[74]

　一方で、朝鮮民衆は、士林派両班の価値観を受け入れており、士林派両班の社会的リーダーシップを認めるとともに、士林派両班がその価値観に沿って行動することを強く期待していた。[75]士林派両班の価値観をもっとも強く体現していたのは大院君と衛正斥邪派であったから、朝鮮民衆は大院君や衛正斥邪派的な両班を支持した。大院君と衛正斥邪派の対立点であった書院の問題は、両班への身分的上昇を目指さないかぎり、民衆にとっては問題にならなかった。壬午軍乱では漢城の民衆は反開化派の立場で立ち上がったし、農村部の民衆も衛正斥邪派的な両班によって組織され集団行動を起こすことがあった。一方で、開化派の思想は士林派両班の価値観を逸脱した現実への妥協と捉えられ、開化派は社会に十分な基盤を持たなかった。開化派も自らの

支持基盤として民衆に積極的に働きかけていくのは1898年の独立協会運動以後であり、その時期には韓国（1897年に帝制に移行、国号を大韓帝国とする）が自主的な政治を行える余地は狭められていた。

朝鮮・韓国では、君主権強化としての近代化は求められていたが、それ以外の近代化は朝鮮・韓国社会では十分な意義を持たなかった。原理の統一という点では、すでに士林派両班の価値観が社会全体を統一していた。さらに、議会制や司法の独立などについては、朝鮮・韓国社会が自ら求めるより前に、日本が明治維新をモデルとしてそれを朝鮮・韓国社会に強制しようとした。これは、開化派には受け入れ可能でも、士林派両班にも、その価値観を受け入れている民衆にも受け入れがたいものであった。朝鮮・韓国は、いわば民主的に、政治の民主化の押しつけを拒否したのである。

おわりに——アジアの近代化のなかの日本

ここまで主として20世紀に入るまでの時期の東アジアの近世化・近代化の過程を見て来た。中国・日本・朝鮮には、それぞれの近世化・近代化の流れがあった。日本が、近代化をリードしているように見え、竹内好の見かたによれば優等生的な近代化を行ったのは、身分的・地域的統一を求める動きが日本では始まっており、しかもその規模と日本の支配領域の範囲がほぼ一致していたためである。19世紀初期から始まった日本の内発的な近代化の流れの上に、欧米からもたらされた近代化を、中国・朝鮮よりも抵抗なく載せることができたのである。中国でも内発的な近代化が始まっていた。しかし、それにより適合したのは、中国全体の近代化ではなく、第一次・第二次アヘン戦争の結果として外国に開かれた条約港都市を中心とする、ほぼ省単位の内発的近代化だった。中国全体の一体意識は、理念的には省単位の地方意識とともに発展したけれども、それを裏付ける中国全体を単位とした内発的近代化は十分に進んでいなかった。その結果、清朝の専制体制は、十分に民主化されることも君主権強化を実現することもなく崩壊し、省単位の地方

連合体としての中華民国の樹立にいたったのであった。朝鮮・韓国は、君主権強化としての近代化は求められていたが、それ以外の近代化を求める内発的な動機は社会になかった。原理の統一は士林的両班の価値観によってなされており、あらためて統一する必要がなかった。財政の窮乏、賤民身分の解放の要求など、社会の矛盾は蓄積していたが、それは散発的な民乱というかたちでしか解放されず、それを組織することはできなかった。しかも、朝鮮社会が内発的な近代化へと動き出す以前に、清と日本が、それぞれの国の近代化に合わせた近代化を朝鮮に押しつけようとしたことが、その内発的な近代化への動きをさらに困難にした。

　日本の近代化は、近世末に始まっていた社会の動きに、欧米からもたらされた近代化が適合し、しかもその範囲がその時期の日本の支配領域に適合していたことで「成功」した。また、そのために、軍事的・経済的圧力のなかで生き残ることを求めていた中国の立憲派や朝鮮・韓国の開化派のモデルとなり得たのである。一国単位で近代化を成功させ、軍事的・経済的に列強の圧力に耐えうる国家を造ることが、中国の立憲派や朝鮮・韓国の開化派の目標だったからである。中国の立憲派は、その日本をモデルとして位置づけ続けた。

　したがって、1920年代に入って、国際関係のルールが変わり、帝国主義の時代から国際協調の時代に映ったとき[77]、日本のモデルとしての役割は相対化されることになった。韓国は日本に併合され、併合を受け入れた人たちにとっては日本に「学ぶ」必然性は強く感じられなかったし、受け入れなかった人たちにとっては日本はよいモデルとはならなかった。中国のばあいも、日本の制度・習慣や日本の歴史的経験は、1920年代以後は、アメリカ、イギリス、ドイツ、フランス、ソ連、トルコなどと並べて評価される相対的なものになった。1930年代以後の日本盟主論は、朝鮮半島・中国の社会に受け入れる必然性を感じさせるものではなくなった。それを自発的に受け入れる志向をもっていたのは、東アジアの範囲では、中国・ソ連による統合に抵抗する論理を求めていた内モンゴルのモンゴル人くらいであった[78]。

第二次大戦後の日本と東アジア諸国の関係については、また改めて検討しなければならない点が多く、本稿では扱うことができない。ただ、中国・朝鮮が、近世化・近代化の過程で獲得した社会的特徴を失うことなく、別個の性格を持つ社会として第二次大戦後の歩みを始めたことは忘れてはならないだろう（朝鮮半島の両国については、日本による近代化がその社会の特徴に影響を与えていることも認識しなければならないが）。第二次大戦後、めざましい復興と経済発展を遂げた日本は、韓国にとっても台湾にとっても中国にとってもモデルとなり得た時期があった。しかし、それぞれの国の経済発展は、やはりそれぞれの社会の基盤の上に成り立ったものである。中国の日本離れ、とくにその一環としてのいわゆる日中関係の悪化は、もちろん中国ナショナリズムの高まり、共産党支配の矛盾のはけ口などという面も考えなければならないだろうが、より本質的には、中国の発展にとって日本はモデルにならない局面が到来したことによる。近代化が「進んでいる／後れている」という尺度でアジアを論じることができる状況ではすでになくなっていることを認識し、そのうえで行動を選択するのでなければ、日本はまた1930年代におかしたのと同種の（全く同じの、ではない）過ちを繰り返すかも知れない。

注
（1）和田春樹 他編『東アジア近現代通史 第1巻』岩波書店、2010年、とくに川島真「東アジアの近代」、7-45頁。
（2）ポール・コーエン／佐藤慎一 訳『知の帝国主義 オリエンタリズムと中国像』平凡社、1988年（原著は1984年）。
（3）以上、竹内好については、拙稿「アジアをどう見るか」（『成蹊法学』77号 2012年）39-55頁による。
（4）溝口雄三「近代中国像の再検討」（溝口『方法としての中国』東京大学出版会、1989年）、102頁、溝口雄三『中国の衝撃』東京大学出版会、2004年、104-115頁。
（5）Pomeranz, Kenneth, *The Great Divergence*, Princeton & Oxford, Princeton University Press, 2000. 水嶋司『グローバル・ヒストリー入門』山川出版社、2010年、15-20頁。
（6）竹内好「中国の近代と日本の近代」（竹内『日本とアジア』ちくま学芸文庫、1993年）

29-30 頁。初出は 1948 年。
(7) 速見融「勤勉革命と産業革命」(速見『歴史のなかの江戸時代』藤原書店、2011 年) 16-17 頁。また、水島司『グローバル・ヒストリー入門』30-35 頁。
(8) 厳復・梁啓超については、李暁東『近代中国の立憲構想　厳復・楊度・梁啓超と明治啓蒙思想』法政大学出版局、2005 年、兪吉濬については月脚達彦『朝鮮開化思想とナショナリズム』東京大学出版会、2009 年、ナームク・ケマルについては新井政美『オスマン帝国はなぜ崩壊したのか』青土社、2009 年のうち 139-160 頁。
(9) 新井政美『オスマン vs ヨーロッパ　トルコの脅威とは何だったか』講談社、2002 年、37-48 頁。羽田正『東インド会社とアジアの海』講談社、2007 年、175-180 頁。
(10) 岸本美緒『東アジアの「近世」』山川出版社、1998 年、1-6 頁、岸本「近世化とは何か」(岡田英弘 編『別冊 環 清朝とは何か』藤原書店、2009 年) 232-234 頁。
(11) 加藤博『ムハンマド・アリー　近代エジプトを築いた開明的君主』山川出版社、2013 年。とくにその 80-88 頁。
(12) 新井政美『トルコ近現代史』みすず書房、2001 年、49-52 頁。
(13) 小野川秀美『清末政治思想研究 1』平凡社、2009 年 (原著はみすず書房、1969 年)、93-101 頁。
(14) 同上 145-257 頁で康有為について詳論している。
(15) 佐原徹哉「オスマン支配の時代」(柴宜弘 編『バルカン史』山川出版社、1998 年) 120-144 頁。
(16) 石浜裕美子「チベット仏教世界の形成と展開」(小松久男 編『中央ユーラシア史』山川出版社、2000 年) 265-274 頁。また、それ以前の「転輪聖王」については、同論文、251-259 頁。
(17) 久住真也『幕末の将軍』講談社、2009 年、22-23 頁は、権威の上でも将軍が朝廷を上回っていたことを指摘する。
(18) 永田雄三・羽田正『成熟のイスラーム社会』中央公論社、1998 年 (フルカラー版)、114-118 頁。
(19) カッコ付きの「ヨーロッパ」は、概念として理想化されたヨーロッパを指す。羽田正『新しい世界史へ　地球市民のための構想』岩波新書、2011 年、85-89 頁に従う。
(20) 杉山正明・北川誠一『大モンゴルの時代』中央公論社、1997 年 (フルカラー版)、232-234 頁。
(21) 岸本美緒・宮嶋博史『明清と李朝の時代』中央公論社、1999 年 (フルカラー版)、48-51 頁、57-60 頁。

(22) 岸本美緒前掲 7-20 頁。
(23) 村井章介『中世倭人伝』岩波新書、1993 年、4-5 頁。その「マージナル・マン」的な性格については、同書 36-44 頁。
(24) 杉山正明・北川誠一前掲 155-175 頁。杉山には、大モンゴル帝国の海上発展について論じた『クビライの挑戦　モンゴル海上帝国への道』朝日新聞社、1995 年もある。明とポルトガルの出会いについて、羽田正『東インド会社とアジアの海』118 頁。
(25) 羽田正前掲 54-68 頁、また「鉄砲伝来」について 119 頁。
(26) 岸本美緒前掲 12 頁。
(27) 足利義満への日本国王号附与に関しては、小川剛生『足利義満　公武に君臨した室町将軍』中公新書、2012 年、224-235 頁が儀式を詳細に検討しつつ論じており、説得的である。なお、足利義満への日本国王号附与につづいて、明は、それまで「権知国事」としてしか認めていなかった朝鮮（李朝）に正式に国王号を認めている。その思惑について、山内弘一『朝鮮からみた華夷思想』山川出版社、2003 年、62-63 頁。
(28) 石高制については、速見融、前掲、17-20 頁。
(29) 岸本美緒・宮嶋博史前掲、208-211 頁。
(30) 同上、222-223 頁。
(31) 村井章介、前掲、222-223 頁。
(32) 山内弘一、前掲、57 頁、68-75 頁。
(33) 足利将軍は明に対して「日本国王源某」と称していた。徳川将軍は「王」を略して「日本国源某」と称した。「大君」という称号も使われた。なお、「源」姓であるのは、国内で徳川家当主が「源氏長者」の地位を継承したからであるが、琉球の尚氏の例と同様に、明から「易姓」と解釈されないためでもあったと思われる。
(34) 羽田正前掲 68-69 頁。
(35) 同上、91 頁。
(36) 石井米雄「シャム世界の形成」（石井・桜井由躬雄 編『東南アジア史 I』山川出版社、1999 年）260-262 頁。
(37) 宮脇淳子「大清帝国とジューンガル帝国」（岡田英弘 編前掲）164-173 頁。
(38) 山田賢『中国の秘密結社』講談社、1998 年、5-16 頁、126-127 頁。
(39) 若林正丈『台湾　変容し躊躇するアイデンティティ』ちくま新書、2001 年、33-36 頁。
(40) 同上、26-31 頁。
(41) 中見立夫・浜田正美・小松久男「中央ユーラシアの周縁化」（小松久男 編、前掲）

284-297 頁、316-318 頁。
- (42) 井上勝生『開国と幕末変革』講談社学術文庫、2009 年（原著は 2002 年）、13-24 頁。
- (43) 鬼頭宏『文明としての江戸システム』講談社学術文庫、2010 年（原著は 2002 年）、202-223 頁。
- (44) 同上、228-235 頁、250-255 頁。なお、同書 255-262 頁が田沼意次を「近代日本の先駆者」と評価するのに対し、藤田覚『田沼意次　御不審を蒙ること、身に覚えなし』ミネルヴァ書房、2007 年はその「山師」的性格を強調する。同書 79-85 頁。また 63-79 頁も参照。
- (45) 士林と党争については、岸本美緒・宮嶋博史、前掲、98-111 頁、山内弘一「朝鮮王朝の成立と両班支配体制」（武田幸男 編『朝鮮史』山川出版社、2000 年）183-189 頁、206-209 頁。
- (46) 同上、200-207 頁、211-213 頁
- (47) 細谷雄一『国際秩序』中公新書、2012 年、95-102 頁、佐藤弘幸「オランダ共和国の成立とその黄金時代」263-266 頁、同「オランダの海外進出と共和国の凋落」292-295 頁（いずれも、森田安一 編『スイス・ベネルクス史』山川出版社、1998 年）。
- (48) 鈴木恒之「近世国家の展開」（池端雪浦 編『東南アジア史 II』山川出版社、1999 年）143-158 頁、浅田実『東インド会社』講談社現代新書、1989 年、168-169 頁。
- (49) 加藤博、前掲、14-22 頁。
- (50) 山内昌之『近代イスラームの挑戦』中央公論社、1996 年（フルカラー版）、108-111 頁。
- (51) 新井政美前掲 22-48 頁。
- (52) 鈴木恒之「近世国家の展開」172-183 頁。
- (53) 横山伊徳『開国前夜の世界』吉川弘文館、2013 年、171-176 頁。
- (54) 川北稔「ヘゲモニー国家への上昇」（川北 編『イギリス史』山川出版社、1998 年）222-232 頁。
- (55) 佐藤正哲・中里成章・水島司『ムガル帝国から英領インドへ』中央公論社、1998 年（フルカラー版）、250 頁、林佳世子『オスマン帝国５００年の平和』講談社、2008 年、268-275 頁。
- (56) 並木頼寿・井上裕正『中華帝国の危機』中央公論社、1997 年（フルカラー版）、48-52 頁。
- (57) 岸本・宮嶋、前掲、291 頁。
- (58) 並木・井上、前掲、105-108 頁。
- (59) 吉澤誠一郎『愛国主義の創成』岩波書店、2003 年、93-98 頁。
- (60) 小野川、前掲、93-11 頁。

(61) 奉天系の張作霖が「馬賊」出身であるのは別としても、勅令系の曹錕は市井の商人の出身、国民軍（西北軍）の馮玉祥・宋哲元なども貧しい家庭の出身である。
(62) 第二革命は、袁世凱の強権化に対して、胡漢民ら国民党系の省長が北京政府からの独立を宣言した事件、第三革命は袁世凱の帝制に反対する各省がやはり北京政府からの独立を宣言した事件である。約法の争では、北京政府が、非法な袁世凱の「新約法」を基本法としているとして、一部の政治家と南方の軍事勢力・海軍の一部が連携し、広東に「軍政府」（大元帥は孫文）を樹立した。
(63) 久住真也、前掲、100 頁、178-180 頁。
(64) 井上勝生、前掲、157-167 頁。
(65) 坂野潤治・大野健一『明治維新』講談社現代新書、2010 年、31-38 頁。同書は幕末の藩を明治の人材を養成した「インキュベーター」と捉えている。
(66) 同上、39-46 頁。
(67) 憲法は、天皇大権の下に、枢密院、内閣、陸海軍、司法部、外交部、貴族院、衆議院がそれぞれ個別に従属する国制を定めていた。1910 年代以後、原敬のすぐれた政治手腕と、美濃部達吉による憲法解釈の革新、吉野作造による民本主義の提唱などが、この憲法の下での 1920 年代の政党内閣を可能にした。
(68) 坂野潤治・大野健一、前掲、24-31 頁。
(69) 山内弘一「朝鮮王朝の成立と両班支配体制」209-213 頁、同『朝鮮からみた華夷思想』61-66 頁。英祖・正祖は、意識的に宋時烈系の老論の伸長を図り、老論優位の党派均衡を目指したのである。
(70) 山内弘一「朝鮮王朝の成立と両班支配体制」215-217 頁。
(71) 木村幹『高宗・閔妃　然らば致し方なし』ミネルヴァ書房、2007 年、41-58 頁、朴珪寿については、同書、153-157 頁。
(72) 同上、78-83 頁。衛正斥邪派については、山内弘一前掲 78-82 頁。
(73) 糟谷憲一『朝鮮の近代』山川出版社、1996 年、27-35 頁。
(74) 同上、39-40 頁。しかし、1890 年代には、金弘集・金允植らは日本に協力し、保守派の巻き返しとして 1996 年に発生した「露館播遷」クーデターでは、金弘集は群集に殺害され、金允植も失脚した。
(75) 山内弘一前掲 76-77 頁。
(76) 月脚達彦、前掲、259-262 頁。
(77) 細谷雄一、前掲、197-218 頁。
(78) 中見立夫・浜田正美・小松久男「革命と民族」（小松久男編前掲）360-362 頁。対日協力的な中華民国の汪精衛政権も、1939 年までの抗日戦争の意義は認めた上で成立しており、日本側から「和平抗日」と言われたほどに中国ナショナリズム

を（少なくとも形式上は）踏まえた政権だった。なお、スハルトなど東南アジアの協力者についてはここでは触れていない。

(79) たとえば、丸川知雄『チャイニーズ・ドリーム』ちくま新書、2013年は、近年の中国の経済発展と日本の資本主義との関係にとって示唆的な研究である。これによれば、近年の中国の経済発展を支える「大衆資本主義」は、日本の技術の達成したものを取り入れているが、そのモデルは日本資本主義ではなく、まさに中国の内発的なものである。

戦後日本思想史における"中国革命"

孫　歌（湯山トミ子訳）

　本稿は、以下の問題、すなわち、"中国革命"についての問題意識が、戦後日本の思想的再構築にいかなる影響をもたらしたのか、その境界意識と転換が生んだ効果をいかに位置づけるべきかについて、大まかなアウトラインを描こうとを試みたものである。

1. 戦後初期の日本における知識状況と思想状況

　1931年の盧溝橋事件に始まる日本の"15年戦争"は、1945年8月15日を境に、天皇が敗戦を受け入れることを宣言するという方法で終了し、"戦後"というすこぶる論議に富む時期が始まった。敗戦に伴って始まったのは、日本にとっては未曾有の一連の社会変化であった。まず日本社会の民主化である。このポツダム宣言によって提出され、アメリカ極東司令部が主導した輸入型民主化の過程には、いくぶんか特定の歴史的意味が含まれていた。まず第一は、東北アジアの共産主義運動に対する対抗の一環として、非常に明確に冷戦イデオロギーの色を帯びていた。このために、この民主化の黄金期は非常に短かった。数年後、朝鮮戦争が勃発し、アメリカ国内に"マッカーシズム"の旋風が吹き始めると、かつて日本の左翼に占領軍を"解放軍"と呼ばしめた民主政策もこれに伴い名目だけのものとなった。第二は、同じく冷戦に対する考え方から、この民主化が必ずしも徹底されなかったことである。なぜなら民主化は天皇制の保持を基礎に築かれており、東京裁判で昭和天皇

の戦争責任を免除した際に、天皇制を排除して反民主的社会の基礎が作られる可能性も封じ込めていたからである。第三は、マッカーサーが推進するアメリカ式民主化の過程で、マッカーサーの周辺のアメリカの知識人層と軍人は、確かに日本社会再建の政策決定について、アメリカ的民主政治の理念を注入しようとしていたが、そのためにアメリカの占領政権の内部に一連の対立と矛盾が生まれた。1945年以後、数年間の混沌とした時期は、さまざまな可能性を内包していた。後に東南アジアの情勢は、朝鮮戦争とその後の長い冷戦時代への転換により、民主政治の理念から冷戦イデオロギーに堕落していった。しかしこうしたかつての努力は、日本の知識人層に大きなチャンスをもたらした。第四に、アメリカ占領当局が民主化を輸入していく過程で、日本の社会、特に日本の民衆は必ずしも単純な受動的な大衆ではなかった。民主化の蜜月が終了し、アメリカの占領政権が日本の社会に対して民主理念に反する専制的管理を始めたとき、日本の各社会集団、ないし民衆側は、すでに条文化されていた民主化制度を利用して対抗した。自国に自生しなかったがゆえに外来的な特徴を免れえなかったこうした民主化運動は、当然ながら未成熟だったが、新たな始まりでもあつた。これにより、日本の社会は、二度と第二次大戦終了前の状態に後戻りできなくなった。

　民主化と同様に重要なもう一つの社会的変化は、日本が主権国家の基本条件を失ったことである。日本のように植民地宗主国を自任してきた国家にとって、戦後の"間接統治"方式による形を変えた植民化の体験は、未曾有のものであった。この種の"開国"は、日本社会に巨大な変化を招いた。戦後のマッカーサーが主導する占領過程において、東京裁判が目指した指標は、日本に主権国家としての機能を失わせることであり、それはアメリカの占領に対抗する権利のみならず、自分を裁く裁判に対しても無権利にするものであった。東京裁判において"日本"は被告席に座り、これを起訴し裁いたのはアメリカ、イギリスを主導とする同盟国とアジアの一部の被害国だった。そのため、戦後の最初の段階で、日本は、政府から社会まで主体的に自己の戦争責任を精算する機会をもたなかった。これによりある種の複雑な結果が

造り出された。一つは日本の良識ある人々に国家の戦争責任を持続的に追求せざるをえなくさせ、他方では、後に日本の右翼に東京裁判のやり方に対抗して供養のために靖国神社を祀り、戦争責任を否認する口実を見出させた。さらに言えば、東京裁判は一部のA級戦犯を赦免し、彼らを通して後の日本の内閣を操作し、それにより日本の戦後の政治とアメリカとの従属関係を維持し、それにより日本の"赤化"を防いだ。こうした密かな手立てが、日本の政治構造に戦後ある種の"准植民地"の特性をもたらした。サンフランシスコ条約を締結し、沖縄が日本の行政区画のなかから割愛され、アメリカの"間接統治"領域となった後、日本は沖縄の民衆利益を犠牲にする代価として"主権独立"を獲得した。しかしこの独立はアメリカの密かな依存を条件としていた。1972年に沖縄の主権が日本に返還された後も、アメリカ軍の軍事基地が依然として沖縄を中心に日本各地に残り、朝鮮戦争、ベトナム戦争からイラク戦争まで、アメリカが極東から中東に対する抑制力と勢力範囲を堅固にするために、日本の軍事基地が重要な役割を果たした。この体裁を変えた"占領"の事実は、日本の憲法九条が軍隊と攻撃的な武器をもてないと規定していることと、因果関係をなしている。――多くの中国人は、アメリカが日本に作った軍事基地とそのために日本の民衆にもたらされた大きな損害を日本の侵略戦争の必然の結果であると見なして、詳しく理解していない。これはまさしくアメリカが日本を占領した論理と同じである。逆に日本の右翼はアメリカの占領を日本の侵略の犯罪行為を否認する口実にしている。この二つの対立しているかに見える論理の源は同じ思考様式であり、第二次大戦末期のアメリカ、ソビエト、イギリスなどのいくつかの大国が何度か駆け引きをした会談の中で生み出されたものである。これは、まさに、実力をもった戦勝国が世界を割り振りする権利をもち、敗戦国と弱小国の社会形態ないし今後の運命を決定したものである。これは明らかにパワーポリテックスの政治形態である。しかしドイツ、イタリア、日本のファシズムが"枢軸国"を形成した特定の歴史的時期において、このやり方はある種のやむをえない政治的意義をもっており、しかもそれは、名目上は時限的なものであった。

残念なのは、たとえ時限的なものであれ、それが第二次大戦末期の世界配置の方途として、疑問を持たれることが少なかったことである。しかも第二次大戦の末期に発表されたポツダム宣言は、当時の同盟国に対してすら真の拘束力をもっていなかった。その後の冷戦と局地的な熱戦は、人々に第二次大戦末期の一連の会談と公告を忘れさせ、それらが生み出した世界についての認識を忘れさせたかのようである。この認識モデルに対する真の衝撃は、バンドン会議が掲げたアジア・アフリカの民族自決運動の勃興であったが、発展途上国の民族自決運動の歴史的実践により生み出された思考様式は、かならずしも世界に共有されなかった。このため、第二次大戦末期の支配的国家による世界配分の方式がずっと影響力を残し続け、冷戦イデオロギーもソビエトの解体とベルリンの壁の崩壊にともなって、この思考様式をより強化した。日本とアメリカの戦争責任に対する異なる態度は、事実上まさしくこの思考様式の存在を証明している。この方式について効果的に検討してこそ、日本の戦争責任とアメリカの戦争責任が、同時に、同等に扱われなければならず、一方に対する犯罪行為の清算がもう一方の犯罪行為の合理化の口実になってはならないということを、はじめて真の問題とすることができるはずである。

　もし我々がアメリカの占領政策から生じる民主化と主権国家の基本条件の喪失という同時進行の歩みを、戦後初期の日本の歴史的基本状況とするのであれば、おそらく日本の民主化問題を抽象的に論ずるのはたいへん難しくなろう。社会が自律的に醸成し、推進する民主化と異なり、日本の戦後の民主化は、激しく変化する歴史の間隙に発生し、高度の集権と全国民軍事化のファシズム国家を、たかだか数年の内に、外からの軍事的政治的圧力によって、"民主化"された"非武装"の国家に変えようとするものであった。この過程において、日本の社会に内在する民主の訴えと歴史的沈殿は、外からの大きな歴史的出会いといういくぶん特殊な形態で衝突し、その特殊な形態がその後の日本の社会の発展の軌跡を定めた。戦後の冷戦イデオロギーは、冷戦自体の複雑な成立、進行過程により、ある種のメルクマール的な意味に変化し、

日本の民主化もこのメルクマールを構成する要素となった。このため、後の人がメルクマールとして、日本の特殊な"民主化"を論議する際に、実際の歴史過程として備えていた性格が抽象化され、その抽象化された表象が歴史的コンテキストから離脱して、それ自身の固有の役割を生み出した。これにより民主化が日本の社会にもたらした真の変化は、特に日本の民衆の異なる階層が生みだす社会的転換、及び日本社会の進歩勢力と日本政府の間の緊張関係に助けられ、かえって隠蔽されることになった。

1948年、国連ユネスコは、戦争期に迫害を受けた、国家の異なる8名の社会科学者が連名で署名した声明を発表した。世界平和を呼びかけ、新しい戦争に反対するこの声明は、8人の知識人がパリで行った2週間の討論を基礎に作られており、参加者にはチャーチルが定めた"鉄のカーテン"を越える冷戦期の東西の知識人が含まれていた。雑誌『世界』の編集部は、手立てを講じてこの声明を手に入れ、あわせて日本の知識人のなかにも平和を目指す連合戦線を打ちたてた。その後の1年間に、関東と関西が連携して"平和問題談話会"を組織し、一連の討論の後、共同声明「三たび平和を語る」を発表した。

"平和問題談話会"には日本の自由主義的知識人に限らず、一部のマルクス主義者も加わっていた。戦後の最初の数年間で、日本の自由主義知識人とマルクス主義知識人ないし共産党員は、ある種の緩やかな連携状況を保っており、これが部分的に、戦後のアメリカの占領によって、日本共産党とマルクス主義を一度は日本の社会のあらたな希望にさせた。他方で、戦後の世界が、おりよく平和に対する渇望と冷戦構造の鮮明な対照を作り出していた。これによって冷戦構造を簡単に認知したがらない日本の共産党人を含む日本の各派の進歩的知識人が"平和"を自らの政治的な選択肢とした。15年戦争の後、人類史上初の核兵器の壊滅的な打撃により、深刻な厭戦感情が日本の社会に武装闘争をもたないための十二分な条件をもたらした。しかし、日本の異なる政治派閥の知識人が、戦後、平和を政治的に選択したとき、彼らが理解した平和は必ずしも同じ内容を意味しておらず、その連合戦線も決し

て緊密で、協調的というわけではなかったが、彼らの価値基準の内に共通する、ある種の否定的な態度を見出せた。それはほかでもない暴力と戦争状態に対する否定である。

2. 中国革命に遭遇した日本左翼と日本の知識人

　上述した基本コンテキストの中で、日本の知識人は、戦後、革命中国という対象に出会った。1945年敗戦当時、中国はなお混乱の状態にあり、その後の国共内戦の時期がちょうど日本の占領、東京裁判、一連の社会変動の時期と重なっていた。それらすべてが基本的に収束したとき、中国では共産党を主導とする連合政府が成立し、国民党が敗退し、台湾にいたった。そこで、朝鮮戦争の後に、日本の社会は、大陸かそれとも台湾政権か、戦後処理の「対談対象」を選ぶ問題に直面した。

　戦後日本共産党が基本的に議会路線によって合法闘争を進める漸進主義の方法を取ったこと、さらに日本共産党がソビエトとコミンフォルムからの指令に従う態度を取ったことによって、現実の闘争において、政治的想像力を欠き、教条化し、戦後日本の政治思想を築く際に、真のマルクス主義解釈の権威を獲得できなくなった。しかし、疑いなく、戦後最初の数年間は、日本共産党が代表する"マルクス主義"は、日本知識界、ないし日本の社会で歴史的に前例のない尊重を受けた。一歩踏み込んで言えば、戦後の特殊な歴史的条件の下で、日本の社会は"革命"に崇高な待遇を与えたのであった。

　1963年、国際政治学者荻原延寿は日本の知識人とマルクス主義について精緻、周到な分析を行った。彼は戦前の日本の集権的統治意識形態は天皇制という"国体"であり、日本には、個人主義を基礎とする抵抗の伝統が欠けており、天皇制の強権に正面きって対抗できる意識形態は、唯一マルクス主義のみだったと指摘している。戦争時期に多くの日本のマルクス主義者が残酷な迫害を受けた。彼らは日本の戦時のファシズム専制状態の方向を変えることはできなかったが、彼らの受難は、後日の栄光のもとになった。

戦後日本のマルクス主義者は、理論と精神生活において、深刻な批判相手に出会えなかった。これは一つには、おそらく戦後の日本では、マルクス主義を批判する自由主義思想が、アメリカ占領軍の武力を背景にして発展したために、初めから独立した思想理論となる可能性をもたず、しかも急速に"自由主義陣営"という冷戦形態によって政治化されたことによるだろう。これにより日本の知識人の民族感情と抵抗の心理は、自由主義理論自体を批判しにくく、微妙にレーニン以後のマルクス主義に傾いていった。しかもその媒体がほかならぬ中国共産党の勝利による中国革命だったのである。もう一方では、日本の保守勢力が政治的統治権を握っていたために、日本の政治状況がときに反動に傾きがちであったこと、これにより、日本の知識人に顕著な特徴、すなわち左派勢力に対して、寛大な期待を抱くという特徴が作り出されていった。左翼政党であろうと、左翼知識人であろうと、日本の知識人界は"左翼の中には敵なし"の寛大な態度を取り、批判と検討を通さずに、左翼思想の理論が修正され発展した。このために、日本のマルクス主義と日本共産党が教条主義の苦境に陥ったとき、その苦境を日本のマルクス主義理論を新たに見つめなおす契機に転化するだけの十分な条件が得られず、理論的低迷のなかで硬直化し、教条化の道にとどまり続けることになった。(1)

　荻原のこの短文は、日本の知識界とマルクス主義の関係についての大枠を描いたにすぎず、さらに一歩突っ込んだ問題への回答とするにはなお不足であった。これらの問題は、たとえ日本共産党が戦後の政治構造を率いることができず、外からの批判と内的な分裂に見舞われたとしても、日本のマルクス主義が政治思想理論として、その社会的実践の性格をいかに定めるべきか、世界のプロレタリア階級革命運動との関係はなにか、アジア、とりわけ中国で起きた革命とどんな関係があるかなど、もし荻原が提示した思考を前に進めれば、おそらく、さらに一歩踏み込んだ問いを加えることになったであろう。日本の知識界は中国革命という思想的資源を受け入れたが、それは必ずしも日本共産党の知識人、日本のマルクス主義者というルートを経る必要はなく、日本の自由主義知識人、およびその他の非マルクス主義者も中国革命

を自己の思想的媒体あるいは資源にできた。こうした状況の下で、中国革命が日本の思想界に引き起こした影響は、"革命"に含まれる狭い意味より大きく、より広範囲に転換による効果をもたらしうるものだったのか否か。

本稿が注目するのは、まさにこの最後の問題である。というのは日本共産党と日本のマルクス主義が戦後日本の最初の15年間の黄金期を経て、低迷に陥った後、おりしも知識界で非マルクス主義者がもっていた特殊な"寛容の期待"に助けられ、自己の能力を保持した。そうした期待を作り出している根源の一つは、まぎれもなく中国革命の実践がもたらした衝撃であった。

大雑把に言えば、日本において、革命と社会主義を論議する知識人には、三つの異なる立場がある。第一はマルクス主義者で、彼らは必ずしもすべてが日本共産党党員というわけではなく、一部は自由主義者でさえあった。しかしマルクス主義を自己の思想の原点としており、その内の日本共産党党員は同時に日本共産党の綱領も励行していた。第二は、自由主義者あるいは自由主義者に立場が近い知識人で、彼らはマルクス主義を自己の思想の出発点とし、大部分が真剣にマルクス、エンゲルス、レーニンと毛沢東の著作を読んでいた。第三は、社会民主主義者である。この立場の知識人には、40年代中期の理論研究グループ——社会思想研究会がある。彼らの関心は、いかに、理論的に社会主義と自由主義理念を結合する契機を探すかにあり、共産主義、資本主義とは異なる"社会民主主義"を打ち立てることであった。日本の社会民主主義者が観念的すぎるために、社会主義と自由主義の論議には、リアリズムによる切り込みを欠いており、しかも社会民主主義の政治的実践でも、日本でいわゆる"第三の道"が真に切り拓かれることはなかった。(2) これによって、彼らの討論は、日本の戦後思想史の構築過程で、いまだ重要な影響を生み出せず、革命と社会主義問題の討論において、基本的に前二者の知識人に依拠することになった。

中国革命に内含されるものは、非常に豊富である。簡単に言えば、政権の奪取前と後のいずれもこの範疇に含まれる。日本の知識界では、前者と後者

に対する論議がともに重視されてきた。まさにそうであるがゆえに、中国革命の意義は「農村が都市を包囲し、政権を武装奪取する」と概括される狭義の武装革命の過程をはるかに超えて、中国現代史の巨大な社会構造の変動を含み、それゆえにまた現代的な問題、アジアの民族主義の問題などとの関わりも必然的に生まれてきたのである。大枠で、中国革命についての討論が始められ、日本の戦後の主体性（言い換えれば日本民族がいかに独立するか）の問題が討論されたことは、まさに必然だったのである。

3. 革命の方向性——二つの民主主義に関する討論

　1948年、ユネスコは"二つの民主主義"の討論を呼び掛けた。その主旨は、民主主義という政治的範疇と、社会主義、資本主義という二つの社会体制との関係を明確にするためであった。冷戦の開始時期において、この提案は明らかに冷戦による対立を取り除く意図をもっていた。

　日本の知識人もこれを主題として討論を行った。1953年の『世界』1月号に、「民主主義をめぐるイデオロギーの対立と日本」と題した長い座談会記録が発表された。老世代の政治学者蠟山政道は、「二つの世界の対立は民主主義の対立だということを分析する能力を与えることが大事だ」[3]と指摘している。蠟山は、戦後、たくさんの文章を発表し、日本に「中道政治の道」を築くことを呼びかけていた。たとえば1948年、彼は「中道政治の探求への努力」のなかで、第二次世界大戦の勃発は、自由民主勢力が社会主義に対する寛容さ、謙虚さと英知に欠けていたために、日独のファシズムが台頭する原因を造り出した。それゆえ自由主義と共産主義の間に、"共通分母"となる寛容さを打ち立てることが必要であったと語っている。蠟山が関心を抱いてきた現実の政治課題とは、いかにして自由主義的民主主義国家と共産主義的民主主義国家間に相互に寛容な"共通分母"[4]をつくり出せるか、それによって生まれてくるファシズムの集権政治に対抗して、世界平和を確保することだったと、言えよう。

一つ若い世代の政治思想史家丸山眞男は蠟山と同じ立場をもっていた。1950年の平和問題談話会の集団声明「三たび平和を語る」の草案作りのとき、丸山はこの声明の理論の部分の執筆者であり、効果的に当時の知識人に呼びかけた。彼は、第一章と第二章で、詳細に米ソ両国の政治体制の類似性を説明し、中国などの"中間地帯"の国家の冷戦を阻止する潜在力を分析し、冷戦の現実と冷戦形態への対応を区別し、二大陣営の対立を克服することにより効果的にファシズムの危機に対抗するようにと呼びかけた。これと同時(5)に、彼はその他の関連論文を書いたが、その中でもっとも影響力をもったのが、ラスキに関する二編の論文であった。この二つの論文の中で、丸山は自由主義から共産主義に転じたこのイギリスの知識人兼活動家が示した「他者の中の他者を理解する」高度の能力の内に、"二つの民主主義"が成立する理論上のロジックをみごとに析出している。蠟山、丸山のような自由主義政治家にとって、最大の敵は共産主義ではなく、ファシズムであった。まさに"共通分母"を探そうと努力したがゆえに、彼らは、ロシア革命が代表する社会主義陣営に対して温和な態度を取ったが、これがまた当時の日本の社会の保守勢力の攻撃を引き起こした。1950年に書かれた「ある自由主義者への手紙」のなかで、丸山はかつてわっと沸き上がった「反共の旗幟を掲げさえすれば、それが民主主義者の証であるか」のような社会潮流に反駁して、詳細に自らの自由主義と民主主義に対する理解を説明している。丸山は、日本の社会は、日本共産党が社会党とともに西欧的な意味での民主化に果たした役割を認めるべきであり、暴力的に秩序を破壊したとの名目で、権力で弾圧し、弱化させることこそ、実質的に全体主義化の危険性を包むことになると、鋭く指摘している。(6)

このような論議の基礎の上に、丸山は座談会で蠟山の問題意識に応えた。彼は"二つの民主主義"の現実的な役割を強調したのみならず、政治学の角度から"民主主義"概念を単純にイデオロギー化する危険性を提示した。丸山は、「民主主義というのは、本来大学の研究室の中で学者が考え出した一つの思想ではなくて、実際は激しい闘争のなかで、泥にまみれながら発展して

いったイデオロギーですから、元来形式論理的にキチンと組み立てられた概念ではなく、人々の日常的な欲求とか、希望とか、価値感とかいうもの——それ自体もまた歴史的に変わって行くものですが——そういうものと不可分離に結びついた思想だと思う。それだけにあまり理路整然と分類したり規定してしまうと、肝心の民主主義のもつ生命力がどつかにふき飛んでしまう危険がある。さりとて実際に概念が混乱したり、濫用されたりしていて、そのために本当は避けられる筈の摩擦を起こしているということも否定できないので、どうしても交通整理が必要です。その両方の要求のバランスをとって議論を進めて行くとなると、なかなか難しい」(7)と指摘している。この問題に応えるべく、丸山は、座談会が「二つの民主主義の最大公約数を発見する」ことを重点に置くことを提起し、もって一つの立場が他の立場を批判する状況が現れることを避けようとした。

　ある意味で、この座談会はその役割をまっとうした。ここで、日本の当時の状況を基点として、最大公約数の困難がどこにあるかを探る問題が論議された。辻清明、久野収は、前後して、当時日本は必ずしも民主主義の基礎をもっておらず、一夜にして天から民主主義が降ってくるという事態によって、民主主義という言葉の乱用が生まれたのは当然であった、こうした状況の下で、突然二つの民主主義のどれを選択するかという問題に直面し、かえって非民主主義的な方法で、民主主義したい、しかも国際的に存在する二つの民主主義の対立によって、すでに民主主義そのものの存在が脅かされ、それ故に瓦解することになるかも知れないということを、理解したのであるとしている。

　次いで、鵜飼信成が面白い問題を提起している。アメリカの独立宣言であれ、憲法、ひいては各州の憲法においてすら、"Democracy（民主主義）"という語彙がない、それは彼らが、民主主義に含まれる力を恐れる、ひいては非難したためだったからだと。丸山は、さらに補って述べている。アメリカとヨーロッパにおいて、ずっと存在してきた観念がある、ほかでもない自由主義はよいものだ、しかし民主主義には危険思想が含まれている、日本の明

治維新後の歴史において、民主主義に相当する概念がずっと育たず、後になって登場した平民主義、平民政治の概念によって、ようやくおおよそのところが民主主義に合致するようになった、それが三十年代になって自然に社会主義思想と結びつき、さらに平民主義観念が当初からもっていたブルジョア民主主義の含意と互いに突き上げあうことになったのであると。

　民主主義という観念の歴史的意義を追求することは、民主主義と二つの社会制度の関係を改めて詳しく見つめる理論的視座を提供した。座談会が二つの社会体制の間の「最大公約数」を探そうとした際、向き合わねばならなかった基本的な事実は、第一次世界大戦において、ロシア共産党を頭とする欧州各国の共産党勢力が「戦争を内乱に向かわせる」戦略によって、資本主義に対抗する社会主義革命を始めたことであった。この二つの体制の"共通分母"は、第二次大戦期間に限定的に出現し、ソビエトの同盟国加入として現れ、一定の役割を果たした。しかし、この連合は、共同で、ドイツ、日本のファシズムに対抗する過程でも決して二つの社会体制間の緊張関係を解消していたわけではなかった。実際に、第二次大戦間にソビエトが英仏連合とともにドイツを攻撃しようとしたとき、英仏が取ったのは問題を根本的に解決する方法で、ヒットラーを利用してソビエトの力を弱めようとはかり、ドイツファシズムを牽制できる時に傍観し、ソビエトが要の時に孤立無援にしたのであった。これらの基本的事実によって、第二次大戦後、ユネスコが発案した二つの民主主義についての討論は、冷戦の鉄のカーテンがすでに人為的に設置された状況下であるだけに、きわめて困難な挑戦であった。しかも日本の知識人は、二つの社会体制の間で、最大公約数としての民主主義を探そうと努力することを望んだのであり、非歴史的な危険性にも直面していたのである。

　自由民主主義体制につくられる民主的空洞化問題にいかに対応するか、自由主義とマルクス主義知識人の意見は基本的に一致していた。これも共産主義陣営に対して寛容な態度をとろうと一致して提案した基礎となった。しかし、ソビエトの明らかな専制政治をいかに評価するかという問題については、彼らの間に食い違いがあった。丸山のように社会主義の実践に対して明確な

理解、願望を表した人を含めて、自由主義者は、明らかにソビエトが実質的な民主（それはまず底辺の民衆が組織作りを通して社会政治に参加する表現であった）を築くために、自由民主主義の成果（たとえば議会制度と言論の自由、公正な司法手続きと寛容の問題等々）を受け入れることを犠牲にする可能性があるという懸念を抱き、そのためにこうした実質的な民主が形式的民主を越えて、真に民主主義の最高段階を代表するものと見なしうるかどうかについて、疑問を示した。マルクス主義知識人はブルジョア民主主義の虚偽性を強調し、スターリンの憲法（1936年制定）における民主主義的性格を強調することに力を尽くした。[8]

　このような食い違いが存在していたにも関わらず、参加者は必ずしも基本的立場において、本当に対立していたわけではなかった。この基本的立場、すなわち二つの民主主義の違いが、社会主義と資本主義の違いを表すのではなく、"民主主義の違い"を表すものであった。丸山眞男の言を用いれば、まさしく「それを民主主義という言葉で表現しているということが重要でしょう。これはやはり第二次大戦におけるナチズムに対する闘争が非常に重要な契機だと思う。戦後、二つの世界の対立が激化しても、ソビエトはますます民主主義ということを強調している」[9]。

　こうした基本的立場の一致は、1950年代初期の日本の特定の国際関係状況と知識界の状況認識の在り方の一致に由来している。彼らから言えば、二つの民主主義に対する討論の意義は二重性をもっていた。一つには、彼らが米ソの対立が象徴する冷戦構造が、"最大公約数"の追求を通して牽制されることを期待していたことである。もう一つは、歴史的に二つの民主主義のいずれも未だ発展したことがない日本で、自己の"主体的な民主主義"を探しだす可能性を期待していたことである。

4. 思想契機としての"中国革命"

　"中国革命"にほとんど言及していない上述の座談会には、中国革命を観

察する若干の基本的視点が潜んでいる。面白いことに、中国革命の存在が"不在"によって示されているのである。すなわち、この座談会は、論ずることによって中国革命の方式を観察するのではなく、欠席という方法によって中国革命に対する独特の位置づけを残したのである。その後、数年の中国革命の討論を振り返ってみると、ちょうどこの残された位置が埋められている。言い換えれば、恐らく、1953年に進行したこの長時間の座談会は、同じ雑誌の4年後に発表された別の座談会の記録によって、はじめて構造的に完結されたのである。

残された位置は、1953年の座談会があらかじめ設けた"共通分母探し"という好意的な努力に発している。冷戦から熱戦を経て、硬直化したイデオロギー対立に進んだ時期に、共通分母を探すことは理論的にも、現実的にも、もはや可能ではなかった。それで平和を希求する方法として、冷戦イデオロギーへの対抗法として、"二つの民主主義"を堅持する論義が、新たな媒体と視点を必要としていた。しかもそれは1953年の座談会では完成しようのなかった仕事であった。

新たな媒体と視点の発生は、大きくは巨大な歴史的変化に依拠していた。それは、ほかでもない1956年2月のソビエト共産党20回大会の開催と同年10月のハンガリー事件である。非スターリン化が国際共産主義陣営にもたらした巨大な衝撃は、現実の政治面のみならず、認識論と思想面に及んでいた。それが日本の社会にもたらした変化は、まずソビエト共産党とソビエト連邦の絶対的な権威に動揺をきたしたことである。この動揺は日本共産党の内部にも、周辺にも生まれ、"日本共産党を批判できる対象"に変え、しかも日本共産党内部に論争と対立を生み出した。ソビエト共産党に対して修正主義批判が起きたことよりも、日本共産党ないし日本のマルクス主義者の教条主義に対する批判の方が優勢を占めていた。まさしく教条主義に対する批判と再考によって、"非スターリン化"は、日本共産党の政治領域を越えて、日本の進歩的知識人界が共有する思想的課題になっていったのである。

非スターリン化は三十余年後のソビエト解体とは異なる。その発生は、共産主義陣営の重大な事件は、共産主義と社会主義イデオロギーの危機を招く

のではなく、逆に、それにより、知識人が一元化されたソビエト共産主義モデルを脱し、さらに豊富な歴史的観点によって、世界的規模で社会主義の実践を取り扱えるようにした。まさしくこのような歴史的背景の下で、日本の知識界は中国革命をより一歩自己の視野に取り込んだのであった。

1957年2月、『世界』は、「中国革命の思想と日本」と題する座談会記録を発表した。この座談会の参加者は4名で、その中の一人が4年前に上記の座談会に出席した古在由重であり、その他は、貝塚茂樹（中国歴史）、岩村三千夫（中国研究）、竹内好（中国文学）であった。この4名の参加者は古在由重の専門が哲学で、その他のメンバーは中国研究の専門家で、かつ政治学者がいなかった。参加者の知識背景の違いが、この座談会と先の座談会の間に十分な距離を置かせることになった。

しかしさらに重要な距離とは、この座談会において、先の座談会に欠席していた"中国"を舞台に押し上げ、先の座談会の主要な討論対象であったソビエトと欧米の存在を薄れさせたことである。中国革命と日本の関係を論ずるこの座談会では、マルクス主義的教条主義と公式主義をいかに克服するかという問題に焦点を置き、かつ中国革命が成功例として論議された。もっとも注意すべきことは、毛沢東思想を中国革命の理論的根拠として、これとマルクス・レーニン主義の関係を核心問題と見なしていたことである。

4名の討論者が一致して同意した基本的な観点は、毛沢東思想とマルクス・レーニンの著述の違いが、その強烈な実践精神にあるということだった。たとえ哲学論文でも『実践論』、『矛盾論』のように、直面するのは実践的課題であり、その緊迫性もマルクス、レーニンの同類の著述よりはるかに大きかった。この点をめぐり、日本の知識人はソビエトと中国の革命形態を比較し、中国革命の理論が「マルクス主義の基本理念の変化形態」であるとの結論を出した。

しかし、竹内好は、この結論に不満であった。彼は、毛沢東思想をマルクス主義の変化形態にすぎないと見ること、すなわち、マルクス主義の一つの分派だと見なすことでは、毛沢東思想の創造性を突き詰めることはできない

と考えていた。彼はたとえ毛沢東思想をマルクス主義の単線的発展の一段階とするにしても、さらに高次の枠組みを与えねばならず、帰納法を用いて、毛沢東思想をマルクス主義に帰属させて終わらせることはできないとの考えを提起した。すなわち——「マルクス主義という一つの理論の発展の方向で、毛沢東の思想をとらえることは可能だし、それは今までたくさんなされていますね。しかし同時に別の出発点から出発して、中国の歴史の中から毛沢東思想の成立を論証して、両者が交叉しないと位置が確かめられたことにならない」(10)。

しかし、この座談会でもっとも意義深かったのは、竹内好のこうした問題意識ではない。示唆に富み考えるべき価値をもつのは、中国革命の討論が、民主主義という基本面に置かれていたことである。まさにこの潜在的な視点により、四年前の二つの民主主義に関する討論との連係が生まれ、中国革命がさらに広大な歴史的背景のなかに置かれることになったのである。

中国革命思想の核心とはなにか？　参加者は、"連合と団結"の思想——中国革命が勝利を得た原因が、中国共産党が農民の革命的潜在能力を成功裏に動員し、成功裏に民族ブルジョアジーを改造し、有効に民族のなかの多数を団結させたことにあった、と考えていた。岩村三千夫は、「階級闘争で相手の階級を消滅させる場合でも、連合の方法を発見しているのですね。従ってそのなかでは、"説得"が非常に大きな役割をもってくるわけです。具体的には、民族資本階級と連合しながらも、かれらを説得によって改造して、ついに階級としては消滅させるという社会主義改造のやり方です」(11)、と言っている。

古在由重も、同様の方向で「実事求是」の意味を指摘している。彼はこれが主観主義と党八股の克服を意味しており、1942年の整風と学習の改造運動に直接関係していること、こうした文風（文章の作風——訳注）に対する改造は、明らかに党風におけるセクト主義の改造と同期するもので、簡単に態度の問題に置き換えられない、注目する重点を思想と理論の内容から思想と理論の存在、表現形式に転じていくことを意味すると考えていた。さらに思想理論の存在形式と表現形式についての改造は、論争によって達成されるものではなく、適当な教育や訓練によって完成されなければならないとして

いた。

　"説得"と"教育"に対する民主主義的理解は、さらに一歩"寛容"の政治的意義に通じている。座談会は、毛沢東が日本政府と日本人民を区別したやり方について、真摯に答えている（こうした二分法は戦争後期のある時期にずっと日本の知識人が中国革命と革命中国に抱いていた好感の主要な誘因となっていた）。たとえば竹内好は、毛沢東が日本人民を高く評価しすぎる間違いを犯したと考えていたが、きわめて厳しい現実のなかで練り上げられた寛容精神は、依然として彼らが一致して高く評価する理性的精神であった。寛容と人民内部の民主主義は不可分であり、怨恨が無限に膨張することを制限する理性的精神であると考えられていた。さらに、貝塚はこの種の寛容さが簡単に闘争的戦略に帰結しえず、そこには、重要な文化的歴史的内容が含まれていると強調している。

　中国革命の思想面で、特に毛沢東の一連の著作を通して、日本の知識人は新たな世界を発見した。彼らは"寛容"、"説得"、"民主"等々の自由主義的キーワードを使用していたが、中国革命が彼らに示したのがまぎれもなくソビエトの方式とは異なるものであった。4年前の二つの民主主義の座談会において、日本の自由主義的知識人が、もっとこれらのキーワードを使用して、冷戦構造にある西洋自由民主主義国家に呼びかけ、真の自由主義的態度で社会主義陣営に相対してしていれば、4年後のこの座談会でこれらの自由主義のキーワードは、直接的に中国革命の思想世界において彼らの媒体となったであろう。しかし、非常にはっきりしていることは、4年前のこの座談会に参加した古在由重を含めて、この座談会の参加者には中国革命を"もう一つの民主主義"に帰属させる関心がなく、50年代においてさえも、毛沢東の新民主主義に関する論述は、依然として日本の知識人が注目する重点であり、いかにして"プロレタリアート独裁"と民主主義の関係を理解するかも依然として重要な問題であったことである。しかし明らかなことは、ある種の問題は中国革命と民主主義の関係に比べてさらに切迫していたのである。

　その問題とは、ほかでもないアジアの社会主義国家としての中国とヨーロッ

パの近代化の道の関係であり、中国革命の哲学的根拠としての毛沢東思想とマルクス・レーニン主義の関係である。日本の知識人は、複雑なヨーロッパ主義の伝統とこれに由来する痛みの教訓を抱いており、彼らは中国革命という新たな思想世界に別の可能性を探し当てたのである。

竹内好には、毛沢東思想の核心についての興味深い解釈がある。彼は、「私はどうも毛沢東には永遠という発想があるような気がします」、「毛沢東思想において、根拠地という考え方がどうも中核になっているような気がする。私の解釈では、根拠地というのは一つの固定した地域ではなくて、相互の力の働く場のようなものです。彼のいう"根拠地"というものがどうもわれわれの考えている根拠地とは違って、なにか一つの哲学的な範疇であるような気がするわけです」[12]。

竹内好の「永遠という発想」に対する解釈は、彼の名著『魯迅』の中の核心的主題である。それが後に竹内好が文化大革命を解釈する一つの出発点になった。彼の根拠地哲学に対する仮説については、ある意味で、当時の日本の進歩的知識人の中国革命に対する理解の深さが示されている。

まさに竹内好が言うように、いかにして毛沢東と中国革命を理解するかは、結局のところ日本人の主体性の問題である。占領とともに民族主義の正当性を失った戦後の日本社会では、いかなる道を歩むかの選択は、小さくも大きくも見えた。中国革命が一つの思想的契機として提供したのは、決して直接に移植できる社会変革のモデル（日本共産党が50年代初期に移植の可能性として試したことがあるが、失敗した）ではなく、認識論的に日本の戦後社会の変革、ないし世界認識を逆照射する参照のための系譜であった。まさしくこの意味において、中国革命は、50年代と60年代前期に日本の知識界の注目する重点となり、しかも進歩的知識人が思想的立場の相違を越えて中国革命の評価において、感動的に協力しあう精神さえも示していたのであった。これらすべては、彼らの中国革命に対する同情と称賛によるものでなかっただけでなく、彼らの日本社会の出路に対する焦りと責任に由来していた。

5. 戦争と平和——中国革命の思想と世界秩序再編の政治的要求

　1957年『世界』の5月号は、「革命の論理と平和の論理」と題したもう一つの座談会記録を発表した。「中国革命の思想と日本」を主宰した『世界』編集部編集者の吉野源三郎（彼はこれら2回の座談会で相当量の発言をしており、意義を定める上で大きな役割を果たした）が主催し、参加者は丸山眞男、埴谷雄高（作家）、竹内好、江口朴郎（歴史学者）であった。この座談会は、ハンガリー事件後の中国が、1956年12月に『人民日報』編集部の名義で発表した「プロレタリア階級独裁の歴史的経験を再び論じる」を対象とし、革命と和平の関係についての討論を展開した。政治的、思想的に立場が微妙に異なる知識人は、当時の知識界で高いレベルを持っていると公認されており、彼らの『人民日報』編集部の文章に対する反応の仕方も、かなり代表的な意味あいを備えていた。

　竹内好以外の、他の3名の知識人は「ふたたびプロレタリア階級独裁の歴史的経験について」に対して、好意的な不満を表した。彼らはこの文章が中国共産党の立場を代表する意味で、中国共産党が以前から備えていた複雑な政治感覚と一致せず、過度に単純で、ソビエトのハンガリー出兵を賛成する"一辺倒"な姿勢を示しており、失望した。理論面では、この文章は二大陣営が平和共存を行う可能性についての説明も十分ではなかった。そして国際的な規模での階級闘争に関する論述は、丸山のような自由主義知識人にも懸念を与えた。こうした認識は、国際政治の多様性を簡略化し、一国内のプロレタリアートとブルジョア階級の対立を国際関係にあてはめ、"革命を輸出する"、またはソビエトのハンガリーに対する武力干渉といった行動を弁護する言葉となるものであった。

　しかし、このような多くの不満はある種の期待に基づいていた。ソビエト共産党の20回大会の後に、中国共産党に対して新たな政治思想を提供するのではないかという大きな期待が寄せられていた。まさにこうしたことのた

めに、竹内好が他の人の意見に同意せず、『人民日報』の編集部の文章に好意的な"過度の解釈"を与えたときも、そのために別段反駁もされなかった。

竹内好は言っている。『人民日報』の文章は、"事後処理的"なものであり、それは外でもない、ハンガリー事件の発生後に作りだされた反応であると。もしハンガリー事件の前であれば、それは別の書き方であるべきだったと。竹内は言う、彼には、どうしても中国共産党がソビエトの方式を認めていないように感じられると。彼は、さらに一つの仮説を作り出していた。もし中国がソビエトの立場にあれば、おそらくソビエトのように他国の内政に強引に介入する方法はとらなかったであろう。それゆえ、彼は、この文章の行間には、たくさんの微妙な言葉づかいに含まれる深い「理」があると、強く主張したのである。

丸山は竹内好の意見に留保を残しつつ賛同した。彼は、この文章がそうした推敲に耐えうるか否かはしばらくは論じないが、中国共産党の一貫した立場から見て、竹内好の推理は成立すると述べている。おそらくソビエトは1956年にポーランドで10月事件が起きたときのポーランドに対する方法を用いてハンガリー事件を承認することも可能であったろう。中国も同じくゴムルカ政権を承認したと同じようにナジの「自由化」を承認するはずだ。[13]

こうした推測が正確だったかどうかはさして重要ではない。重要なのは、竹内好と丸山眞男の推測が、中国革命についての原理的な理解の上に築かれていることである。彼らについて言えば、ある時、ある場所の事件と背後に潜む原理は永遠に不可分であり、原理の分析に通じない時事評論は真の意味の"論理"を備えていないのである。

「革命の論理と平和の論理」が論議したのは、必ずしも論理学的意味での学術問題ではなかった。丸山眞男は、理論を行動の指針とするという点について、共産主義と資本主義国家の建前は異なると言っている。戦争か平和かの岐路において、共産主義者の理論は決定的性格をもっている。それゆえ、共産主義は、現実は現実として進んでいき、理論は理論として、理論領域の内で、ゆったり論議していけばよいという状況には、満足しえない。その意

味で、共産党人の革命と平和の論理は、現実の政策決定に対して大きな影響をもつ。

　この種の"論理"に対する注目によって、この座談会は精力的に中国の"柔軟性に富む思考法"を論議することになった。

　『人民日報』の文章から、日本の知識人は重要な情報を読み出した。彼らは、この文章は"革命"と"反革命"という区分により二者択一の態度を取るが、他の問題はどれも相対化したレベルで展開されている——修正主義に反対するとともに教条主義も警戒し、大国の覇権主義に反対するとともに小国の民族主義に反対し、社会主義国家の団結を強調するとともに各国の異なる国情にも注意を促す等々である。こうした相対主義の態度はさらに同一の対象を評価するところにも表れている。文章中に「較大国家」と「較小国家」に関する言い方がある。何人かの日本の知識人は、これに対してきわめて強い関心を示している。竹内好は、この言い方は「大」と「小」を相関関係のなかに置いて語っているのであり、大国、小国という絶対的な範疇を設定したものではないと、分析的に語っている。丸山は、この問題をさらに一歩進めている。すなわち、こうした相対主義が政治の論理をよくつかんでいること、政治の現実には絶対的なものは存在しないこと、昨日のより大きな敵は、今日はより小さな敵になるかも知れず、もしさらに一歩小さな敵になれば、もはや敵ではなくなるかも知れないこと、逆もまた然りである、と述べている。丸山は、こうした相対主義は『人民日報』編集部の文章が体現しているのみならず、毛沢東の『矛盾論』にも満ちている。これは政治的熟成度の表れである。丸山は引き続き述べている。毛沢東の矛盾の移行をめぐる論理は中国共産党の政治的実践を貫いており、彼らの一貫した行動方式から見て、条件が備われば、彼らは、反革命の巨頭目蔣介石を高官として中国政府に迎えることもなしうる。もちろん移行は混同と同じではなく、共産党について言えば、革命と反革命、敵と友人をはっきり区別している。しかし彼らは同時に現実の状況のなかで絶えずそれを相対化している。もしプロレタリアートとブルジョアジーの矛盾を基本矛盾とし、この矛盾を固定すれば、論理的に次

のような考えが生まれるはずがない。現実生活の複雑な状態において、あるときには二者の間にしばしば一時的な連合と提携が必要となる。固定化した思考様式の下では、たとえ提携が進んでも、それは現実の政治操作の産物にすぎず、提携に対する双方の性質にも変化が生まれるはずはない。しかも論理的にはそれも矛盾に移行する可能性をもち、その意味で一時的な提携が新しい情勢を促成し、新たな情勢の下でかつての敵がもはや敵にはなりえず、そこで一時的な提携が一時的なものでなくなってしまう。さらに「イデオロギーそのものは理論的完結を求めるからどうしても絶対化する傾向をもっている。どんなイデオロギーでもそうです。だけど、政治というものは具体的には、いつも開かれているものですね。いろいろな可能性をつねにはらんでいる。……そのへんの問題がつかまれていないと二つの危険性が出て来るわけです。一つは、敵味方の範疇が凝固する危険性ですね。そうすると、AはAで永久に敵である、あるいは永久に反革命であるということになる。状況が移行した場合でも、味方になり得る潜在的可能性をもっているものでも、「きのう」の範疇で考えて敵としてしまう危険性ですね。次は遂に敵味方の規定が無差別にハンランする危険、つまりのべつまくなしに敵と規定するかと思うと、次の瞬間には、のべつまくなしに味方と規定するというように、無原則に一極から他の極へ飛躍してしまう可能性が出てくるんですね」と述べている。
(14)

　丸山眞男、竹内好とその他の知識人とは、矛盾の移行をめぐる思想の現実の政治に対する意義についての評価には、かなり違いはあるが、矛盾の移行をめぐる思想という論理に対する評価では一致している。これには日本の戦後の思想の状況が大きく関係している。自由主義とマルクス主義の知識人（区別する必要があるのは、これらのマルクス主義者の大部分が日本共産党員ではないか、あるいはすでに日本共産党から離脱しているため）は、かなり協力的に、中国革命の基本的特徴について分析を行い、その際に、彼らが共通して向き合ったのは日本の思想界、特に進歩的思想界の"教条主義"とイデオロギーに対する姿勢という問題であった。中国革命の"柔軟性に富む思考法"は日本の思想界にとっては、"転向"と"矛盾の移行"との間の本質的相違を改めて考えなおす重

要な契機となっていた。この問題を論述した直接的な資料は目下のところまだ発見されていないが、論理的には、この問題により、中国革命の思想が日本においてもっとも生産的な位置づけをもつであろうことは否定できない。

60年代に入ってから、世界情勢にきわめて大きな変化が生じた。50年代後期から日本の知識人をずっと困惑させていた中国の国際情勢上の"一辺倒"の問題は、中ソ論争と中国の核実験の成功によってもはや懸案とならなくなった。しかし、それとともに世界で唯一の核兵器の被害国である日本は、戦後ずっと核実験に反対する平和主義の社会運動を行っていたのであり、中国が核実験の成功を宣言したとき、進歩的知識人を含む日本人は、ほとんど支持する態度を示しようがなかった。中国革命に対する賛美のことばが、60年代急速に冷え込んでいったことは、中国の核実験が誘因の一つであったと言わざるをえない。それはもともと理論的に「世界的規模における階級闘争」の論理に心理的に疑問をもっていた自由主義知識人の革命と平和の関係に対する疑念をいっそう強め、日本の社会の反戦と平和勢力に、中国を潜在的な脅威と見なすようにしむけた。

60年代において、50年代の中国革命に対する討論を引き継ぐことはできなかった。しかし中断はされなかった。多くの考え方のなかで、もっとも注目されるのは竹内好の思考である。

竹内好の60年代における中国に関する発言は必ずしも系統的ではなかった。しかし着眼点には非常に深い洞察力があった。彼の中国革命に関する論述の内に、ほぼ当時の重要な理論問題が含まれている。

まず注目に値するのは、彼が50年代の初めからすでに中国の戦争観が防衛的なものであると主張していたことである。この見方は、上述の1957年の座談会に参加したとき、中国とソビエトの革命が異なる論理であることを強調し、かつ「ふたたびプロレタリア階級独裁の歴史的経験について」における世界規模での階級闘争に関する論述が、決して革命を輸出するためのものではなく、別の面で世界の平和を守る潜在的な努力を有しているものであるとの見方を堅持していた点である。(15)

こうした認識は中国において核実験が行われた後も動揺しなかった。1965年1月に発表した「周作人から核実験まで」という一文では、「歴史のパラドックス」の角度から竹内好の革命と平和の関係に対する理解が説明されている。

　中国の核実験は、不幸な出来事でした。あってはならない、あらしめてはならない出来事でした。人間として、わけても日本人として、この出来事を残念に思わぬ人は少いでしょう。
　これは理性の立場です。理性の立場からは、私はこれまでも中国をふくめてすべての核爆発に反対だったし、これからも反対するでしょう。
　けれども、理性をはなれて、感情の点では、言いにくいことですが、内心ひそかに、よくやった、よくぞアングロサクソンとその手下ども（日本人を含む）の鼻をあかしてくれた、という一種の感動の念のあることを隠すことができません。
　スミスの本が出てから七十五年、小ざかしい「支那通」の放言に周作人が切歯してからでも四十年たっております。中国人の「臥薪嘗胆」は、明治の日本人のそれにくらべて、はるかに長いものでした。そしてついに、日露戦争に匹敵する大事業をなしとげました。
　この二つの事件は、ナショナリズムの勝利という点と、被圧迫諸国民をはげます影響の点とが、まったくよくに似ております。第二の日露戦争とよんでもさしつかえない歴史的大事件でありましょう。
　日露戦争のとき、清国の政府は、ロシアの勝利を信じて、その打算の上で、ロシアと取引しておりましたが、民衆は日本に協力的でありました。そして結果に歓喜しました。中国だけではない。孫文がスエズでアラビア人から日本人にまちがえられて、感謝されたのは有名な話であります。
　もし日露戦争がなければ、明治外交の懸念であった不平等条約からの完全離脱が、ずっと後まで引きのばされたかもしれません。それを思え

ば、中国の核実験の成功に対して、われわれが日露戦争当時の中国民衆と同じ感情を持つことは、許されてよいと思います。

　むろん、核保有の根本動機は、軍事的なものであります。朝鮮戦争からヴェトナム戦争にいたるまで、核攻撃でおどかされている中国として、対抗兵器を自力で開発するため、寝食を忘れてこれに没頭したろうということも、容易に想像されます。これは国際関係を権力政治の場としてとらえたときの理解の仕方であって、むろん、正しいと申せましょう。したがって、この論法からすれば、中国の核グループ参加は、中国だけの責任ではなく、大国のすべて、なかんずくアメリカの責任が大きいことになります。

　けれども私は、これだけの説明では不十分と思います。なるほど、威嚇に屈しないためだという理由づけは、中国の公式声明にもあり、それはそのとおりでありましょうが、その底に、もっと深い心理的動機があったと見るべきではないか。つまり、辱しめを返上したい、という動機であります。そして私は、第一の動機には無条件賛成はできないが、この動きには膝をたたいて快哉を叫びたい気がします。

　……

　まことに歴史はパラドックスに満ちております。そしてわれわれ人間もまた。(16)

　疑いなく、竹内好はここでまた、彼が『近代とはなにか』、『近代の超克』、『方法としてのアジア』などの名篇で提出したあの基本的なパラドックス的な主題を述べている。すなわちアジアの近代がヨーロッパ近代を真似しようとしたとき、出会った運命は確かに先生が武力を使用して自分の学生が自分を真似するのを妨害しようとするものであった。このため人の尊厳を実現するためには、かならず人の尊厳を宣伝するヨーロッパに対して、抵抗しなければならず、人道主義を実現するために、まずヨーロッパの人道主義を否定しなければならなかった。この動的なパラドックスは、まさに竹内好が魯迅から、

毛沢東から、中国革命のなかから観察して達した歴史的論理である。彼が得た結論は、東アジアの半植民地国家において、ヨーロッパをお手本として自己の近代を建設することはできないということであった。

竹内好は戦後のある時期に、東アジアの近代化モデルを探す希望を中国革命に託していた。革命を持続的な事業と見なし、それが人類の進歩とともに歩む永遠の事業であり、かつこれがまさしく中国革命のカギであると考えていた。不断の革命であるがゆえに不断に自己否定するというような歴史過程において、彼が毛沢東思想を位置づけ、中国革命を通して、中国の"近代"を位置づけた。(17)

1962年から1963年に、竹内好は『矛盾論』をめぐる翻訳の論争を提起した。これは成功しなかった論争である。成功しなかった最大の原因は、もちろん日本の思想界において中国革命に対する注目がまさに退潮期にあり、それゆえレベルの高い学者と思想家を引き付け、参与させようがなかったことにある。しかも、竹内好が非常に重大な問題を、翻訳技術の問題に圧縮したために、彼の本当の意図を効果的に伝えることも難しかった。

しかし、何回かのやり取りの後、竹内好は1962年11月の「ふたたび毛東思想について」で、ついに日本における彼の問題をはっきりと提出した。彼は、以下のように記している。「私は、この著作の核心部分を、問題解決のため全力をあげて矛盾を発見せよ、という主張において見る。もう少しつっ込んで……毛沢東は、矛盾がなければ無理してでも矛盾を作れ、とさえ言いかねない口吻だと見る。もう一歩進めると、毛沢東は、諸矛盾のうちの主要矛盾をわがものとせよ、その主要矛盾の主要側面をかち取れ、と叱咤激励していると見るのだ」。(18)

上述の理解に基づいて、竹内好は彼の論戦相手の『矛盾論』の翻訳態度を概括して「世界はおわった。さて説明しよう」とし、自己の翻訳態度を概括して「世界はおわっていない。世界は変革すべきである。そのために矛盾を発見したい」とする。(19)

もちろん、1962年において、中ソ対立が日増しに明らかになっていった

とき、竹内好が提示した二つの世界に対する見方は非常に具体的な意味を含んでいた。彼は続けて言っている。「今、ソ連の指導者と中国の指導者の間に平和の考え方についての対立がある（この事実判断がまたコミュニストと対立するわけだが、そのことはいま問わない）。大ざっぱにいって、ソ連は現状維持に、中国は現状変革に平和の保障を見つけようとする。この平和論のちがいは、裏返せば戦争観の違いだ。中国は根本的に戦争不可避論である。もし日本人が真剣に平和論にとり組もうとすれば、どうしてもこの中国の戦争及び平和の考え方を知らねばならぬ。それを思想の根元にさかのぼって知るために毛沢東思想は必要不可欠の研究対象である」[20]。

　竹内好は、毛沢東思想と中国革命の内に新たに世界秩序を配置する要求をとらえた。しかし彼のこの要求に対する理解は、非常に綿密な境界意識を有している。今はやりの中国威嚇論とは異なり、竹内好は、アジアの台頭のなかにこの要求を理解し、これにより注目したのはこの種の政治的言説と平和に関する弁証法的理解の関係にある。

　この点をもっとも体現しているのは、竹内好が1951年10月に記したあまり有名でない文章である。彼は述べている。「戦争が罪悪なことは毛沢東もはっきり認めている。しかし、現実の世界にはその罪悪が存在することも認める。とすれば、罪悪である戦争を消滅させるには、戦争をもってするより外に方法がないということになる。その意味から、毛沢東は、民主主義国と同様に、戦争を消滅させるための戦争、侵略を不可能ならしめるための武力抵抗を肯定する。ただこの場合の戦争は、あくまで防禦的な性質のものである。

　それでは毛沢東の平和の条件は何かといえば、それは世界の人民の平和への意志である。おそらくこの一点については、毛はインドの固有の立場を認めるだろうと思う」[21]。

　この朝鮮戦争時期に書かれた短文には、たくさんの微妙な言葉づかいの内に深い道理が含まれており、当時の日本の知識人の"平和問題談話会"の中立主義的態度とは、明らかに微妙な距離を保っている。この距離感が発展し

て、後に、竹内好に日本の平和運動に対する批判と懸念を作り出させた。冷戦イデオロギーがますます日本社会に浸透し、中国の文革の動乱と後の巨大な社会変動によって、日本の知識人がますます中国革命の遺産から離れていった時、ひょっとすると、日本の知識界がかつてもっていた中国革命思想に対する理解を振り返ることは、我々があらためて過ぎ去った時代のある道筋に踏み込んでいくのを助けることができるかもしれない。私はこの道が丸山、竹内の世代の日本人にのみ属するものではないものと信じている。

注

（1）荻原延寿「日本知識人とマルクス主義」、『中央公論』、1963年12月、150-157頁、参照。
（2）これについて、筆者はさらに一歩踏み込んだ研究に欠ける。目下はただ一般的な結論にとどまるものにすぎない。日本の社会民主主義政治の実践は、戦後主に社会党の左翼部分に依拠していた。いわゆる「55年体制」が打ち立てられた後、社会党は連立政権の機会を得たが、議会中の議席は自民党の半数を占めたにすぎず、真に日本の政局を指導したのは自民党であり、社会党が時局を左右できたわけではなかった。しかも1957年前後の共産党は武装闘争を放棄して議会闘争に転じた後であり、戦略の中心は民主党の選挙補助することに置かれていた。特に、日本共産党の内部には、講座派と労農派が存在しており、前者は、現実の政治において民主党と同じであると見られていた。
（3）座談会「民主主義をめぐるイデオロギーの対立と日本」、『世界』1953年1月、79頁
（4）「中道政治の探求への努力」『中央公論』1948年12月、9頁
（5）『丸山眞男集』第5巻、岩波書店、1995年、7-38頁
（6）『丸山眞男集』第4巻、313-335頁
（7）「民主主義をめぐるイデオロギーの対立と日本」、73-74頁
（8）同上、89-92頁参照、平野、丸山、古在の発言部分。
（9）同上、91頁
（10）「中国革命の思想と日本」、『世界』、1957年2月、163-164頁
（11）同上、148頁
（12）同上、162頁
（13）「革命の論理と平和の論理——続・現代革命の展望」、『世界』1957年5月、119、

126 頁

(14) 同上、124-126 頁
(15) 竹内好が 1957 年に記した毛沢東の「人民内部の矛盾を正しく処理する問題について」に関係する短文はさらにはっきりと彼が座談会で発言した主旨の解釈をしていた。すなわち「去年の暮、『人民日報』の社説が発表されたとき、日本の一部にはそこに国際的階級闘争が強調されている一面をとらえて、雪どけが逆転したと考えた人があったが、私はそう思わなかった。あの論文は敵対的矛盾の一面だけを取り出したものであり、別の一面は「ふくみ」としてかくされていると考えた（『世界』1957 年 5 月号参照）。その「ふくみ」を解いてくれたのがこの論文である」（訳注：この論文とは、すなわち「人民内部の矛盾を正しく処理する問題について」を指す）（竹内好「平和共存への理論的努力」、『竹内好全集』第 5 巻、筑摩書房、1981 年、349 頁）。
(16) 竹内好「周作人から核実験まで」、『竹内好全集』第 11 巻、295-297 頁
(17) 「矛盾論解説」参照、『竹内好全集』第 5 巻、349-353 頁。この文章で、彼は、日本人は革命を歴史上の一回性の臨時の事件と見なす習慣がある。そのために中国革命は研究する際にも、こうした日本の習慣で中国を見てはならないということに、特に注意しなければならない、と強調している。
(18) 『竹内好全集』第 5 巻、397 頁
(19) 同上、399 頁
(20) 同上、405 頁
(21) 「防衛抵抗主義の毛沢東」、『竹内好全集』第 5 巻、324 頁

〔**訳者付記**〕本文中に引用された日本語の著述については、原本の日本語より直接引用し、訳語もこれに従った。

中国から世界へ
——もう一つの魯迅像、「マルチチュード」の時代に向けて

湯山　トミ子

はじめに

　今日、世界では、各地で民衆革命が頻発し、その発動者、推進者としての民衆力と政権打倒後の政治変革、社会変革の展開が注目されている。この社会変革を推進する民衆力をとらえる概念に、アントニオ・ネグリ、マイケル・ハートの提起した「マルチチュード」の考え方がある。本稿は、現代世界において注目される民衆力——「マルチチュード」により展望される新たな時代に呼応する課題に取り組んだ人物として、近代中国屈指の文学者魯迅に着目し、その思想的特徴と現代的意義を考察しようとするものである。
　魯迅については、「魯迅学」という領域が成立するほど、膨大な量の先行研究、学術成果が蓄積されている。厚みと深みのある多層的な研究成果、魯迅の作品、生涯の歩みに加えて、中国革命の指導者毛沢東が魯迅を植民地、反植民地における「空前の民族英雄」、「中華民族の新しい文化の方向」、「民族解放の急先鋒」、孔子と並ぶ現代の「第一等の聖人」等々と讃えてシンボル化し、中国革命の闘争精神を牽引する役割を託したことから、精神界の戦士としての人物像が普遍化されてきた。日本でも中国固有の近代化の歩みと思想を体現する人物として「挣扎」（抵抗）の言葉により典型化された竹内好の魯迅像がある。毛沢東、竹内好、そして魯迅の同時代人らが残した言説が生み出す精神界の戦士像からは、鮮烈な「強者」のイメージが放たれてい

る。しかし、本稿が注目するのは、こうした魯迅における「強者」像、「強者」性ではなく、これと一見相反するかに見える「弱者」観である。魯迅における「弱者」観といえば、まず旧社会で凄惨な生きざまを強いられた寡婦、科挙試験の落伍者等、社会的弱者を描いた初期小説作品が想起される。しかし、筆者が注目するのは、他者への痛みとして生み出される「弱者」観であるより、魯迅の思想、時に後期から晩年の思想の核心である強靭な闘争精神を生み出す基盤としての「弱者」観であり、そこから戦闘的な魯迅像を再構築したいと考えている。本稿の題目に「もう一つの魯迅像」と記した所以である。そしてさらに、本稿は、「弱者」観に着目して考察した魯迅の思想を、現代世界において未来を切り開く力として注目される民衆力「マルチチュード」と重ね合わせることを試みる。いうなれば、近代中国に生まれた魯迅の言説、思想を民衆の時代を掲げる現代世界に向けて再発信したいと考えている。「中国から世界へ」と冠した所以である。これにより本書のモチーフであるグローバルヒストリーによる世界史像の構築に、「下から」の歴史創造、「下から」の社会変革の可能性について多少とも資することができれば幸いである。

1. 魯迅における「弱者」観——二つの形成基盤

魯迅における「弱者」観は、青少年期における生い立ちと、被圧迫民族としての弱者体験により多層的に生み出されている。まず初めにこの二つの要素について取り上げる。

(1) 少年期における弱者体験——生家の没落と家族体験、ジェンダー観の形成

生家の没落と屈辱の体験

清末民初に生を受けた近代の中国知識人には、青少年期に生家の没落を体験した経歴を持つ者が少なくない。文学者では、老舎、茅盾、胡適などの名が挙げられるが、それぞれの家庭環境、生家没落の事情、遭遇した際の年齢によって性格、思想、精神世界の形成に与える影響にかなりの相違がある。

魯迅の場合は、子どもでありながら物事の分別がつく9歳という少年期で、父なき家族における長男の役割を担う立場にあったこと、魯迅一家の没落の起点が、祖父周福清の科挙不正事件（実際には未遂事件）であったという点で、単なる経済破綻による生家没落とは異なる状況が生じ、魯迅における民衆観、「弱者」観の形成にも独自の影響をもたらした。

　魯迅（本名周樹人、1881〜1936）の生家周一族は、400年の歴史を辿れる江蘇省紹興の名門一族で、魯迅はその14代目（致智興房、房は男児が結婚して設ける家族ユニット）にあたる。魯迅一家は、周一族の中では豊かな一門ではなかったが、第12代周福清（字介孚、1938〜1904）(3)は、富裕な一族の開く私塾で熱心に学び、400年続く一族でただ一人、科挙最高段階の殿試に合格、優秀な成績により高級官僚養成校である翰林入りを果たすにいたる。自己の才知のみを頼りに、科挙試験の難関を突破して、高級官僚予備軍にまで上りつめた勤勉、実直な青年は、アヘンはもとより酒もたばこも嫌い、正義感が強く、権威を恐れず、歯に衣を着せぬ言動ゆえに、時に傲慢とも評され、物議を引き起こすことも少なくなかった。初任地江西省の知県職では、清廉官ゆえに疎まれ、「愚鈍で任に堪えない」との冤罪を受け、弾劾罷免される不如意な結果になった。史実的には、収賄はもとより不正を認めない清廉をモットーとする官としての在り方が、利禄を求めることを当たり前とする周囲との利害対立を生んだためであった。高級官僚としての初勤務を決定する翰林院の最終試験、弾劾罷免による官位の喪失、中央官僚（内閣中書）としての再出発、暇な役所の暇な役人と揶揄される職場での長年にわたる無遅刻、無早退の精勤ぶり、緻密な執務能力への評価、時に焚く米にも事欠く貧窮ぶりなど、伝記史料によるかぎり、一家にとって晴天の霹靂となる科挙不正事件はおそらく生涯ただ一度の不正との関わりだったであろう。事件の真相は、その詳細を唯一記録していたと思われる福清の日記を、魯迅が末弟周建人が止めるにも拘らず強引に焼却してしまったことにより、今では永遠の謎に包まれている。しかし1980年代以降、明らかになった檔案史料等によれば、事件は、母戴氏（1814〜1893）の服喪のため、規定により官を辞して、郷里紹興に舞

い戻った福清が郷士試験官が殿試同期であるとの情報を得て、長年郷試に合格できず、阿片に染まる生活に陥る兆しを見せていた息子周鳳儀（字は伯宜、1861～1891）、親戚、知人五人の師弟の合格を依頼する試験官買収を諮り、逮捕されるというものであった。科挙不正事件が横行した清末期、ほとんど露見することのないもっとも成功率の高いはずの試験官買収事件が未遂で露見し、検挙される事件であっただけに、たちまちのうちに全国で風評が立ち、科挙不正を戒める格好の事件として皇帝自らが審議する欽案事件になり、未遂にもかかわらず死刑判決を受けて、杭州の獄に収監された。地方当局にとっては地元の名士が名を連ねる大規模な不正事件としての裁定を避け、皇帝側にとっては欽案事件としてとめどなく沸き起こる科挙不正事件の戒めとし、福清一人に罪をとどめ、息子伯宜公に一家の後を託せる点で、周家の災禍も減ずることができるなど、結果的には四方に利となる判決であった。

　とはいえ、幼かった魯迅にとっては、事件時に一時期避難させられた母方の親戚で「乞食呼ばわりされ」、父の発病後は質屋と薬屋通いのなかで没落子弟としての辛酸をなめ、「世間の人の本当の顔を見た」と語る（『吶喊』自序）、いわゆる「屈辱の体験」の試練に見舞われ、その思想形成に大きな影響を残した。福清下獄後、後を託されたはずの父伯宜は、自らを「バカ子孫！バカ子孫！」〈呆子孫！呆子孫！〉（〈　〉内は原文、原語を示す。以下同様）と自虐的にののしりながら、自責と失意の内に3年をまたずに病死し、少年期の魯迅と寡婦となった母魯瑞（1853～1943）に、一家を支える責務が残された。7年後、刑の執行を免れ、恩赦を受けた福清は、孫魯迅より若い末息子伯昇（二番目の妾との子）と17歳年下の若い妾を伴い紹興に舞い戻った。しかしそれは、魯迅ら孫を深く愛した後妻蔣氏（1842～1910）にとっては、福清の死まで妻妾同居の生活を余儀なくされる7年にほかならなかった。

家族体験――祖父周福清と祖母蔣氏、ジェンダー観の形成

　一族に誉れと屈辱をもたらし、一家没落の最初の契機を作り出した中心人物である祖父の存在は、後に魯迅の半生を呪縛し、規定するジェンダー観の

形成にも重要な影響をもたらした。長年北京で暮らした福清は紹興にほとんど帰省せず、不正事件発生後は獄のある杭州におり、釈放後は魯迅が日本に留学していたため、実際に両者が生活をともにする機会はほとんどなかった。しかし、福清を中心とする家族体験がもたらした影響は大きい。阿片はおろか、酒、たばこも忌む禁欲的な性格をもつ福清であったが、先にも触れたように伯宜公と娘徳を生んだ先妻孫氏の後添えに迎えた蔣氏とは生涯にわたり不仲であった。魯迅ら孫にとっては幼い時から民話を語り聞かせてくれた慈愛に満ちた祖母だが、前後３人の妾を囲った夫とは、人生の大半を別居し、女性としての愛情を満たされることなく不遇の結婚生活を送っていたのであった。不和の要因には、温和従順な女性にひかれたとおぼしき福清と闊達な性格を物語る逸話の多い祖母との性格的な不一致も挙げられるが、結婚前に蔣氏が太平天国の乱の際にさらわれ失踪していた事件があり、福清が、太平天国軍の別称長髪族の女を意味する「长妈妈！」と揶揄を浴びせ、その屈辱的な罵辞に涙した出来事がぬきがたいしこりになっていたといわれる。(7)
さらに、一族の末裔周観魚（周冠五）によれば、初任地での罷免事件の告発理由に、妾との会話を立ち聞きしていた蔣氏と母戴氏に対して、福清が「馬鹿者！」〈王八蛋！〉と罵声を浴びせたため、福清の日ごろの口頭弾であった「めくら太后、馬鹿皇帝」〈昏太后、呆皇帝〉の大不敬に、「大不孝」の罪状が上乗せされて弾劾に至ったという。(8)ことの顛末は不明だが、結局、この弾劾事件以後も若い妾を置き、二度と蔣氏を任地に伴うことはなかった。

　一方、蔣氏は福清亡き後、残された若い妾に対して自ら証文を書き、自由の身にする等、女性としての思いを胸におさめ、深い思いやりの心をもって処理にあたっている。(9)妻妾問題で祖母蔣氏を生涯苦しめた男性としての祖父福清は、魯迅に福清への反抗と反発を生み出したばかりでなく、男性性のもつ加害者性を鮮烈に認知させ、成人後の魯迅自身の恋愛、結婚観を拘束し、その「性と生」に深く影響したと推察される。(10)もちろん科挙に心を奪われた者――「官迷」との評価を受けながら臣としての理想と正義感を持ち続けようとした逸話、罵詈雑言で犬も眠れずとまで批判された剛毅な気性、孫たち

の教育に見せた進取と民主的な思考など、その複雑で多彩な人となりを語る逸話に事欠かない祖父福清の存在、「坎坷の人」というべき不如意な官僚としての生涯には、清朝末期の官僚制度、社会構造ゆえに生じた問題などもからみ単純な人物評価はできない。しかし、長年にわたる自らの不合格あればこそ生じた不正事件後、失意のまま自虐的な死を遂げた父伯宜公、夫の妻妾問題に生涯苦しんだ祖母蔣氏に対して、抑圧者としての側面を持つ祖父福清が、少年期の孫魯迅にとって逆らい難い「強者」として立ちはだかっていたことは想像にかたくない。一家没落の変事による一連の没落子弟としての体験とともに、祖父福清を中心とする家族体験、また叔母徳、康、そして寡婦となった母魯瑞も含めて大家族制度の女性の運命が、魯迅の「弱者」体験、男性としてのジェンダー観の形成にもたらした意味を汲み取っておきたい。

(2) 青年期における弱小民族としての体験
―― 被圧迫民族としての弱者観と民衆観の形成

日本留学――医学から文学へ

　一家の経済的破綻により、学費免除の上、生活補助も受けられる洋式学堂への進学の道を進んだ魯迅は、1898年に合格した科挙試験（郷試。科挙試験制度は1905年廃止）を放棄し、郷里紹興を離れ、17歳で学費無料の南京江南水師学堂に入学、その保守的な空気になじめず半年で鉱務鉄路学堂に転学し、初めて本式に西欧の学問に触れ、その知的世界に大きな衝撃を受けた。特に、清末のコペルニクス的転換とも言われる厳復訳『天演論』（1898年、ハクスリー著『進化と倫理』）による進化論、生存競争、自然淘汰などの考え方は、当時の知識人に与えたと同様に魯迅にもはかりしれない影響を与えた。なかでも進化論は、魯迅の生涯にわたる価値判断の基礎となった点でも特記される。1902年、21歳で清朝政府官費生として日本に留学した魯迅は、2年間の東京での日本語学習の後、宮城県の仙台医専（現東北大学医学部）に移り、医学の勉強を始めたが、1年半後には中退し、東京に戻り文芸活動に入った。ロシア革命のスパイとして斬首される同胞の死を見物する中国人の姿を映した

スライドにより、「愚弱な国民は体格がいかに健全であろうと、いかに剛健であろうとまったく意味のない見せしめの材料と見物人になれるだけで、どれだけ病死しようと決して不幸とは言えない。それゆえ私たちの第一の要件は彼らの精神を変えることであり、精神を変えることによいものといえば、当時私は、文芸運動を進めることであると思っていた。そこで文芸運動を提唱したいと思った」と『吶喊』(1923年)「自序」に記された「医学から文学へ」の転向である。直接の契機となったスライドの存在(「幻燈事件」)はもとより、医学への志を含めて、長年の調査と論議により、現在では事実としてよりも思想的な意図をもって叙述された虚構性を含むものと見なされている。ことの顛末はともあれ、文学者魯迅誕生の起点となる人生の転換が、民衆像、しかも負の形象をもつ民衆像から生み出されていることに注目したい。また「医学から文学へ」の転換の前後、魯迅は反清革命運動を推進する「光復会」(浙江・江蘇省の出身者を中心とする反清革命団体)に参加し、武闘による革命運動にも参与していたとの形跡がある。それは、要人刺客の命を受けた際、残される母親をどうしてくれるかとたずねて、心残りする者はだめだと任を解かれたとの逸話である。武装革命による革命運動に関与しながら、一家の長男、息子としての立場、特に母との関係により、革命に距離を置かざるを得なかった点もその思想形成を特徴づける一点となったといえる。

清末期の文芸運動──戦士と民衆

いずれにしても民族革命への志向を抱きつつ、中国の変革のためには、なによりも国民性の改造こそが急務である、と見なした魯迅は、帝国主義の侵略下で民族と国家存亡の危機にある中国の状況を東欧弱小民族の思想形成に重ね合わせて、その「心声」である文学作品の翻訳を手がけていく。この初期の文学運動において、魯迅が危惧し、変革を希求した中国の状況と変革への声は、「摩羅詩力説」(1908年2月・3月、『墳』所収)、「文化偏至論」(1908年8月、『墳』所収)などの初期の代表的評論のなかに、情熱と憤怒を込めて記され、「人なき中国」、「声なき中国」、「粛条の中国」として表現されている。

なかでも精神の高揚を失い、衰弱し弱体化し、閉塞した中国の明日を切り開くものとして、魯迅がとりわけ情熱を注いで取り上げたのが民衆の幸福と解放を願うバイロンらロマン派の詩人の姿であった。社会への反抗の旗手、精神世界の戦士と見なした詩人の果敢な闘いと戦闘者としての高貴な精神、その「心声」を讃え、中国にも戦士として詩人が登場することを熱く願う一方、詩人の力を熱く説く「摩羅詩力説」の末尾近くに、覚醒した戦士をとりまき、その壮絶な戦い、戦士の血の舞を快楽として楽しむ民衆の姿を掘り起こし、深い憂憤を込めてその姿を、次のように描き出している。(14)

　今、中国において、精神界の戦士たる者はどこにいるのか？　至声の声を挙げて、我らを善、美、剛毅に導かんとするものがいるのか？　温かき声を挙げて、我らを荒涼たる寒冷より救わんとする者がいるのか？　国は荒れ果て、最後の哀歌を賦して、天下に訴える後世のエレミヤのごときも、いまだに生まれえない。いや生まれえないのではない、生まれ出ても衆人に扼殺されてしまうのだ、その一つあるいは二つを兼ねていようとも、中国はついに粛条となる。(15)

　彼らは熱誠の声を聴くや忽ち目覚め、あるいは熱誠を抱いて互いに通じあった者たちだ。ゆえに、その生涯もすこぶる似通っている。ほとんどが武器をとって血を流し、剣士が衆人の前でくるくるまわり、戦慄と痛快さを抱かせ、死闘を見物させるかのようである。ゆえに、衆人の前で血を流す者がないとすれば、社会にとって不幸だ。いても衆人がこれを無視し、殺そうとするのであれば、その社会はますます不幸を増し、救いがたいものとなろう。(16)

民衆の幸福と解放を願う詩人や革命家の壮絶な戦いを快楽として受け止めて、戦士を見殺しにする民衆の残忍性への嗅覚は、後に魯迅が五四時期の文学作品、および社会評論を通じて描き出す、弱者がより弱いものをいたぶる

「負」の習性として展開される原点ともいうべきものとなる。こうした民衆の残忍性、弱者のもつ残忍性への認識が生まれる背景には、前項で述べた魯迅自身の少年期における弱者体験が深く横たわっている。「負」の人間性をはらむ民衆観、「弱者」観は、その後の中国社会とこれを生み出す中国人に対する思想形成の基盤となる。初期魯迅の思想形成の原点に、「強者」への揺るぎない反抗精神とともに、「弱者」自身のなかに潜む「強者」性、「負」の人間性をもつ「弱者」観、民衆観が存在していた点に注目したい。

2. 初期魯迅――「人」なき中国に「人」を求めて

(1) 中国旧社会の人間存在――儒教社会と負の民衆像

旧社会の人物形象と民衆像

　ひたむきな情熱にも関わらず、初期の文学運動はさしたる成果を生み出せぬまま頓挫した。1909年、精神的な屈折を胸に、経済的な事情からドイツ留学の夢を断念した魯迅は、杭州、郷里紹興で2年半ほど教員を務めた後、留学以来の親友許寿裳の推薦を受け、1912年中華民国政府教育官僚（教育部参事社会教育司）に抜擢され、北京に赴任した。辛亥革命前の郷里での教員生活では、革命派の教員としても積極的に活動しているが、本格的な文学活動が再開されたのは、それからさらに数年を経た五四新文化運動期であった。[17] 55年間の生涯のうち純粋の創作小説集として刊行された2冊の小説集『吶喊』（1923年）、『彷徨』（1926年）には、哀切の情あふれる旧社会の民衆像が凝縮されている。魯迅の作品としてはもとより、中国現代文学を代表する文学作品として、今も高く評価される成功作の多くは、主人公の人物形象の完成度の高さによるところがきわめて大きい。特に、旧社会に深く規定された寡婦像、落魄、あるいは狂気の読書人の人物形象は、当時の中国社会に対する魯迅の認識、社会観に深く根差している。そうした作品世界を構築し、人物形象を造形する上で、繰り返し登場するのが、弱者がより弱い弱者をいたぶるモチー

フである。たとえば、代表作であり、中国初の近代小説となった「狂人日記」第2章には、人が人を食う「食人世界」のなかで、食われるかもしれない恐怖に脅かされる主人公の狂人を睨みつけ、攻撃する村人たちは、いずれも自らが権力と身分が上の者から圧迫を受け、虐げられた社会的な弱者である。「明日」(1919年『吶喊』所収)には、熱に苦しむ幼い一人息子を救おうとする寡婦の悲しみをよそに、性的な興味から寡婦の腕から幼子を受け取る村の男、葬儀を取り仕切ることしか頭にない隣人の姿が描かれている。同じく寡婦を描いた「祝福」(1924年、『彷徨』所収)では、姑に強引に再婚を強いられた祥林嫂が幼い息子を狼に食われて失う。当初、同情にあふれていた周囲の者がやがて彼女をからかい、いたぶる様子に転じていくありさまが克明に描かれ、その上で「彼女は彼女の悲しみが皆に何日もしゃぶられ、味わいつくされ、すでにかすとなって、ただうっとうしく吐き捨てられるものとなっていることにまだ気づいていなかった」(18)と記されている。儒教倫理に呪縛された寡婦の悲劇が、儒教倫理の抑圧を土台にしながら、弱者のより弱者へのいたぶりを通して、痛ましさをまし、ぬきさしならないものへと深められていく。男性像では、科挙試験に翻弄され、落ちぶれ、子どもの店員(小僧)にすら乞食同然のまなざしで見られ、居酒屋に集まる村の下層の客からは、慰み者としてからかわれ、揶揄される知識人の末路を描いた「孔乙己」が挙げられる(1919年、『吶喊』所収)。旧社会の下層に生きる人々の内に生み出される弱者をいたぶる「負」の民衆像を生み出す社会構造は、「随感録65　暴君の臣民」(1919年、『熱風』所収)に明瞭に記されている。

　　暴君の臣民は、暴政が他人の頭上に暴れることだけを願い、見れば喜び、残酷を娯楽とし、他人の苦しみを鑑賞し、慰みとする。
　　自分の手腕は、ただ「幸いにも免れる」ことだけである。
　　「幸いに免れた」なかからまた犠牲者が選ばれ、暴君治下の臣民の血に飢えた欲望に供される。しかしそれが誰であるかはわからない。死ぬものが「ああー」と言えば、生きている者が喜ぶ。(19)

「狂人日記」の作品構造と魯迅の社会観

　強烈なイメージをもつ「食人」というモチーフ、象徴性に富む表現ゆえに、「狂人日記」は哲学的、抽象的考察により、読み手に多くの解釈を生み出す。それ自身が作品の特徴であり、文学的な豊かさを示すものだが、魯迅自身は、1935年、自ら「狂人日記」について、「家族制度と礼教の弊害を暴露すること」にあると解題している。[20]「家族制度と礼教の弊害を暴露する」という作品意図は、旧中国の伝統的封建的儒教社会批判という明快な主題を示すだけに、従来の「狂人日記」論、作品分析では、自明の理と前提視されるがゆえにかえって分析対象として重視されてこなかった。しかし、魯迅の民衆観、「弱者」観を構造的に理解する上では、極めて重要な特徴と意義をもっている。

　「狂人日記」は、家長の兄を首謀者とする周囲の人々から、自分が食われるかもしれないとの恐怖にとりつかれた青年（弟）が、その恐怖感のなかで自らも幼かった妹を食ったかもしれなかったと気づき、人を食う人間としての自己に覚醒するという妄想を軸に展開する。そのため、人に食われると思って恐怖を抱いていた人間が、結果的に自らが人を食った者であることを知る、いわゆる被害者から加害者への転換という解釈に落ち着きやすい。しかし、「家族制度と礼教の弊害を暴露する」という魯迅の解題に着目して、「狂人日記」の物語世界の構造を分析的に考察することにより、「性と世代のヒエラルキー」、すなわち人間世界を男女の性別と年齢、世代の相違により区分し、それぞれの人間の立場と身分を定める儒教規範とこれにより構築される家族、社会関係の特色により物語世界が構築されていることがわかる。この構造的特色を読み解く手がかりとなるのが、この作品における「子ども」をめぐる魯迅の語彙の使い分けである。

　「狂人日記」における子どもと言えば、まず作品最終章第13章の末尾の一句「せめて子どもを……」〈救救孩子……〉が想起され、子どもに関する論議もこれまでほぼここに集中してきた。しかし、「狂人日記」に描かれた子どもをめぐる叙述は、実際には、全13章からなるこの小説中の8章、全体の

3分の2に及び、しかも、複数の語彙がそれぞれの意味により、明確に使い分けられている。小さな子どもを示す〈小孩子〉(第2章、第8章)、基本的に男児を意味する〈子〉(第5章)、息子を示す〈児子〉(第3章、第8章、第10章、第11章)、妹を示す〈妹子〉(第11章、第13章)、〈孩子〉(第13章)で、〈小孩子〉、〈孩子〉には男女の別がないが、〈児子〉は中国語では息子、すなわち男児、妹〈妹子〉はむろん女児である。〈子〉は古代においては男女を問わない用法もあるが、現代中国語では男児を意味し、魯迅も男児の意味で用いている。これら子どもをめぐる記述は、男女と世代の区分により構成される「食人世界」において、相互に置き換えることのできない固有の意味をもち、これにより「狂人日記」の中心世界の核となる家族構造と儒教社会の歴史的、社会的特徴が緻密に構築されている。

「食人」の系譜と男性の継承――「息子」と「子」

「狂人日記」の主題であり、思想的核心である人が人を食う「食人」世界は、親子、世代間の継承(第8章)と歴史的な系譜(第10章)により示されている。前者はすでに父親でもある二十代の青年をめぐり、次のように記されている。

> 飛び起き、目を開けると、こいつは消えていた。全身汗でびっしょりだった。やつの歳は、兄貴よりもはるかに下なのに、やっぱり一味なんだ。これはきっと前にやつのおふくろや親父が教えていたんだ。それにもうやつの息子〈児子〉に教えてしまったかも知れない。だから小さな子〈小孩子〉まで俺を憎々しげに見るんだ。(下線部筆者、以下同様)[21]

父母から青年に、青年から彼の幼い息子へと伝えられる系譜は、次世代となる幼い者、小さい子どもまでが「食人」世界に組み込まれていること、現在の世界においてすでに「食人」の世界となる未来が準備されていることを示している。それゆえに、大人からの威嚇には動じなかった狂人は、「食人」の小さな継承者、小さな、幼い子ども〈小孩子〉による攻撃に対しては、「これは本

当に恐ろしいし、納得がいかないし、悲しい」(第2章)[22]と恐怖を吐露する。

歴史的系譜では、天地開闢以来つづいてきた「食人」の歴史を「食う」という行為に絞り込んで記している。

> 易牙が彼の息子〈児子〉を蒸して、桀紂に食わせたのは、やはりずっと昔のことです。でもなんと盤古が天地を開いて以来、易牙の息子〈児子〉までずっと食べ続け、易牙の息子〈児子〉から徐錫林まで食べ続け、徐錫林からまた狼子村で捕まったやつまで、ずっと食べ続けてきたんです。去年街で犯人を殺した時も、やはり肺病病みが饅頭に血をつけて嘗めました。[23]

わずか数行に息子〈児子〉という語が3度もリフレインされ、女性や女児を挙げずに、食い続けてきた歴史が述べられている。親子関係を通じて伝える第8章の世代間の「食人」の継承では、母親を含む父母が挙げられていたが、「食う」行為に絞り込んで展開される歴史的系譜を伝える後者では、女性を排除した男性主体の継承として描かれている。

「食人」の系譜と女性——母性の二重性と食われる女児

「食人」の継承の主軸となる男性の存在に対して、「狂人日記」に描かれた女性は、母となる女性、及び女児、すなわち未婚の女児であり同時に幼い子どもである〈妹子〉、母親の継承を含めて〈小孩子〉に恐ろしげな目つきを与えた母親、第8章の青年に「食人」を教えた母親〈娘老子〉、第3章で息子〈児子〉を殴りながら夫をののしる女、第11章及び第12章で出現する狂人の母の4例である。なかでも注目される形象が第3章の息子〈児子〉を打つ女性と狂人の母親である。

> もっとも奇妙だったのは、昨日通りにいた女だ。息子〈児子〉を叩きながら、口では「くそおやじ！　お前に食らいついてやらなきゃ気がすま

ない！」と言って、目は俺を見ていた。びっくりして、つい顔に出してしまった。あの青面の歯をむきだしたやつらがどっと笑った。陳六五が追っかけてきて、むりやり俺を家に連れもどした。⁽²⁴⁾

　狂人に驚愕をあらわにさせるこの女の行為は、行動主体が女であり、行動の対象となるものがすべて男である。口で亭主を罵りつつ、その分身である息子を叩き、凝視することで狂人に対峙する行為は、男性の支配原理である家族制度と礼教に抑圧されてきた女性の怨みと怒りを狂人に突きつける意味を示唆している。これに対して、第11章に描かれた狂人の母親の形象は、男性主体の「食人世界」にあって、そこに組み込まれ、悲しみを飲み込みつつ支える者とならざるを得ない、母という女性存在の典型を示している。娘が食われることにただ無力に泣くだけの母の姿も、狂人を睨みつけた第3章の女と同様、狂人の心に異様さを焼きつけ、忘れがたい奇妙な思いを刻印している。⁽²⁵⁾ 抑圧される者でありながら、その体系を支える者とならざるを得ない母の立場をもつ女性たちが、前述した幼い子どもを示す「小孩子」と同じく、狂人に衝撃を与え、悲しみを抱かせていることにより、「食人世界」における女と子どもの特殊なありようが示唆されている。

「狂人」の加害者性とジェンダー
　兄の画策により、周囲の者に食われるかもしれないとの恐れにさいなまれてきた狂人は、やがて4000年の歴史をもつ「食人」としての自己の存在に気づく。その契機となるのがまだ幼かった妹〈妹子〉を食ったかもしれないという疑念である。

　　四千年間、いつも人を食ってきたところ、今日やっとわかったが、俺もここで長年暮らしてきたんだ。兄貴が家をとりしきっていたときに、妹〈妹子〉がちょうど死んだ。彼が飯やおかずに混ぜてこっそり俺たちに食わせなかったとは言えない。

俺は知らないうちに、自分の妹の肉をいくきれか食わなかったとは言えない。今また俺自身に順番がまわってきて……

　四千年食人の歴史をもっている俺、はじめは知らなかったが、今わかった、本当の人に顔向けができない！(26)

　狂人にぬぐえない奇妙さを与えた母の異様な泣きぶりもまた妹〈妹子〉の死に発している。「狂人日記」における唯一の女児である幼かった妹〈妹子〉は、女性と子どもの二重性を持つ存在であり、妹〈妹子〉を食う行為とは、女性と子どもに対する二重の加害者行為を示すものにほかならない。終章第13章のクライマックスに向けて、作品世界を凝縮させていく第11章と第12章はほかならぬこの女性と子どもの二重性をもつ幼い妹〈妹子〉をめぐって展開する。家長の兄、狂人、妹、母親の関係を通して、描き出される家族制度と礼教支配下の「食人世界」の構造において、妹〈妹子〉の存在はきわめて重要な役割をもつ。「食人世界」の構造を成立させる上で、物語を構成する人物の性と年齢は相互に置き換えられない意味をもっている。妹は弟に、弟は兄には置き換えられないのである。狂人の人物形象については、具体性、個別性に乏しい、抽象的であるとの論評があり、(27)かつ食べられる恐怖をもつ狂人が自分も食べた可能性があると気づく転換を人間の加害者性から被害者性への転換ととらえる見解も広く見られる。狂人を性別をもたない人間一般と見なすことにより、魯迅が構築した性と世代のヒエラルキーによる儒教社会の家族構造の固有性は見失われる。

「負」の民衆像と社会構造

　食べられてしまった妹〈妹子〉⇒知らぬうちに食べてしまったかもしれないと慄き、それを否定できないまま兄貴に食われてしまうことを恐れる弟〈狂人〉⇒妹を食い、狂人を食おうとする家長の兄〈大哥〉の構図は、「妹―弟―家長の兄」、ないし「娘―息子―家長の息子」という家族間の支配関係であり、性と世代（男女、大人と子ども）の観点から読み解けば、「女性・子ど

も―男性―年長者、権力をもつ成人男性」という性別と世代による社会的な支配のヒエラルキーの構図となる。さらに娘が食われたことにただ泣くだけで、兄によって狂人同様に娘の肉を食わされていたかもしれない母親の存在を加担者として加えれば、女と子どもを犠牲にし、かつ女性を共犯に組み込み、男性どうしが食い合う家族制度と礼教の世界、それを根幹とする「食人世界」のより明確な構造が浮かび上がる。(28) さらにその家族構造の外側に、「狂人」を攻撃し、追い詰める民衆を配置することにより、家族を核にした社会構造が描き出される。攻撃者としての民衆は、いずれも自分よりも強い立場と権力をもつ者から圧迫を受け、虐げられる立場に置かれた社会的弱者である。

 県知事に枷をはめられた者もいれば、地主になぐられた者もいる。役人に女房を寝取られた者もいれば、親が借金とりに殺された者もいる。彼らのその時の顔は今日のように恐れてもいなければ、すさまじくもなかった。(29)

そして、自らが攻撃者である村人たちは、自らは他人を食おうとしながら、我が身は食われまいとして互いに疑いあう。

 自分は人を食いたいと思うが、また他人に食われるかもしれないのが怖い。深い疑りの目で、互いを見つめ合う。
 こんな思いを捨て去って、安心してことを行い、道を歩き、飯を食い、眠れば、どんなに気持ちがよいだろう。これはただ一跨ぎ、一関門だ。彼らが父子、兄弟、夫婦、師弟、仇敵、そして見知らぬ者がみなぐるになって、たがいに励まし合い、牽制しあい、死んでもこの一跨ぎを踏み越えようとしない。(30)

兄を家長とする地主一家である狂人家族を核にしながら、「父子、兄弟、夫婦、朋友，師弟」の五倫のみならず、見知らぬ人々までが一緒になり死

守しようとしている渾然とした民衆の世界を描き入れて構成される「食人世界」、そこに家族制度と礼教を根幹とする中国旧社会の構造的特色と、その社会が生み出す人間状況、社会的弱者を含めた社会構造、魯迅の社会観が明確に映し出されている。

(2)「人」の世界の創造——「人」の誕生と社会変革のプログラム

魯迅の家庭改革論——「子女解放論」

「狂人日記」により、中国旧社会の家族と社会構造を鋭く告発した魯迅は、「狂人日記」終章第13章の末尾の一句「子どもを救……」〈救救孩子……〉に自ら答えるべく、翌1919年11月長文の評論「我らは今どのように父親となるか」(『我們現在怎样做父親』『新青年』6巻6号、『墳』所収)を発表した。子女を健全に生み、教育に力を尽くし、一人の独立した人間として完全に解放することにより、「非人社会」から新たな社会創造のプログラムを提案したこの評論は、五四時期の魯迅の思想を語る代表的な著述の一つとして広く知られる。なかでも「自分は因襲の重荷を背負い、暗黒の水門を肩でささえて、彼らを解き放ち、広々とした明るい場所に行かせ、今後幸せに暮らし、理にかなって人間らしくなれるようにしてやるのだ」[31]の一文は、「狂人日記」末尾の一句〈救救孩子……〉と共に、魯迅自身のみならず五四時期の思潮、新文化運動期の高揚した精神と次世代への熱い思いと責任を伝えるものとして、広く人口に膾炙している。しかし豊富で多彩な成果をもつ魯迅研究の領域においてこれまでのところ、この評論を単独に取上げたり、この評論で魯迅が提起した主題である子女解放の提唱を思想的に考察する論考はほとんど見られない。多くは、魯迅の子どもに対する愛情の深さ、後世代に対する責任感の強さ、自己犠牲精神の崇高さといった心情面、あるいは生物学的思考、進化論の信奉等の特徴、児童教育上の意義について論評するにとどまり、肝心の社会変革論としての特徴、思想的意義を積極的に分析する視点が皆無に等しいのである[32]。理由は複数想定できるが、儒教倫理のもつ呪縛性を批判した五四新文化運動のなかでもほとんど見られない親の子に対する扶養義務権の放棄を主張した提案であり、解放

後の中国社会でも基本軸とされる伝統的な家族扶養の原則と相対立する主張であるなど、きわめて固有性、独自性をもつ論理であったことが挙げられよう。本稿では、ナショナリズムが強く掲げられた近代中国の時代背景の下で、人類主義の視点に立ち、人類の一員としての「人」を創出し、これにより社会変革を目指したプログラムとしての特徴に着目して取り挙げることにする。

子女解放の理論構築――「父と息子」から「父母と子女」へ

「父と息子」から「父と子女」へ――伝統的生命観と父子問題

　子女解放論の提唱において、特に重要な思考性、論理基盤となるのが、執筆意図と題目の由来を語った冒頭部分、序にあたる部分である。(33) 魯迅は、父権(34)の重い中国で神聖不可侵と見なされてきた「父子問題」を説く理由について以下のように語っている。

> 父は子に対して〈父対于子〉絶対の権力と威厳をもつと、かれら〔中国の聖人の徒――筆者〕は考えている。親父が話せば、むろんすべて正しく、せがれ〈児子〉の話は言わぬ前から間違っている。しかし、祖・父・子・孫は、もともとそれぞれが生命の架け橋の一段に過ぎず、決して固定して変わらぬものではない。現在の子〈子〉とは、すなわち将来の父であり、将来の祖でもある。我々読者も、現役の父親でなければ、必ず父親の候補であり、しかもともに祖先になりうる望みがある。その差はただ時間だけである。いろいろな面倒が起きるのを省くために、我々は遠慮はやめて、できるだけ優勢なところを先取りして、父親の権威をもちだし、我々と我々の子女〈我們和我們子女〉のことを語っておくべきだと思うのである。(35)

　「父子」と言えば、現在の日本では、普通、父と子どもの意味を示すが、ここでの「子」〈子〉は、将来父親となれる息子であり、祖・父・子・孫からなる「生命の架け橋」は、すべて父親となる男性の血筋の流れである。男

性の血筋の流れは、中国の伝統的な観念において、宗族を構成する父系の系譜として特別な意味をもっている。つまり祖から孫へと続く男性の血筋を連続する一つの生命と見なし、その生命が父から息子へ継承されるとする考え方である。(36) この観念においては、息子の生命は父の生命の延長であり、父と息子は二つの固体でありながら、同一の生命をもつ一体の者〈分形同気〉と見なされる。このような生命観は、旧中国の家族制度の根底にあり、親権のなかでもとりわけ父権が重い理由を生み出す要因となるものである。魯迅が、ここで祖・父・子・孫からなる男性の血筋の流れを「生命の架け橋」と表現し、さらにみながいずれなりうるというきわめて当たり前の、また実に簡明な事実によって、封建的な身分関係を払底し、時間差のみをもつ、対等かつ可変的な存在に転換したことは、伝統的な生命観を踏まえつつ、その価値内容を換骨奪胎したことを意味する。

次に、魯迅は、伝統的な血筋の流れにより結ばれる「父子関係」を起点に置きながら、血筋を継承しない者と見なされる娘を組み入れ、息子と娘を対象とする父と子女の問題へと論議を拡大し、「我々と我々の子女の問題」を考えると言う。伝統思想においては、祀りの義務をもたぬ娘も未婚の間は父親の支配下に置かれ、親に対して子どもとしての義務は尽くさねばならない。当然解放されるべき対象となる。つまり、ここで、男の子だけを子どもと見なす旧中国に支配的な子ども観から、娘と息子をともに子どもと見なす新しい子ども観への転換が組み込まれたことになる。ただ、これまでの日本語訳では、息子のみを示す「子」と息子と娘を示す「子女」を厳密に訳し分けていない(37)ため、伝統的な生命観を組み替えた魯迅の主張の固有性、思想性、性差によって分けられた中国社会における親子観、子ども観の特徴は理解できない。(38)

「父と子女」から「父母と子女」へ――夫婦の役割

「生命の架け橋」の一段と見なされた父親は、さらに単純、素朴な一生物に還元され、生物界の現象から見た生物の基本的な営み――生命の「保存」、「維持継続」、「発展（進化）」を果たさねばならない者となる。生物である父

親にとって、現在の生命を保存する食欲と、生命を維持継続し、永久の生命を保つための性欲は、生命の営みとして同列のものであり、性欲により起こる性交は飲食と同様に罪悪でも不浄でもない、飲食の結果、自己を養って恩が生じないように、性交の結果、子女を生んでもなんの恩義も生じない、父と子女は「相前後して、ともに生命の長い道を歩み、後先の違いがあるだけで、誰が誰の恩を受けたかは分からない」⁽³⁹⁾として、生むことの恩義を否定した上で、母親を含めて夫婦平等の役割が説かれる。

　これからさき、目覚めた者は、まず東方固有の不浄の思想を洗い清め⁽⁴⁰⁾、それから考えを純粋で理知的なものにし、夫婦が伴侶であり、ともに働く者であり、また新しい生命を作る者である、という意義を理解しなければならない。⁽⁴¹⁾

　中国の伝統的な生命観においては、子どもの血筋——伝統的用語でいえば「気」は父によって形成されるものであり、母親は「形」を与えるが、血筋「気」を与えるわけではない。「孝」の教えなどで「父母」と呼ばれていても、血筋という生命観の上では、「夫妻一体」であり、母は父の生命に合体する付随者でしかない⁽⁴²⁾。それゆえ母親である女性を父親と同等の働きをもつ生命の作り手として対置し、「生命の架け橋」に独立した立場で加えることは、伝統的な生命観に変革を迫る重要な意味をもつ。これにより、男性の血筋によって構成されていた生命の流れ、つまり父系の系譜は男女両性からなる双系の系譜になり、「父と子女」の関係は「父母と子女」の一般的な親子関係に転換される。「父と息子」から「父と子女」へ、さらに「父母と子女」へと拡大されたことにより、ようやく父母による子女の解放を語る思想的基盤が整ったことになる。これ以後の議論は、基本的に「父と子女」ではなく「父母と子女」の問題として進められている。以下、父親が理解すべき内容として提示される「父母と子女」の関係、目覚めた者の責務に絞って、「人」の誕生をはかる子女解放論の骨子を考察、分析する。

子女解放の論理——生命の進化と仲介者としての子女の役割

　子女に対する父母の権威を否定する魯迅は、子女と父母がともに生命の長い道を前後して歩んでいく者にすぎないと繰り返し語る。父母と子女の間にあるのは、唯一、前後の違いであるが、進化論に立つ魯迅は、生物の内的な努力の蓄積により、「後から来る生命は前の生命より意味があり、より完全に近く、そのためにより価値があり、より大切」なものであるから、「前の生命が後の生命の犠牲になるべきだ」との論理を説く。「長幼の序」を重んじ、生んだことの恩義を子女に要求する旧中国の状況は、生物界の現象に相反する世界であり、それゆえ弱者幼者を中心として、おおむね自然の摂理に則している欧米にならい、「権利の思想が強く、義務と責任感の軽い」利己的な長者中心の中国の状況は改められねばならない。人の能力をひどく萎縮させ、人間として発展する力を奪い続け、社会の進歩を停滞させてしまった中国の歴史を転換するために、「東方古来の誤った思想を洗い清め、子女に対して、義務の思想を増し、権利の思想を大いに確実に減らして、幼者中心の道徳に改める準備を」する必要が説かれる。(43)

　しかし、ここで重要かつ注目すべき点は、幼者が必ずしも絶対的な権利の享受者ではなく、自らが受けた権利を次の世代に受け渡す「仲介者」として位置づけられ、その役割を果たさねばならないことである。子女は権利の享受者であるが、その権利を永遠に独占できず、将来、自分たちの幼者に譲り渡し、義務を尽くさねばならない。幼者、子女が絶対的な権利の享受者ではなく、譲り渡しの仲介者として相対化され、父母と同様に義務をもつと見なされているところに、児童の権利のみを主張する児童論との大きな違いがある。子女解放論における幼者、子女とは、児童期にある子どもにとどまらず、世代を連係する役割を担って、歴史の縦軸を成長していく主体者、歴史主体なのである。

「愛と進化」の論理——世代連係の絆「愛」と「理解」・「指導」・「解放」

　世代の連係を可能とし、子女の解放を実現する拠り所となるのは、自然が

生物に与えた天性の愛である。赤子に乳をやる田舎の女のように、魯迅は、「交換関係と利害関係を絶った」無償の愛を、「恩」に替わる新しい「人倫の絆」、いわゆる「綱」として、絶大な信頼を寄せ、そこに中国が衰退しても滅亡しない力を呼び覚まそうとする。愛には、生命の継続を目的とする「現在に対する愛」と生命の進化発展のための「将来に対する愛」があり、この愛ゆえに、精神的体質的欠点がなく、健康に育成した後、新しい生命を発展させるために、「子女が自分より強く、健やかに、賢く高尚になること、つまりより幸せになり、自分を乗り越え、過去を乗り越えることを喜ぶ」(44)ことができると確信する。目覚めた者の責務とは、「天性の愛を、さらに広げ、醇化し、無私の愛をもって、自分が後から来る新しい人の犠牲になり(45)」、新しい世代たる子女を進化の道に進ませることである。

　健全に産んだ子女を進化の道に進ませるために、父母が果たすべき責務は、「教育に力を尽くし、完全に解放する」ことであり、その実現のための基本事項として、「理解」、「指導」、「解放」の三点が挙げられている(46)。

　第一の「理解」は、児童期の固有性を啓蒙する児童中心主義の考え方という点で、当時においては啓蒙的、先駆的な意義はあるものの内容自体に際立った個性的な見解があるわけではない。創出すべき「人」の概念を具体的に示し、解放論の要件となるのは「指導」と「解放」である。「指導」では、進化論の考え方に立ち、時勢の変化によって生活が進化するため、自己より勝っている後の者に対して、前の者が自己と「同じモデルを無理にあてはめてはならない」こと、幼者は「ただ彼ら自身のために、労働に耐える体力、純潔高尚な道徳、幅広く自由に新しい潮流を受け入れることのできる精神、すなわち世界の新しい潮流の中を泳いでも溺れてしまわぬ力量をもてるように養成する(47)」ことが目指すべきであるとされる。今日の大人たる親を越え、明日の大人となる子女を既存の型によっては教育できないとして、新しい潮流を受け入れる受容力、適合力、思想的柔軟性の育成を求める視点は、時代の制約を越える自律的な価値観の育成を目指す教育観として特記される。抽象的に見える指標は、あえて具体性を排除し、普遍的価値に徹したためであろう。

時代の制約を越えるという点で、さらに注目されるのは当時存亡の危機にあった民族の命運と子女とを結びつける記述がまったく見られないことである。一般に民族存亡の危機には、子供に将来の希望を託し、祖国と民族に奉仕する人間を育成する教育観が台頭する。日本の軍国主義時代の「小国民」教育、中国において清末以来提唱されてきた「愛国小戦士」や「新民」の育成は、まさに国家や民族に奉仕する人間を育成するモデル教育の例証である。魯迅の場合、「仲介者」として歴史の縦軸において相対化された子女は、既存の国家、民族集団、現在の歴史状況に対しても自立した存在として扱われる。進化論、人類主義を根拠とする魯迅ならではの教育観としての特徴が際立つ。子女の自律的存在については、「解放」の次の一段もまた注目される。

　　子女は我であって我でない人〈即我非我〉である。しかしすでに分かれ
　　ており、また人類の中の人でもある。我であるから教育の義務を尽くし、
　　彼らに自立する能力を与えねばならない。我でないから、同時に解放し、
　　すべて彼ら自身の所有とし、一人の独立した人とすべきである。

　子女を「我であって我でない人間」と見る見解は、きわめて独創的であり、個性的である。前半の「我であって」〈即我〉は、祖から孫を一つの生命の連続とみなす伝統的な生命観に立ち、親子を一体と見る。しかし、後半の「我ではない」〈非我〉では親から独立した人間と見なす。しかも親から独立し、分離した子女は、人類の一人として規定される。結局、全句で親子一体の関係に立ちながらこれを越えて、親とは全く別の人間であり、かつ人類の一員たる人間が生み出されることになる。家族制度のなかから家族制度、血縁関係の枷から解き放たれた人間を生み出し、人類の一員としての人間を創出しようとする発想は、五四時期、近代的な女性観、子ども観の紹介に力を注ぎ、魯迅との思想的距離がほとんどないかのようにさえ言われる弟周作人との明確な相違点、分岐点となる。周作人は祖先崇拝を子孫崇拝に改めるべきだと主張した「祖先崇拝」（1919年2月、『談虎集』所収）のなかで、子女に対して

恩義を求める父母の過ちを指摘し、父母こそが生んだという意味で子女に対して負債をもつのであること、そして、

> 負債を精算すれば、本来「勘定は終わっている」が、結局は一体の関係であり、天性の愛があって互いに結びあい、繋がりあう。それゆえ終身の親善の情が生まれくる。(50)

と述べている。これによれば、子女はあくまで父母と一体のものであり、独立した人間となる思想的契機をもちえない。また親子関係も終始一貫祖孫の流れの一節であり、血縁関係から人類が誕生する思想契機、視点は生まれえない。子女に対する親の恩義を否定する点で一致しながら、両者の主張、発想には歴然たる相違がある。親子関係の愛情に強い信頼を置きながら魯迅の思考、主張は中国的家族観に立ちながら、人類としての「人」を求める志向として特色が鮮明である。

子女の解放と社会変革

父母の子女に対する態度の第３点「解放」に関する記述は、他の２点に比べ簡潔だが、その結果生ずる父母の精神的不安には、自問自答形式で記されたかなり長い補足説明がある。要件として３つの回答が掲げられている。

第１点は、解放後の空虚感と寂しさに対する回答で、父母が子女を解放する準備として、「独立の能力と精神を失わず、幅広い趣味と高尚な娯楽をもつこと」(51)、つまり親自身が子離れの準備をし、子どもに依拠せずに自足して暮らしていける能力をもつこと、老後の精神的、経済的自立である。第２点は、子女と疎遠になることへの恐れに対する回答で、ただ「愛」である。魯迅によれば、子女の誕生と同時に生まれる父母の愛は深く長きにわたり、子女も大同に至らず相愛に差異がある世界で、父母を最も愛し最も関心をもつから、両者はすぐに離れられない、愛でも繋ぎとめられない者なら、いかなる「恩義、名分、天経、地義」の類でも繋ぎとめられはしないと、「愛」は人間関係を

律する現実的な力として、機能的に把握されている。第3点は、長者、子女ともに苦労するのではないかという問いへの回答は社会の改良である。魯迅によれば、長者の権利の思想ばかりが強く、義務の思想に欠ける中国は、道徳の立派さを掲げつつ、実際は「孝」や「烈」等の道徳で弱者、幼者を痛めつける相愛相互扶助の考えに欠ける社会である。こうした社会では、長者、幼者ともに生きがたく、理にかなった生活をするためには、社会の改良が不可欠である。子女の解放と社会の改良は、並行して行わなければならない密接不可分の課題であり、これにより人々に迫る衰退の危機も減らせうる。それは、多くの人が準備し、改造していくことで、やがて自ずと望みが実現できるようになるものである。とはいえ、根本は社会の改良にあるから、子女の解放とは、やはりきわめて困難な課題とならざるを得ない。すでに長者の犠牲になっている目覚めた者が、「完全に義務的、犠牲的、利他的」になり、自らの解放を犠牲にして、子女のための犠牲を背負って初めて実現できる課題なのである。(52)

(3) 社会変革論としての子女解放論の特徴と意義

フィードバック型からリレー型へ

社会の結びつきを明確に意識して提案された子女解放論の重要な要件となるのが、解放後の父母に対して子女による扶養を求めず、独立して生きる準備をするようにと説く、老後の自立の提言である。この提言は、父母の扶養を息子のもつ当然の義務と考える中国の伝統的な観念に対するきわめて大胆な革命的提案となる。この評論の冒頭で「革命するなら親父まで」と掲げられた通りである。

現代中国の社会学者費孝通は、中国と西欧社会の扶養形態の相違に着目して、次のような図式を示している。(53)図1中のFは世代、→は養育、←は扶養を示す。

```
西欧の公式（リレー型）
F₁ → F₂ → F₃ → Fₙ

中国の公式（フィードバック型）
F₁ ⇄ F₂ ⇄ F₃ ⇄ Fₙ
```

図1　中国と西欧社会の家族モデル（費孝通）

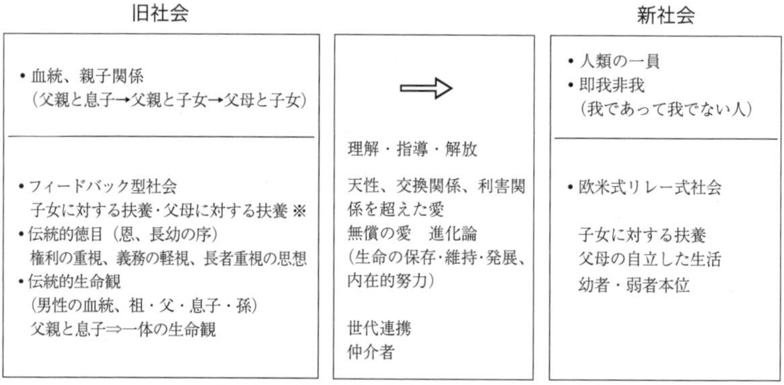

旧社会　　　　　　　　　　　　　　　　　　　　　新社会

- 血統、親子関係
  （父親と息子→父親と子女→父母と子女）

- フィードバック型社会
  子女に対する扶養・父母に対する扶養※
- 伝統的徳目（恩、長幼の序）
  権利の重視、義務の軽視、長者重視の思想
- 伝統的生命観
  （男性の血統、祖・父・息子・孫）
  父親と息子⇒一体の生命観

理解・指導・解放

天性、交換関係、利害関係を超えた愛
無償の愛　進化論
（生命の保存・維持・発展、内在的努力）

世代連携
仲介者

- 人類の一員
- 即我非我
  （我であって我でない人）

- 欧米式リレー式社会

  子女に対する扶養
  父母の自立した生活
  幼者・弱者本位

図2　魯迅の子女解放論構成図

※現代中国では親に対する子女の扶養を「贍養」と言い、子女に対する親の養育「扶養」と区別するが本稿では魯迅の用法に基づきともに「扶養」とした。

　この図式は、西欧社会では、親が子女を養育するだけで子女は親の扶養義務を法的にもたないが、中国では民国期の親族法（1930年）以来、親の子女扶養義務、子女の親扶養義務が法的に成文化されているとの相違に立脚している。法的規定は、倫理規範や社会慣習に支えられるものであり、費孝通は、この図式を中国文化と西欧文化の社会観の相違と見ている。扶養と養育の双方向をもつフィードバック型は、社会的な扶養形態であるとともに、子女（実態としては息子）に扶養を求め義務づける中国の伝統的親子関係の特徴[54]を示すパターンを示している。この費孝通の考えを踏まえて、魯迅の子女解放論の構想をまとめたのが図2である。図2によれば、魯迅の子女解放論は、生物学的進化論の思考により、中国の伝統的生命観、伝統的徳目の封建制を払拭して、近代的な価値観念に置き換え、血縁関係である親子関係から、社

会集団（国家、民族、家族）に拘束されない自立した人類の一員を創出し、それを世代連係により継続していく構想となる。そこには伝統的観念を換骨奪胎して新たな意味に転換する思考法、西欧的概念である権利と義務の観点から親子関係を規定する等の特色が読み出される。そして、より大きな特色として、老後の自立の提案、権利の譲り渡しの義務と世代連係により、中国のフィードバック型の親子関係を西欧リレー型に転換し、西欧型の社会形態の実現を求める変革の構造が浮かび上がる。

家庭改革論としての特徴と意義

　費孝通は、家族、扶養問題を論ずる中で、親子関係について、次のような見解を示している。家族は、社会の細胞であり、中国人の最も基本的な生活単位であり、各個人に最も親密な集団である。社会は、個人の新陳代謝によって、社会のメンバーを再生産するが、それぞれの社会には歴史的に続けてきた固有の再生産システムがある。社会のメンバーとなる人間の再生産は、具体的には家族関係の中の親子関係を通じて行われ、人類の存続は親子関係を通してのみ実質的に保障されうる。親子関係が社会構造全体における基本的なものであることにもっと目を向けるべきではないか。[55]

　魯迅が唱えた子女解放論は、人間を生み育てる役割をもつ親子関係から、家族関係に拘束されない独立した人間を生み出し、構成メンバーの入れ替えにより、人間と社会の質的転換を図ろうとする社会改革案である。魯迅がよって立った中国社会の「固有の再生産システム」は、旧社会にあっては、「性と世代のヒエラルキー」により構成された家族制度であり、その家族制度を基盤に社会権力により家族、社会集団の腑分けがなされ、その定められる位置づけを律する儒教倫理によって、所属集団に従順な人間が再生され、集団と社会が守られていく。魯迅の主張は、中国社会の基盤として機能する家族の枠組みに立ちながら、その枠組みに組み込まれず、血縁を越えて成立する普遍的な人間創造、人類の一員を生み出すことを求めた。一般に家庭の養育機能と父母の役割を重視する見解は、家庭や家族を国家や社会の細胞と

見なし、国家主義的、民主主義的観念により、愛国的人間を再生産するシステムとして活用する。中国でも、清末から五四時期にかけて、新しい国民の創出を掲げ、「愛国」と「救亡」のための人材を生み出すことを目指した家庭改革論、家庭教育論が多数生まれた。家族の拘束から解放された人間の創出を意図しながら、家庭の役割を否定し、家庭の解体を主張する公育論者も生まれた。魯迅の子女解放論は、父母の役割を重視し、家庭を母体としつつ、家族のためでも国家や社会のためでもない人類社会の一員を生み出そうとした点で、儒教的家族観とも愛国主義的、民族主義的家族観、アナキスト系の家庭論とも異なる特性を備えていた点に家庭改革論としての特徴を析出できる。

子女解放論の顚末と意義

　ナショナルアイデンティティの強く求められる時代に、国家や民族集団からの自立性をもった人間創造を求める魯迅の改革論が当時の社会で注目を浴びることはなかった。[56] 文献資料によるかぎり、識者の関心は、子女解放論と同じ『新青年』6巻6号に同時掲載された沈兼士の「児童公育論」に向かい、翌20年、女性を家庭のくびきから解放するために家庭解体を唱えるアナーキストと家庭破壊に反対する家庭擁護論者による「児童公育論争」に発展する。[57] 「孝」の倫理による呪縛を倫理的に否定するだけでなく、老後の扶養を支える経済的課題から扶養権の放棄という現実の利権にまで至る魯迅の提唱は、当時はもとより、現代でも賛同を得がたい提案であると言わざるを得ない。費孝通は、一農村（江蘇省開弦弓村）の調査による局限性を前提とした上で、フィードバック型の親子関係が、中国において悠久の歴史をもち、社会構造と家族構造の長年の変動にも係わらず、改革開放以降、今日まで続いている根強い形態であると指摘している。[58] であればこそ、長年の社会変動にも係わらず、中国において民国期から現代に至るまで法規範として掲げられ続けているのであろう。

　しかし、家庭改革論でありつつ、全体社会改革の展望を内在した独自の子

女解放論は、魯迅自身もまた再度提起することはなかった。この後、魯迅が子女の解放について語った「ノラは家出してからどうなったか」（1923年12月26日、於北京、女子高等師範学校文芸会講演、『墳』所収）では、親権により経済権を子女に分与する解放案が提起されている。親権による子女の解放という発想は共通ながら、「人」の創出による社会変革を目指した子女解放論の内容、論調、熱気とは明らかに異なる色合いを呈している。子女解放論は、提唱者である魯迅自身にとっても結果的に、一過性の発言にとどまるものであったと言わざるを得ない。[59]

しかし、提唱の顛末は、子女解放論の思想的意義、提唱の意味じたいを損なうものはでない。大なり小なり親子間に儒教的影響を残す現代の東アジアの家族、人間存在に対して、魯迅の子女解放論が提起した親子関係から人類の一員としての「人」、「我であって我ではない人」〈非我即我〉としての人間を生み出す志向、ナショナルアイデンティティを越えて、次世代を現世代の人間モデルによらず、次世代自身が生きる新しい時代の価値観に対して自律的、創造的であろうとする教育観は、グローバル化が進行し、激しい価値転換が進展する現代世界、21世紀の高齢社会にも大きな示唆を与える。その意味で、ナショナルアイデンティティを越える人類の一員「人」を、家庭から生み出す発想は、旧中国社会の枠と時を越えて、現代に届けられるメッセージ性を有するものと言えよう。

3. 社会権力との闘い――奪権なき革命と文学者魯迅の使命

民衆の生存と生命力を奪い、弱者の弱者による攻撃を生み出す旧中国社会の構造を糾弾し、家族構造から人類の一員たる「人」を生み出そうとした魯迅の改革案は、旧中国社会の根源に迫る意義をもちながら、実を結ぶことなく、時代の流れに沈み込んだ。弱者と民衆を見つめる認識は、殺戮を繰り返す政治テロのはびこる世界で、文学者としてのあり方を深め、生命を損なうあらゆる社会的権力に挑む「反権力」の文学者としてのアイデンティティの

形成を導く礎となった。本節では闘う文学者としての魯迅の奪権なき革命の思想的熟成について取上げる。

（1）転換期の思想形成
　　——戦闘的文学者としてのアイデンティティの確立に向けて

転換期 1926 年〜1927 年——「性の復権」と「生の定立」

　1925 年から 1927 年、魯迅は個人生活と社会生活の上で、人生最大の転換期を迎える。初期魯迅と後期魯迅、魯迅の半生の分水嶺となる 1 年を含む 2 年間である。1919 年 12 月末、留学期に母の嫁と称して実質的な婚姻関係をもたぬまま結婚し、紹興に残していた妻朱安と母魯瑞、次弟周作人、三弟周建人一家を招いて始められた北京での共同生活（八道湾）は、周作人との突然の不和により、わずか 2 年で崩壊した。ともに文学の道を進み、半生を睦まじく啓発しあいながら歩んできたはずの腹心の弟との決裂は、魯迅の精神世界、思想形成に深い影響と爪跡を残した。(60) 周作人との不和を機に家を出た魯迅の居住形態は、自己の婚姻、家庭生活に大きな影響をもたらすことになった。特に故郷に帰ることを勧めながら、朱安の意思で選択された母と妻との 3 人暮らしは、形式的な夫婦関係に対する魯迅の抑圧を増し、深い葛藤を生み出すものとなった。愛する人が誤ってもった毒による死(61)、感謝という呪縛の苦しさを吐露する(62)魯迅は、1925 年女子大紛争で、17 歳年下で、後生の伴侶となる許広平と知り合い、深く共鳴しあう。翌 1926 年 3 月、軍閥政府による請願デモ隊への発砲による殺戮の 3.18 事件が起き、教え子二人（北京女子師範大学学生劉和珍、楊徳群）を失うとともに、首謀者として手配（50 人のブラックリスト）された魯迅は、8 月職を得て広州に向かう許広平とともに、軍閥政府支配下の北京を離れて南下し、当初は一人で厦門（厦門大学）に、さらに半年を経ずして許広平のいる広州に移った。しかしほどなく 4.12 クーデター（上海）に連動して広州でも白色テロが起こった。逮捕学生の救済運動に応じない中山大学に辞表を提出し、27 年 9 月、晩年の地上海に移動した。北京から厦門、厦門から広州、広州から上海への軌跡は、45 歳まで母と母の嫁との生活に自己をおじこめていた「母

の息子」から一人の男性として性の自立を果たし、それを基盤に自らの社会的使命——戦闘的な「反権力」の文学者としての在り方を確立する「生」の定立の軌跡でもあった。愛と性をめぐる葛藤と顛末は復讐譚「鋳剣」(1927年、『故事新編』1936年)に、政治権力の奪取を目指さず闘い続ける文学者としての在り方、思想的課題は、「革命・政治・文芸」をめぐる1927年の言説に凝縮されている。本稿では、後者を対象に戦闘的文学者としての思想を考察する。

魯迅の中国社会観、歴史観の成熟

五四新文化運動の退潮期、魯迅は社会的な影響力を生み出し得ない文学運動について、反芻の時を迎えていた。新文学運動の担い手たちは、それぞれの主義、主張により離散し、魯迅もまた自らの方向を模索し、1924年から1925年の作品を集めた2番目の小説集を『彷徨』(1926年)と名付け、「路は漫々としてそれ修遠なり、吾まさに上下して求め索ねんとす」との句をもつ屈原の『離騒』の一文を題字に掲げている。そうした模索の時にあった1925年4月、魯迅は「灯下漫筆」(『墳』所収)で、中国の歴史と社会構造について、それまでの自己の考え方の総括となるべき次のような見解を提示している。

> 体面を重んじる学者の面々が、歴史編纂にあたって、「漢族発祥の時代」、「漢族発達の時代」、「漢族中興の時代」と結構なお題目をどんなに並べてみても、ご好意はわかるが、表現がなんともまわりくどい。もっとストレートでふさわしい言い方がここにある。
> 一、奴隷になりたくてもなれない時代
> 二、しばらくは無事奴隷でいられる時代
> この循環がほかでもない「先儒」のいわゆる「一治一乱」である。それらの乱をおこした人物は、後日の「臣民」から見て、「主君」のために道路を清掃したのであるから、「聖なる天子のために道を清めた」と言われる。

いわゆる魯迅の「奴隷史観」である。さらに「狂人日記」で描き出した

人が人を食う「食人世界」、「非人世界」の社会構造を「食人の宴席」と称して、以下のように示している。

　しかし我々は自分では、とっくに穏当な処置を講じている。貴賤の別あり、年齢の別あり、上下の別ありというわけで、自分は人に凌辱されても、他人を綸辱できる。自分は人に食べられても、他人を食べることができる。一クラス、一クラス押さえつけあって身動きできないし、身動きしたくないようにしている。我々は古人の麗しきやり方を見てみよう
　「天に十の太陽有り、人に十の階層有り、それゆえ下は上に仕え、それゆえ上は神に供するなり。ゆえに王は公を臣とし、公は大夫を臣とし、大夫は皁を臣とし、皁は輿を臣とし、輿は隷を臣とし、隷は僚を臣とし、僚は僕を臣とし、僕は台を臣とする」（『左伝』昭公七年）
　しかし、「台」に臣がないのはかわいそうではないか、心配ご無用、彼には彼よりさらに身分の低い妻、彼よりさらに弱い息子がいる。しかもその息子にも希望がある、彼が大きくなり、「台」になれば、さらに卑しくて弱い妻子をもち、こき使えるのである。[67]

魯迅にあっては、人が人を食う「食人の宴席」の社会構造とは、頂点に立つ絶対的な強者による一元的な支配だけを意味するものではない。階層と性と世代により多層化された自らよりもより弱い者を支配する多層的なヒエラルキーとして構築される社会構造である。闘いの対象もまた絶対的な支配権力のみならず、より弱い者、下の者を支配する非支配者による支配構造であり、それを担い、生み出す人間、その在り方そのものであった。

(2) 1927年言説——背景と内的基盤

血痕・墨・生を偸む者
1926年から1927年、最強の社会支配者である政治権力による暴政、殺戮が始まる。素手の請願学生らに発砲した軍閥政府による3.18事件、革命を掲

げた国民党による4.12白色テロによる大量の労働者、革命青年の殺戮、一連の血塗られた事件を「血債」と呼ぶ魯迅の言説には、キーワードというべき３つの表現──「色あせる血痕」、「血痕を覆いつくせぬ墨」、「偸まれている生」が繰り返されている。

色あせる血痕と覆いつくせぬ墨

以下は、3.18事件の直後、殺戮者への憤激と惨殺された犠牲者たる教え子に対する無念の思い、憤激と悲痛から生み出された「花なきバラの二」8と9（1926年3月26日、『華蓋集続編』所収）の一段である（文中下線は湯山、以下同様）。

これは事の終わりではなく、事の始まりである。
<u>墨で書かれた戯言は、決して血で書かれた事実を覆い隠すことできない。</u>血債は必ず同じもので返済されなければならない。負債が長引けば長引くほどさらに大きな利子を払わねばならない！(68)

以上はすべて空念仏だ。筆で書いたものが、なんの係りをもてようか？実弾が打ち出したのは青年の血だ。<u>血は墨で書かれた戯言では覆い隠せず、墨で書かれた挽歌には酔えず、威力でも押しつぶせない。</u>それはすでにだまされ、打ち殺されてしまっているからだ。
　　　　　　　　　民国以来のもっとも暗黒なる日に記す。(69)

さらに事件発生の半月後に犠牲者を追悼し、顕彰した「かすかなる血痕のなかに──何人かの死者と生者といまだ生まれざる者を記念して」（1926年4月8日、『野草』所収）では、「ひそかに天変地異を起こしながらこの地球そのもの滅ぼしていこうとせず」、「ひそかに生物を衰亡させながら、すべての死体を長く残そうとはしない」造物主は、「鮮血を永遠に鮮やかに色濃いままにはしておかない。ひそかに人類を苦しませながら、人類に永遠に覚えこませるようにはしない」(70)と記し、衝撃を与えた血の負債がわずかな時間の経

過にさえ色褪せていくありさまが鋭く認知され、言語化されている。

「生を偸む者」

しかし、薄れゆく血痕とその血痕を覆いつくせぬ墨の営みは、そのはざまに身を置き、死者に対する拭いえない負の自覚にさいなまれる鮮烈な思いとして、魯迅自身の内に深く食い入り、刃を突き立てる、「生を偸む者」としての自己認識を生み出していく。

> 真の勇士は、暗澹たる人生に直面して、あえてしたたる鮮血を直視する。これはどれほどに悲痛な者、幸福な者であろうか？ 然るに造化はまたいつも凡人のためにはからい、時間の流れにより、旧い痕跡を洗い清め、かすかに紅い血の色とかすかにひやりとした悲哀を残すだけとする。この淡い紅の血の色とかすかに冷ややかな悲哀のなかに、しばし人に生を偸ませ、この人に似て人にあらざる世界を維持させる。私はこのような世界がいつ果てるかを知らない。
> 　　　　　　　　　　　　　　　　　　　　　　　　（71）
> 　　（「劉和珍君を記念して」2、1926年4月12日、『華蓋集続編』所収）

> 彼女は「からくも現在まで生き延びている」私なぞの学生ではない、中国のために死んだ青年である。
> 　　　　　　　　　　　　　　　　　　　　　　（72）
> 　　　　　　　　　　　　　（「劉和珍君を記念して」3、同上）

繰り返される殺戮　4.12クーデター（白色テロ）

上海ゼネストを率いた労働者、共産党員に対する大量虐殺の3日後、魯迅の居住地広州でも殺戮が始まり、共産党員の文学青年畢磊ら40数名の学生が逮捕される。魯迅による救出の提起は支持者もなくかき消され、悲憤と失意の中で、4月20日辞表を提出、6月の承認を経て、9月27日、許広平とともに上海に向かう。広州を離れる3日前に記された断片的な思惟を集めた「小雑感」（1927年12月、『而已集』所収）には、4.12クーデター後、革命と反

革命が複層化し、国民革命を掲げる国民党が革命の旗手とされ、プロレタリアート革命を掲げる共産党が反革命とされる状況における「生と死」について以下の一文がある。

　　革命、反革命、不革命。
　　革命者は反革命者に殺される。反革命者は革命者に殺される。不革命者は革命者と見なされて反革命者に殺されるか、或いは反革命と見なされて革命者に殺されるか、或いは何でもない者として革命者か反革命者に殺される。
　　革命、革革命、革革革命、革革……。(73)

また「小雑感」には、次の一文もある。

　　戦場に行くなら、医者になるに越したことなし、革命するなら後方に行くに越したことなし、殺人したいなら首切り役人になるに越したことなし、英雄であり、安全だ。(74)

「からくも現在まで生き延びている」という拭い切れない負の思い、「生を偸む者」としての認識は、まさに魯迅自身の生存と「生」の在り方に対する暗鬱な問いとして心の深淵に深く、潜行し、思想形成の基盤となっていった。

革命と文学、文学の効力

進行する政治テロ、殺戮のなかで、かろうじて生き延びている者、「生を偸む者」としての自己認識の下で、文学と文学者の役割について苦悩と懐疑を深め魯迅は、1927年幾つかの革命と文学に関する重要な言説を生み出している。たとえば、武力革命の担い手である士官候補生に対して、文学者の立場から文学と革命について語った講演「革命時代の文学」（1927年4月　於広州黄埔軍官学校、『而已集』所収）では、

文学、文学か、文学はもっとも役に立たず、力のない者が語ることです。実力をもつ者は、口をきかずに人を殺し、抑圧されている者は幾らかでもものを言ったり、文字を書いたりすれば、すぐに殺されます。たとえ運よく殺されなかったとしても、毎日ときの声をあげ、苦しみを訴え、不平をならせば、力を持つ者は、やはり抑圧し、虐待し、殺戮する。彼らに立ち向かう手立てはありません。こんな文学が人にいかなる益をもつのでしょうか？(75)

と述べている。20年代後半から30年代、魯迅は、積極的にマルクス主義の文芸理論を摂取しているが、なかでもトロツキーの文芸思想にとりわけ共鳴し、思想形成に大きな影響、啓発を受けた。「革命時代の文学」で語られた「革命文学」、「革命文学者」、「革命人」、「同伴者」等の基本タームは、いずれも先行研究によりトロツキーの『文学と革命』（日本語訳書 茂森唯士訳『文学と革命』、改造社、1925年）の内に、具体的に出典箇所が跡づけられることが、明らかにされている。(76)特に文学を使って革命を宣伝し、鼓舞し、扇動することの無力さなどの主張は、トロツキーのいわゆる「文学無力説」の受容として指摘され、影響関係が重視されてきた事項であるが、文学の効力、無力感そのものは、魯迅の文学活動において消長を伴いながら、日本留学時代から潜在的に流れ続けてきた認識であり、特に、3.18事件後は、「血痕を覆いつくせぬ墨」と「生を偸む者」との葛藤のなかで凄絶な抜きがたい思いとして、固有の意味をもって内在化されている。それまでの半生を振り返り自らの文学活動を厳しく糾弾した「有恒氏に答えて」（1927年9月、『而已集』所収）では、

　私が以前に社会を攻撃したことは、実は無駄だったのです。社会は私が攻撃していることを知りません。もし知っていたとすれば、私はとっくにおしまいになっていたでしょう。〔略〕私が生を偸んでいられるのは、彼ら（社会——筆者注）の大部分が字を知らず、しかも私の話に効力がなく、大海に一箭を放つようなものだからです。でなければ何篇かの雑感

で命を落としていたでしょう。民衆の悪を懲らしめる心は、学者や軍閥に決してもとりません。近頃、私は悟ったのですが、少しでも改革性のある主張は、社会に関わりが無ければ、「無駄話」として残ることができますが、万一効果があれば、提唱者はたいてい苦しみや殺される禍を免れないでしょう。古今東西、そうしたものです。⁽⁷⁷⁾

と述べ、自己の言説の無力さについて深く自省している。

さらに、革命と文学に対する魯迅の固有性を語る上で、きわめて基本的かつ重要なことは、魯迅が語る「革命」が、必ずしも共産主義革命、プロレタリアート革命だけを示しているのではない点である。

革命はべつに珍しいものではなく、ただこれがあってこそ、社会は変革されるのであり、人類は進歩できるのです。アメーバから人類まで、野蛮から文明まで、革命がなかったときは一刻もありませんでした。〔略〕革命は別段珍しいものではなく、おおよそこれまでにまだ滅亡していない民族はやはり毎日革命に努力していますが、往々にして小革命にすぎないのです。
(前掲「革命時代の文学」)[78]

トロツキーと魯迅──共鳴と分岐[79]

トロツキーの文芸理論『文学と革命』の大きな特徴の一つは、芸術と政治が異なる法則をもつ領域であり、芸術の担い手たる文学者に固有の存在意義と特徴を深く読み取る点にある。文学の担い手である魯迅が「深く文芸を理解する」人物としてトロツキーを高く評価し、その芸術論に信頼と意義を見出した所以である。しかし、トロツキーがいかに「文芸を深く理解する批評者」であったとしても[80]、『文学と革命』はあくまでも共産主義革命を推進する党の立場から書かれた文学論である。トロツキーの文芸理論からの啓発、高い評価と敬意が語られていたとしても、文芸を統御する党の政策の担い手と文学の創り手、文芸の主体たる魯迅との間には、本質的な相違、革命家と文学

者という越えがたい相違が存在する。この相違は、魯迅におけるトロツキー思想の受容、魯迅における革命と文学を分析する重要な要件となる。そのもっとも明確な分岐点が「同伴者」〈同路人〉作家をめぐる考え方である。

同伴者作家とは、トロツキーが、プロレタリアートではないが、ブルジョア革命からプロレタリア革命までの過渡期に、政治的教養を持ちながら芸術的教養が乏しいプロレタリアートを助けて、将来のプロレタリア文学の新展開のための準備を担う援助者、芸術の担い手として注目し、重視した革命の芸術的同伴者で、作品の芸術的価値とその役割に対する高い評価により『文学と革命』の基本軸にすえられた作家群である。[81] 非プロレタリアートであるがゆえに、革命に対してさまざまな葛藤、苦悩、矛盾を抱いた同伴者作家に対して、知識人階級の革命文学への関わり方を見つめる魯迅は、とりわけ強い関心を抱き注目していた。

しかし、ともに高い関心と評価を置きながら、魯迅とトロツキーでは同伴者をめぐる理解に大きな相違点がある。党の文芸政策者であるトロツキーは、革命への道を共に歩む同伴者作家の芸術性を高く評価しながら「階級的にあてにならず、不確定である」、「常に―どんな駅までの同伴か？―といふ問題が起こる」と規定する。しかし、それは、文学の担い手である文学者魯迅の側から言えば、「どんな駅まで同伴するのか？」、「同伴できるのか？」の課題にほかならない。革命とともに歩みつつ、革命とは異なる文学の在り方を見つめる魯迅が、この課題に対して見出した回答、それが文学と革命と政治の異相性、分岐点について語った「文芸と政治の岐路について」である（1927年12月21日、於曁南大学）。

文学・革命・政治

文芸の担い手たる文学者の運命、文芸と政治の関係について語った上記の講演には、先立つ「革命時代の文学」、「革命文学」では語られなかった重要な問題、革命権力の問題が含まれている。「文芸と政治の岐路」とは、文芸と革命の岐路にほかならず、それは26年に始まる南下の到達点であり、晩年の活動の原点となる重要な言説である。その要件は要約すれば以下の通り

である（この講演で魯迅は「文学」とより広い芸術を示す「文芸」の語を併用しており、本稿もこれを反映して記述する）。

①文芸と政治
・現状を維持しようとする政治と現状に安んじない文芸は衝突し、一つにはなれない。
・政治は現状を統一しようとし、文芸は社会の進化を促して分裂させようとする。社会は分裂してこそ進化する。

②文学者の役割と社会
・文学者が社会の現状に対して不満を抱き、あれこれ批判する結果、世の中の一人、一人が目覚めて、誰も現状に安んじなくなるから、当然政治家から首を切られる。文芸家を、社会を乱す扇動者と決めつけ、殺してしまえば、社会は平和になる。文学者は統一を破壊するものとして永遠にとがめられる。
・文学の社会的使命から、文学者は本来的に政治による迫害と弾圧を受けざるを得ず、生命存続の危険は不可避的に存在する。

③文芸と革命
・文芸と革命はもともと相反するものではない。現状に安んじようとしない共通性はあるが、一つにはなれない。
・革命とは、現在に安んじず、現状に満足しないものすべてのことであり、文芸が古いものが次第に滅んでいくように促進することも革命である。

奪権なき文学者の闘い
「文芸と政治の岐路について」に見られる重要な見解とは、革命前の文学と革命とについてだけでなく、革命後の文学と革命との関係にも注視していることである。特に革命成功後の革命家を政治革命家と呼び、権力をもつ者と見なし、革命後に生まれる「謳歌」の文学を、権力を讃える文学ととらえ、

革命後の社会に不満を唱える文学者は、政治革命家に命を奪われると主張していることである。

> 文学をする人はどうしても少しは暇がなければならないが、革命している最中に文学をする暇があろうか？（略）人々がパンさえ手に入らないときに文学のことを考える暇があろうか？　文学が現れたときには革命はとっくに成功している。革命が成功した後は、多少暇ができる。革命にお世辞をいう人も褒め称える人もでるが、これは、権力を握った人を褒め讃えることで、革命となんら関係はない。このとき、感覚の鋭敏な文学者が現状への不満を感じ、口に出そうとするかもしれない。政治革命家は、以前、文芸家の話に賛成したことがあるのだが、革命が成功してしまえば、以前、反対者に使ったお決まりの手口をまた使いだす。文芸家は不満を免れず、首を切られてしまわざるを得ない。(82)

しかし、魯迅における革命とは、広義の意味をもち、プロレタリア革命を含みつつ、それで終結するものではない。魯迅において、革命は社会の変革であり、政権の奪取により終結するものではない。

> いわゆる「革命の成功」とは暫時のことを言うのであり、実は「革命は未だ成功しない」のである。革命には果てがない。もしこの世に本当に「完全無欠」なぞがあるなら人間世界はそこで固まってしまうではないか。
> 　　　　　　　　　（「黄花節の雑感」、1927年3月、『而已集』所収）(83)

果てのない革命の中で、文学者も革命後に生まれる新しい社会において、新たなる使命を担う。

> たとえ共産になっても文学者は立ちどまってはいられないでしょう。
> 　　　　　　　　　　　　　　（「文芸と政治の岐路について」）(84)

革命が成功し、権力を奪取した時、革命は現状に安んじないものから、現状を維持する政治へと転化する。社会の分裂を促して社会を進化させる文学者の使命には止まるところがない。ゆえに魯迅における文芸は政治と一つになれず、革命とも一つになれないのである。

マルクス主義の受容と相対化——魯迅は同伴者作家であったのか？

革命時代における人間のさまざまな葛藤、苦悩、矛盾を描いた作品世界を創り上げながら、革命家から「どこの駅までの同伴者か？」と問われる同伴者作家は、プロレタリア革命とともに歩みながら、プロレタリア階級ではない自己の存在に苦悩し苦闘する。その苦闘と精神の葛藤が、知識人としての自己を見つめ、文学者としての在り方を問い続けた魯迅の強い関心を呼んできたが、魯迅は自らをどう認識していたのか？　同伴者作家と認識していたのであろうか？

魯迅が同伴者作家であったかどうかは、魯迅と革命との関係、魯迅の革命性を考える要件として、これまでに論議が沸騰してきた問題である。その背景には、魯迅より作品の講義を受け、個人的に親交の深かった中国文学研究者増田渉（1931年訪中）が「中国共産党に加入してはいなかったが、しかしシンパではあったと思う、自ら同伴者作家といっていたから」（前掲増田渉『魯迅の印象』）との発言がある。[85]

先行研究では、1927、28年から30年代初頭まで同伴者作家に共感し、その後新たな地点に歩み出していったと見なし、共感の後にどこに歩みだしたのかが主要な検討課題であった。代表的な見解としては、魯迅が「共感した同伴者作家の世界をも通り抜けて、より革命に密着した場合に進んで行った」、それゆえ「本質的に革命の同伴者ではなかった」とする丸山昇説、丸山説を継承しつつ、同伴者への共感期にはもちえなかった「死の覚悟」をもたざるを得ない者へと進むことにより、同伴者から脱却したとする長堀祐造説等が挙げられる。[87]筆者は、1926年の3.18、1927年の4.21——軍閥政府と国民政府、二つの異なる政府による虐殺による「死」に対する苦悩と記憶から、[86]

「死の覚悟」とは逆に「生」への希求が思想的に確立され、脱却とは逆の方向、同伴者としての自己形成、アイデンティティの形成へと進んだものと解釈する。その論拠の一つに次の１段が挙げられる。

> 多くの愛の献身者がすでにこれにより死んだ。それ以前に、予想しながら予想を超える血の遊戯が弄ばれ、当事者でありながら傍観する人に楽しみと満足、そしてただの見てくれの面白さと賑わいを与えた。しかしまた一部の人に重圧を与えた。<u>この重圧が除かれるとき、死でなければ、すなわち生である。これこそが大時代である。</u>
> （黎錦明作『塵影』題辞、『而已集』所収）[88]

4.12クーデター後の地方都市の白色テロを描いた中篇小説（上海開明書店、1927年）の序の一節であるこの一段には、革命の時代に向かって、「生」を希求し、「生」を守ること、「死」よりも「生を賭す」思想を育む魯迅の思想形成の営みの一端、「死」の衝撃を見つめればこそ、「生」にこだわり、「生」を希求していく魯迅の思想形成の核心、あらゆる権力支配への反抗を内在化した「反権力」、抵抗の思想の核心がある、と考える。

（3）「生」を希求する抵抗主体と権力

殺される者としての文学者

政治家、革命後、権力者となる政治革命家に殺される者としての文学者の運命は、社会との関わりと緊密に結びつけられている。

> 文学者の発言が社会に影響しないうちは安全であり、社会に影響が出れば、首をはねられる。[89]

> 多少とも改革性をもった主張は、社会に差し障りがなければ「無駄話」として存在できるが、万一効果があれば提唱者はたいてい苦難や殺され

中国から世界へ

る災いを避けられない。
（前掲「有恒氏に答えて」）(90)

　新しい思想運動が起きたとき、社会と関係なければ絵空事として心配ないが、思想運動が実際の社会運動になれば、往々にして旧勢力に滅ぼされてしまう。
（「知識階級について——10月25日上海労働大学講演」、『集外集拾遺補編』所収）(91)

　しかし、殺される者として文学者を規定することは、殺されることを甘受することを意味しているわけではない。

　危険が身に降りかかることは恐ろしいことですが、他の運命は不確定でも「人が生きれば死あり」という運命のほうは避けようがありません。それゆえ、危険もまた怖れる必要はないかのようです。（略）諸君の中には、恐らくお金持ちは多くはないでしょう。そうであれば、私たち貧しい者の唯一の資本は生命です。生命をもって投資し、社会のためになにかするなら、どうしても少しは利益を多く得なければなりません。生命をもって利息が少ない犠牲は、割にあいません。
（前掲「知識階級について」）(92)

　「貧しい者の唯一の資本である生命」を社会のためにという名目で棄ててはならない、「殺される者」としての覚悟で成り立つ文学者の使命は、社会の分裂を起こし、社会を進化させることであればこそ、殺される運命をもちながら殺されない運命を紡ぎだし、「生」を勝ち取らねばならない。それは、1926年3.18、1927年4.12に象徴される政治権力による殺戮から生み出された「色あせる血痕」、「血痕を覆いつくせぬ墨」、「偸まれている生」の3つのキーワードと、革命との関わり、文学者のあり方をめぐり、魯迅自身が自らに問うてきた課題に対する一つの回答である。殺された犠牲者に対して、「かろうじて生き延びている者」、「生を偸んでいる者」としての負の思い、首を

239

はねようとする者、殺戮者に対して殺されまいとする抵抗と反抗を保ち続けること、「殺される者」としての覚悟をもちつつ、唯一の資本である生命を「殺す側」に差し出さない道、しかも「生きのびている」だけの文学者、社会の進化に役立たない文学者と異なる道を進み続ける方向、そこに魯迅が目指した文学者としての自己確立の跡を辿ることができる。

殺されない者としての闘い

増田渉の魯迅観

「殺される者」たること受けとめながら、殺されない者として生き抜く闘いの在り方を希求する魯迅の人間像を鋭くとらえたのが、1930年代上海で魯迅から直接、初期の作品集『吶喊』、『彷徨』などの著作について、個人的に教えを受けた増田渉（1903〜1977）の魯迅をめぐる回想である。増田渉は、魯迅の思想の核心に「人は生存しなければならない」という生物学的人生観を指摘した李長之の観点（『魯迅批判』1935年11月、北新書局）を取り上げ、かつそれだけではないとして、次のように語っている。

> 生物学を機械的に、教科書的に学んだものはいくらもいるだろう。だが、その学びが、自己の生命ないしは生活への認識と直接結びついているのでなかったら、それが思惟や行為と有機的に結びつきはしなかったろう。しばしば「死」と直面した経験にもとづいているからである。観念的な死ではなく現実に、肉体の消滅という経験（あるいは経験の一歩手前）に直面したことがしばしばであったからであろう。そしてその直面した死が、自然死とか不慮の傷害死ではなく、政治事情にもとづく殺戮、いわば「政治死」ともいうべきものであったところに、彼の中核の思想として（それが思想といわれるべきものとして）植えつけられたのではあるまいか。のみならずそのような死に強く反抗する「生存」への要求となり、さらにそれが彼の人間の底に沸々たる情熱となって燃え、社会的な抗議として広まり発展していったのではないか。だから魯迅を考える場

合、李長之の言うような生物学的人生観といっても、それは単に抽象された生物学的知識としての認識ではなく、政治死をその根にもっているところの、いわば政治死が止揚されているところの、生物学的な生存要求というところに発したものではあるまいか。でなかったら彼の思惟や行動、つまり不撓不屈の革命者としての魯迅を考えることができないと思う。
(93)

また、「彼が生命を、自分の生命だけでなく、他人の生命をもいかに愛惜したか」、「つねに生命を尊重し、生命を尊重するという根本の上に、あらゆる人生の仕事の意味を見出そうとしていたようだ」、「また一面エライ人だとも思っていた。権力に屈しないところ、権力の圧迫とどこまでも敢然と戦って、妥協しない精神——更にそれと戦って、戦い抜く精神をもった人という点であった」と語り、さらに次のように述べている。
(94)　　　　　　　　　　　　　　　　　　　　　　　　　(95)
(96)

> 彼の一生は権力と、それが権力なるゆえに妥協しない強靭な、そしてつねに圧迫される者の側に立つ戦闘的な行動（あらわれとしては文筆行動だが）をもって貫かれていた。
> (97)

「死」ではなく、「生」を賭ける者として、「同伴者からどこかへ」ではなく、権力の奪取を求めず、あらゆる人の圧殺をはかるあらゆる権力と闘う、終わりなき社会変革を目指す者としての革命「同伴者」の道、その道こそ魯迅が自らつかみとり歩んでいった道、であったと考える。しかも、その闘いは魯迅にとって文学、文章行動でなければならなかった。それはなぜか？

ニーチェは血で書かれた物語を読むのを愛したという。しかし、私は思う、血で書かれた文章などは未だないと。文章はいつでも墨で書かれるものであり、血で書かれたものは血痕にすぎない。それはむしろ人の心を動かしはらはらさせ、端的でわかりやすい。しかし色は変わりやすく、

241

<u>消えやすい。この点はほかでもない文学の力に頼らざるをえない。</u>
(「どう書くか——夜に記す1」、1927年10月)[98]

　文学の力を見据えた魯迅は、「血債」を返す道を文字に求めた。1926年から27年の転換期を経て、終わりなき社会変革の道へと踏み出した魯迅は、その命が尽きる1936年まで、近代都市上海の租界で、国民党の暴政とこれに与するメディア、論敵、そして弱者をいたぶるあらゆる支配に対して、鋭く、揺るぎないペンの戦いを展開していった。それは社会の変革を推し進めるためのあらゆる社会的権力との闘いであった。さらに、いまだロシアにも中国にも誕生していない「平民の世界」を希求した魯迅は、平民の多くが文字をもたない時代にあって、言葉を越えて、文字を持たぬ民の世界へのメッセージを可能とする版画の世界、「木刻」（版画）運動に力を注いだ。それは、墨でも、血痕でもなく、内なるこころの力を呼びさます平民のための文芸活動の道でほかならなかった。[99]

4. 民衆の時代——「弱者」の力と支配的権力との闘い

　プロレタリアート革命に期待と希望を強く抱きつつ、権力の奪取を求めず、永遠の「革命同伴者」として、社会の変革を求め続ける終わりなき戦闘者の道に踏み出した魯迅は、晩年まで「生存」の要件たる「発展」、「進化」を求めて激しく、退くことなく闘われた。それは、まぎれもなく我々の時代が、今日なお求め続けている生存権と発展権——基本的な人権とよぶものにほかならない。生存をおびやかし、圧殺する革命を含むあらゆる「権力」に向けて、「権力」をもたない者が生み出す抵抗と反抗——「反権力」の「生」の在り方を選びとった魯迅の思想世界は、今を生きる私たちに、権力をもたず、権力を動かす民——「マルチチュード」の姿を浮かび上がらせる。最後に、魯迅のことばが現代の我々に届けるもの——魯迅が生み出した思想的課題と現代世界との対話を試みる。

(1)「マルチチュード」とは何か？

魯迅との連続性を考察するに先立ち、まず「マルチチュード」とは何かについて、基本的な意義、特長を確認しておきたい。

概念規定を拒む、形成されつつあるもの——二つの時間を生きる可能体

「マルチチュード」は、アントニオ・ネグリがスピノザのなかから掘り起こし、スピノザ再評価の流れのなかで注目され、論議を深めつつ、学術的に発展しながら形成され続けている概念である。(100) いうなればヨーロッパ政治思想史の深く、豊かな思想的蓄積を基盤に生み出され、激動する現代世界の在り方に鋭く切り込む西欧発信の新しいタームと概括できる。具体的には、アントニオ・ネグリ、マイケル・ハートとの共著（3部作）の第一部『帝国』（2000年、邦訳2004年）のなかで提起され、第二部『「マルチチュード」論——〈帝国〉時代の戦争と民主主義』（2004年、邦訳上下2005年）の中心的課題として、世界史の現実の動向に即して多様な論議が展開され、第三部『コモンウェルス——「帝国」を超える革命論』（2009年、邦訳上下2012年）であるべき「共(コモン)」の世界からの照射により、その輪郭がかなり明確化されてきた。とくに世界史の現実に即して記述された第二部の時事的な論議は、「マルチチュード」の特徴と意義を理解する上で非常に助けとなる。さらに近著『反逆——「マルチチュード」の民主主義宣言』（2012年、邦訳2013年）では、代議民主制に変わる絶対民主制の構成要素としての存在に焦点を置いてより明確に語られている。

以上を踏まえて、魯迅との考察を進めるために、もう少し具体的に「マルチチュード」の特徴を見ておきたい。「マルチチュード」には少なくとも3つの特徴がある。

まず第1点は、不可知的な要素が色濃いことである。その理由は、「マルチチュード」の特質が自然発生的なものではなく、つねに形成され続けているものであることによる。「概念規定を拒む、形成されつつあるもの」、ある

いは流動性ゆえに「動的に生成され続けているもの」として語られるため、対象を把握するために固定的な概念規定を求めがちな既存の思考枠組にはなじみにくいが、「生命体」と認識することにより特徴がわかりやすいものとなる。第2点は、「マルチチュード」は「常に――すでに」と「いまだ――ない」という二つの時間軸もつため、現在において行動する「マルチチュード」は、同時に潜在的にまだ実現されていない「マルチチュード」を内包している。いまだ実現されていないが、つねに政治的に実現されるものとして、現実的な潜勢力として存在している。第3点は、「マルチチュード」は、単独の存在ではなく、理性と情念を通じて、さまざまな歴史的力の複雑な相互作用のなかで自由を創出する力をもち、共同的な社会的相互作用のなかで創られる社会的存在である。

多数多様な「マルチチュード」――〈multitude of multitudes〉（複数）

動的に生成され続けるがゆえに固定化した概念規定を拒否する「マルチチュード」の特質を明確に示すのは、人民、大衆、民衆、国民、労働者階級といった旧い近代的社会集団観念との相違である。人民の統一性、大衆の均一性、産業賃金労働者を示す労働者階級と異なる「マルチチュード」は、多数の異なる個人、階級（社会的差異）をもつがゆえに多種多様であり、一つの同一性的に統合、還元されることを拒否する差異、特異性をもつ。しかもそれぞれが個々ばらばらの孤立した社会関係性をもたない断片化したアトム的な存在と異なり、複数の多様性を基盤とした社会的連係により共生し、共同で行動できる異種混交の集合性を形成する。多様性、差異性をもつがゆえに単一化できない「マルチチュード」は、常に〈multitude of multitudes〉（複数）、すなわち「複数形の「マルチチュード」からなる一つの「マルチチュード」」として表現される。その意味で、政治的考察において「複数形の「マルチチュード」」ではなく、「単数形の「マルチチュード」」への思考を基礎に置きつつ、構成的に政治的役割を担い社会を形成する集合体として認知される。「マルチチュード」が単数形か、複数形かは、日本語の言語基盤では

問われず、明確にする必要がないので、なかなか自発的には意識しにくいが、「複数形の「マルチチュード」からなる一つの「マルチチュード」」〈multitude of multitudes〉（複数）は、「マルチチュード」の特質、基本義を明快に示している点で、とりわけ重要であり、注目すべきものであると考える。

(2) 魯迅と「マルチチュード」

抵抗主体としての「マルチチュード」と魯迅の闘い

「マルチチュード」のもつ重要な特質に、「「共(コモン)」の力を通して主権を破壊する志向である」がある。この認識は、近代的主権、一者による統治を暴力的な自然状態「万人の万人に対する戦争」への終止符を打つ目的で作られた一つのフィクションとする基本認識、近代的主権の成立により政治秩序概念が誕生するとの思考に根差している。ネグリは、具体的には、リュシュアン・ジョームズによるホッブス理解に立ち、「人間は人間にとって狼である」という戦争状態に群衆が怯えて、代表する第三者に自らの力能をゆだねることを求め、そのとき選ばれた第三者の「権力」が群衆を市民に変え、市民はその力能を、生存権を除いて、すべて権力に委譲する。その群衆と市民の差異を、野生の領域と見なすところに、スピノザの〈multitude〉の定義が生み出されていると考えている。[103] 戦争と死の脅威が「マルチチュード」を主権者の支配に従わせるための主要な道具であり、主権者による臣民の保護こそが主権者に対する臣民の義務の基礎となる。その意味で、近代的主権とは暴力と恐怖を終わらせるのではなく、暴力と恐怖をまとまりのある安定した政治秩序のなかに組み込むことにより内戦を終わらせ、主権者が暴力の唯一正当な発動者となるものとの見解が導かれる。この理解によれば、「マルチチュード」は、意志決定能力、服従の義務を基礎とする市民法の伝統的な考え方に対して、法に先立つ義務の観念を否定する考え方に転じる。「原則的に権力に対していかなる義務も負っていない。「マルチチュード」にとって絶対に欠かせないのは、不服従の権利と差異を求める権利だ。「マルチチュード」の権利は恒常的かつ正当な不服従の可能性に基づいている。「マルチチュード」にとって

義務が発生するのは自身の積極的な政治的意志の結果としての意思決定のプロセスにおいてのみであり、義務はその政治的意志が継続する間だけ維持される」。しかも「マルチチュード」は、自らが政治性制度上の権力を求め、自らが支配的権力の担い手にはならない、「マルチチュード」が恣意的権力を組織すれば、「マルチチュード」ではなくなる。きわめてラジカルな言説ゆえに、「マルチチュード」の破壊性、アナーキズム性に対して是非が論議される所以である。「マルチチュード」を無視しては、支配的権力(脱中心的ネットワーク権力たる「帝国」)は存在しえないが、「マルチチュード」は、自らは支配的権力者、制度的主権者にならず、よりよき世界の構築を希求し、それを実現する力となる。既存の世界秩序を概念化し、規定し、枠づけるあらゆる営みを拒み、常に新たな世界を構築することを志向する原理として働く創造的な力、自らが支配的権力をもたず、より良き支配を生みださざるを得ないものとして迫る力、運動体となる。言い換えれば、「マルチチュード」とは、支配的権力をもたず、「支配的権力を動かす民」であり続ける「力」である。そこに権力の奪取に留まらず、社会の進化、発展を求めて、抵抗主体として社会変革を求め続ける魯迅の闘いと通底する非支配者、民衆力の闘いの原型を読み解くことができる。

強大な権力と強靭な「弱者」の闘い――無頼の精神

では、命だけを財産とする権力をもたない民は、どのように「殺されない者」として闘い続けることができるのであろうか? 魯迅は、具体的な戦術論を提示しているわけではない。しかし、権力をもたない民、弱者の闘い方に示唆を与える手がかりがある。前節で挙げた「ノラは家出してからどうなったか」(1923年12月26日北京女子高等師範学校文芸会における講演)で説かれたノラへの提言もその一つである。夫の傀儡であることに気づき家出したノラの行く末が、転落して娼婦になるか、家に戻るかしかないとする見解を引きあいにしながら、魯迅は目覚めたノラにもっとも必要なもの、自由のために必要なものは、ほかでもない金、上品に言えば経済力であるから、家庭においてこれを求めて闘うことを勧める。世の中では小さな事に力を尽くす方が

大きな事よりももっと面倒なものである。家庭での経済権の要求は、高尚な参政権や広大な女性解放といった要求も同様で、家の中で参政権を要求しても強い反対にあうことはないが、一度経済の均等配分を口にすれば、敵に直面することになり、熾烈な戦闘が必要になる。ではその闘いはどうくり広げればよいのか、魯迅は、客に代金を要求して、一歩もひかぬ荷物運びの無頼の精神を挙げて、家で経済権の要求をすることを勧める。魯迅は言う。

> 世の中には無頼の精神というものがあります。その要点は粘り強さです。噂では「拳匪の乱」の後、天津の青皮、いわゆる無頼漢のさばり、荷物を一つ運ぶと二元要求し、荷物が小さいと言っても二元要求し、道が近いと言っても二元要求し、運ばなくてもいいと言っても、なお二元要求したそうです。青皮はもちろんお手本にはなりませんが、その粘り強さは大いに敬服できます。経済権も同じです。そんなことは古臭いと言われても経済権をよこせと言います。卑しいと言われても経済権をよこせと言います。経済制度がまもなく変わるから、もう心配ないと言われても依然として経済権をよこせと言うのです。(107)

強大な権力に圧殺されず、権力を持たない「弱者」が、圧倒的な力を誇る支配的権力と激しく、揺るぎなく闘うには、自らの生命を守りつつ、粘り強く、執拗に、強靱に自らの要求を迫り続けるしたたかな戦法、支配者の論理にからめとられない、支配される側の論理—無頼の論理が求められるのである。

(3)「愛」と「共(コモン)」の世界へ

目指された世界——「平民の世界」と「愛」の力

政治権力としての革命政権に与(くみ)しない魯迅の目標は、社会の分裂を促し、社会の変革を進めることである。では、魯迅が抱いた来たるべき社会とはどのようなものであったのか？ 魯迅にあって、来たるべき世界像、社会構想を具体的に示すまとまった言説は残されていない。しかし「革命時代の文学」

247

において魯迅は、来たるべき社会の展望として「平民の時代」を想定し、さらに自分のことばをもたない「労働者、農民が解放されなければ、労働者農民の思想は依然として知識人のものである、労働者、農民が真に解放されなければ、真の平民文学はない」(108)と記している。さらにたちどころには来ない「平民の世界」を目指すための手がかりの一つに、最晩年、当時親交のあった馮雪峰に対して、魯迅が今後書きたいテーマの構想として挙げた二つの課題がある。「母性愛」と「貧しさ」である。「魯迅先生、未完の著作」と題された一文の一段は、以下のように記されている。

　……次は、母性愛について書くつもりだ。思うに母性愛の偉大さは、まさに恐るべしだ、ほとんど盲目的で……」。魯迅先生が談話中に母性、母性愛について語り出したのは実際一度ならず、数度とならず、ほとんどしょっちゅう話していた。私はかつて、こう思っていた。かれが女性を尊重する理由の一つは、母性愛の偉大さのためであろう。これは彼がしばしばモダン女性が息子に父を与えないことを攻撃していたことからもわかる。ドイツの社会主義の女性画家コルヴィッツから母性愛に話が及んだこともしばしばあり、中国の農村の純粋で愛情深い老婦人のことから言い及ぶこともあった。彼が偉大な母性愛について書くと言ったのもまた一度にとどまらない。その次は貧しさについてだと、やはりいくども話していた。「貧しさは、決して良いものではない。貧しさを良いことだと思い込んできた観念を改めねばならない。貧しさとは弱さであるのだから。原始共産主義のごときは貧しさゆえのものだ。そんな共産主義なら我々は要らない」。また、私は彼がちょうどこんな風にも言っていたように思う。「個人の富はもとより良くない。しかし個人が貧しいことも良いわけではない。結局は、社会が前提となるのだから、社会が貧しくてはならないのだ」(109)。

ここで語られている「愛」は、母性愛であるが、魯迅自身は母性愛そのも

のへの敬意だけでなく、母性愛の内にある人を育む力――「無私の愛」のもつ人を育む力に大きな可能性を認め、その力を注視していることが窺える。本稿第2節で取り上げたように、五四時期の魯迅は、覚醒したものから自らの子女解放していくことを求める子女解放論を唱え、子女の誕生と同時に生まれる父母の愛は深く長きにわたり、子女も大同に至らず相愛の差異のある世界で、父母をもっとも愛しもっとも関心をもつから、両者はすぐに離れられない、愛でも繋ぎ止められない者なら、いかなる「恩義、名分、天経、地義」の類でも繋ぎ止められはしないと、述べている。(110) 儒教の教義批判に対峙するものとしての「愛」を語ったものだが、至高の人間感情の愛の象徴として、五四時期、寡婦の子どもへの愛を語り、最晩年に、母性愛を残された執筆計画として掲げる意志の内に「愛」の力への信頼が強くあふれていることが読み取れるとともに、魯迅における愛が現実的な力、社会的な力として、機能的に把握されていることが明瞭に映し出されている。

世界変革の力としての「愛」の考察　――ネグリの提言

　ネグリもまた世界変革の力としての「愛」の力を重視し、「マルチチュード」の力能を結びつけるものとして、「愛」こそ不可欠であるとしている。「愛」について、『コモンウェルス』には、以下のような一段がある。

　　　愛とは感傷に満ちみちた言葉であり、とうてい哲学的言説――ましてや政治的言説――にふさわしいとは思えない。愛について語るのは詩人にまかせておけ、と多くの人はいうだろう。彼らにたっぷりその温もりに浸らせておけばいいのだ、と。
　　　けれども私たちは、愛こそが哲学と政治にとって欠かせない概念だと考える。愛について深く探求し、愛を発展させようとしてこなかったことが、現代思想の弱点の最大の原因の一つだと見ている。愛を聖職者や詩人や精神分析医にまかせるのは賢明なことではない。ならば頭のなかの大掃除をして、愛を哲学的、政治的言説にふさわしくないものにして

いる誤った考え方を一掃すること、愛の概念を再定義して、その有用性を示すことが必要だ。⁽¹¹¹⁾

愛を哲学的、政治的概念として理解するためには、まず貧者の視点に立ち、貧困のうちに生きる人々の間でいたるところに存在する、無数の社会的連帯と社会的生産の形態について見ていくことが有益だろう。⁽¹¹²⁾

愛とは「共(コモン)」の生産と主体性の生産のプロセスだということにある。⁽¹¹³⁾

ネグリもまた社会変革を推進する上で欠かせない力として、きわめて機能的に、「愛」の力を熱く説いている。

「愛」と「貧」と「共(コモン)」

奪権を求めず、支配的権力に対峙し続ける「反権力」の終わりなき革命を目指した魯迅の時代は、ロシア革命が起き、マルクス・レーニン主義による共産革命が変革のシンボルとなった時代である。魯迅は、マルクス主義に深く学びつつ、権力論においてそれを相対化し、平民の時代が切り開かれることを希求し、あらゆる社会的権力への揺らぐことのない戦いに挑む道を進んだ。しかし文学者である魯迅は、現代社会においてネグリらが提起する支配的主権の破壊、革命後の制度論を視野に入れた革命観、権力認識までを思想的に構築していたわけではない。魯迅が提示したのは、革命政権樹立後、革命が政治に転化し、権力となることを認知し、革命後の支配的権力たる革命政権にも与(くみ)せず、これと対峙し、さらなる社会の変革を希求する終わりなき闘いの道である。その闘いの道、権力の奪取なき闘いは、ほかでもない「マルチチュード」による変革の道へと重なり合う。魯迅が求めた母性愛に象徴される無私の育みの「愛」への信頼と「貧しさ」を拒否する志向は、ネグリが主張する「愛」との異相性をはらみながら「共(コモン)」の世界による世界変革を求めることにおいて深く通底している。言い換えれば、魯迅が実現を願い、追求しようとしていた民衆

の側に立つ永続的な社会変革の課題が、現代の民衆革命の時代における新しい社会創造という歴史軸の上に展開されている、あるいはさらに一歩踏み込むならば、近代中国に生まれた魯迅と魯迅の時代が残した課題が、「マルチチュード」による「共(コモン)」の世界の実現に向かって歩み出した、現代の我々に引き継がれ、展開されようとしていると、言いえるのではなかろうか？

おわりに——中国から世界へ

　民族抵抗の時代に、支配される者の側に身を置き、革命とともに歩みながら、権力の奪取なき闘争者としての道を定めた魯迅の在り方と言説は、今を生きる私たちに、被支配者の側に立ち続けながら、権力に対峙し、権力をつき動かし、よりよき社会の進化と発展を求めるしたたかで、強靭な「弱者」の闘いの在り方と思想を残した。それは、生存と生命の発展を阻み、圧殺するあらゆる社会的権力を突き動かし、よりよき社会の実現を求める強固な民衆の力——「マルチチュード」の道に通底する。「魯迅の骨はもっとも固い」と中国革命のカリスマ的指導者毛沢東に言わしめ、精神界の戦士として、聖人として崇められた魯迅を生み出した抵抗と屈折の近代中国は、1世紀に及ぶ熾烈な闘いを経て、帝国主義の支配下から脱し、今世紀、世界に影響を与える強国へと自らを築き上げた。強大な中国の誕生は、かつての「弱者」の体験、「弱者」観に根差した世界観を見失わせたかの危惧さえも生み出している。

　過去の歴史をまずまずは安心して奴隷になれる時代と奴隷になりたくても奴隷になれない時代に分けた歴史観の末尾で、魯迅は、次世代の青年たちに、この歴史をひっくり返し、中国にいまだない新しい歴史創造の期待と責務を求めた。奴隷史観とは、「負」の歴史観を示したばかりではない。それは、治める者からの発信による歴史観ではなく、治められる側からの歴史観を提示したものでもある。魯迅が若者に求めた新しい歴史創造とは、その治められる側が主体となって構築する歴史創造の使命と期待であった。

　本稿で取り上げた後期魯迅が闘いの方向として定めた権力を奪取せず、権

力に対峙し、進化のための分裂により、よりよき社会を創造する力は、誤解を恐れず言えば、民の側から支配的権力によりよき支配を迫り、実現させる力にほかならない。それは古代中国において「帝力我に何かあらん」〈帝力何有於我哉〉と支配そのものを相対化した「鼓腹撃壌」(『18史略』五帝、善政が行われ、人々が大地を叩いて平和を喜ぶ意味)の世界に通じる一面がある。無論、「鼓腹撃壌」は、帝王学として説かれ、仁政をほどこす側から生み出された政治観である。しかし安泰のための好き支配を価値とする支配する側の理想に食い入り、支配的権力に対して民衆の側からその実現を迫る転換の可能性を有している。恩恵ではなく仁政を実現させる民衆力、強靭な弱者の力として「鼓腹撃壌」を獲得する闘いの道は、ほかでもない民衆革命の時代を生きる現代、我々の時代の歴史創造の課題にほかならない。国家、社会の上からのベクトルではなく、下からの世界史創造に向けて、魯迅の思想を再考するとき、支配権力を動かす歴史主体として、世界創造を求める力として、ネグリらが提起した「マルチチュード」論はきわめて刺激的である。アジア、近代中国が生んだ魯迅と現代西欧世界から生まれた「マルチチュード」について、さらなる考察を実現する、時空を越えた対話が求められていると考える。その対話は、あるいはネグリが「マルチチュード」の可能性を提起したマルチチュード論の第一部「帝国論」で展開した近代的主権、近代の同一性を越えるアイデンティティ——ハイブリットな異種混交型のアイデンティティの志向と相通じるところがあるかもしれない。近代中国の申し子でありながら、伝統的な家族観、民主主義時代のネーションを越えて人類の一員としての「人」の創出を求めた五四魯迅の子女解放論から、殺されることを拒絶して「生存権」、「発達権」を求めて「奪権なき革命」を追求した後期魯迅の「反権力」の思想は、まさに近代の普遍性、一元性、同一性の枠組みを越えるポスト近代、アジアと西欧の価値観、アイデンティティが共生、共存し、相互誘発する新しい世界、新しい人類としての世界観を構築する可能性への希求と重なり合う。まさに、そこに戦士魯迅の強靭な戦闘性を生み出す力、根源に支配される側の論理、——「弱者」観と民衆力への追求を読み解こう
(114)
(115)

とする本稿の意図――「もう一つの魯迅像」を提起する意義を見い出し得るものと思う。

注

（1）「マルチチュード」の概念は、アントニオ・ネグリ、マイケル・ハートによる『帝国――グローバル化の世界秩序と「マルチチュード」の可能性』（『Empire』2000年、水嶋一憲、酒井隆史、浜邦彦、吉田敏実訳、以文社、2003年）に始まり、『「マルチチュード」論――"帝国"時代の戦争と民主主義』（『Multitude』2004年、幾島幸子訳　水嶋一憲　市田良彦監修、NHKブックス　上・下、2005年）、『コモンウェルス』（『Commonwealth』2009年、水嶋一憲監訳、幾島幸子・古賀祥子訳、NHKブックス、上・下、2012年）で論議が深められ、さらに『叛逆――「マルチチュード」の民主主義宣言』（『Declaration』2012年、水嶋一憲・清水知子訳、NHKブックス、2013年）で、「マルチチュード」による直接民主主義の意義が提起されている。

（2）本稿は、本書刊行の母体であるアジア太平洋研究センター共同研究プロジェクト「アイデンティティの創生と多元的世界の構築――アジア・中国の磁場から」第一回シンポジウム「多元的世界への問い――帝国の時代の言語とアイデンティティ」での報告「奪権なき"革命"の道――"反権力"の言語表象魯迅」シンポジウム報告書（三恵社、2011年）79-94頁、第二年回シンポジウム『多元的世界の構築におけるアイデンティティの創生』での報告「魯迅と"マルチチュード"：アジア近代からのアイデンティティの形成と"反権力"」同シンポジウム報告書（三恵社、2013年）23-36頁を基盤に、魯迅における「弱者」観をさらに考察して再構築した。詳細は上記論文、及び本稿で提示する筆者の関係論文参照。

（3）魯迅の祖父周福清及び祖母蔣氏については、周冠五『魯迅家庭家族和当年紹興民俗・魯迅堂叔周冠五回憶魯迅全編』（上海文化出版社、2006年）、陳雲坡『魯迅的家乗及其逸軼事』（未刊行・北京図書館収蔵、1958年）、周建人口述、周曄編述『魯迅故家的敗落』（湖南人民出版社、1984年）、周作人『魯迅的故家』（人民出版社、1953年）、馬蹄疾『魯迅生活中的女性』（知識出版社、1996年）、『魯迅生平史料匯編』第1巻（天津人民出版社、1981年）、拙稿『魯迅の祖父周福清試論――事跡とその人物論をめぐって』(1),(2)（『猫頭鷹』第6号、1987年、第7号、1990年）等参照。

（4）『吶喊』「自序」、『魯迅全集』第1巻、人民文学出版社、1980年、415頁（以下1980年版を使用する。訳は拙訳を用いる）。蔑みのなかでは母の装身具などを抵当にして金銭を作るために質屋通いをして、父親のための薬を買いにいった没落家庭の子弟としての体験、世間の人の本当の姿を悟ったと記される少年期の体験を言う。

（5）注（3）周建人『魯迅故家的敗落』、118 頁。なお不正事件の依頼が伯宜公自身からなされたとの証言がある。注（3）拙稿参照。
（6）魯迅の祖父周福清の晩年の状況は、注（3）周建人『魯迅故家的敗落』に詳しい。
（7）周作人『知堂回想録』三育図書出版公司、1980 年、67 頁。
（8）注（3）周冠五『魯迅家庭家族和当年紹興民俗・魯迅堂叔周冠五回憶魯迅全編』、15 頁、同じく注（3）陳雲波『魯迅的家乗及其逸軼事』、24 頁。
（9）注（3）周建人『魯迅故家的敗落』、278-279 頁。
（10）祖母蔣氏に対する魯迅のこだわり、魯迅の結婚問題への影響等については、拙稿「魯迅「生と性」の軌跡──「長明灯」から「孤独者」、「傷逝」へ」（『成蹊法学』79 号、1-23 頁、2013 年）参照。
（11）魯迅が祖父福清に対して強い反発を示していたことは、辞世の句に対する批判、福清の日記の強引な焼却、葬儀に帰国せず、立ち会わなかったこと等、多数挙げられる。注（3）拙稿、周建人『魯迅故家的敗落』参照。
（12）注（4）『吶喊』「自序」、417 頁。
（13）増田渉『魯迅の印象』（大日本雄弁会講談社初版、1948 年 11 月、36 頁）。1930 年代魯迅に教えを受けた増田渉は、党員であると書いた『魯迅伝』に魯迅が目を通していること、暗殺の刺客を頼まれた点で、党員以外に頼むことは考えられないことから魯迅が光復会の党員であったはずだと語っている。
（14）傍観者のもつ残忍さは『野草』1927 年の「復讐」（1.2）等、魯迅において繰り返し取上げられたモチーフである。
（15）「摩羅詩力説」1908 年、『墳』所収、1927 年、『魯迅全集』第 1 巻、100 頁。
（16）同上。
（17）辛亥革命前の政治変動のなかで、戦闘的教員として、積極的に革命を推進する活動をし、実質的処女作である小説「懐旧」を執筆している（1911 年作・1913 年刊、『集外集拾遺』所収）。北京では、辛亥革命後、実権を軍閥政府に奪われた共和国の実態が瓦解していくなかで、古典と拓本研究に精力を傾け、大学の講師として生活を支えていく。
（18）「祝福」、『彷徨』所収、『魯迅全集』第 2 巻、18 頁。
（19）「随感録 65　暴君的臣民」、『熱風』所収、『魯迅全集』第 1 巻、366 頁。
（20）『中国新文学大系』・小説二集序、「且介亭雑文二集」所収、『魯迅全集』第 6 巻、239 頁。
（21）「狂人日記」、『吶喊』所収、『魯迅全集』第 1 巻、428-429 頁。「食人」を伝えるのは「息子」〈児子〉のみで記される男性の系譜であるが、狂人を睨みつけ、恐れと悲しみを与えるのは、男女を問わない小さな子ども〈小孩子〉である。「食人」

の伝搬の系譜には、主軸ではない女性も加担者として組み込まれている。男性の「食人」系譜は、男性を主軸としながら女性存在を含めて男女を問わないものとして構造化されている。小さい子どもまでが組み込まれていることにより、課題の逼迫性が強調されている。

(22) 注（21）「狂人日記」、『魯迅全集』第1巻、423頁。
(23) 同上、426-427頁。
(24) 同上、424頁。
(25) 同上、431頁。
(26) 同上、432頁。
(27) 片山智行『魯迅のリアリズム』（三一書房、1985年）、丸尾常喜「"狂人日記"評価の一断（覚え書き）」（『野草』12号、1973年）等に人物形象の乏しさや個別性の欠如を指摘する見解が見られる。二編とも男性であることを人物形象の分析対象に含めていないが、この点は北岡正子「「狂人日記」の〈私〉像」（『関西大学文学会紀要』9号、1985年）はじめ、狂人の人物形象の分析に広く見られる傾向である。
(28) 兄の設定も〈妹子〉と同様綿密に構成されている。小作人をかかえる兄を家長とすることにより、狂人との関係を父と息子に特定せず、男性どうしの食い合いに広げ、かつ家の外に対しては、社会的な権力者である面が描かれている。「家族制度と礼教」を支える構造と社会的な権力構造の結節を意識した上での人物設定といえよう。
(29) 「狂人日記」、『魯迅全集』第1巻、423頁。
(30) 同上、429頁。
(31) 「我們現在怎様做父親」、『魯迅全集』第1巻『墳』所収、130頁。
(32) 銭理群『郷土中国与郷村教育』（福建人民教育出版社、2008年）等が青年教育の面で当該評論を重視しているが、社会変革論として考察する観点はない。社会改革論としては拙稿「魯迅五四時期における「人」の創出——子女解放構想についての一分析」（『愛媛大学教育部紀要』24号、81-98頁、1991年）参照。
(33) 序にあたる冒頭部分では、父子問題の次に取り上げられているのが「家庭問題」で、魯迅がそれまで『新青年』随感録25・40・49（『熱風』所収）などで提起してきた後世代の解放と重ねて、我々の世代の「まず目覚めた者から各自、自分の子どもを解放していくしかない」と述べている。
(34) 親権は、一般に封建的な父権から生まれ、権利としての親権から義務としての親権へと転換する成立過程をもつ。評論中、親権の用語が使われているのはこの箇所のみだが、魯迅の主張は、父権を親権に拡大し、さらに権利重視から義務重視への転換を求めている。

(35) 注 (31)「我們現在怎樣做父親」、『魯迅全集』第1巻、124頁。
(36) 滋賀秀三『中国家族法の原理』創文社、1982年版、35頁。伝統的生命観については、同書より基本的理解を得ている。
(37) たとえば筑摩書房版『魯迅文集』竹内好訳、1976年は、上記引用文中の〈子〉と〈子女〉を、ともに「子」と訳し、題名も「子の父としていま何をするか」と原文にない「子」を冠している。そのため、息子のみを子どもと見なす旧中国の子ども観を踏まえつつ、男女併せた子どもの解放を目指した魯迅の思想的意義を訳文から読み取ることは難しい。また学習研究社版『魯迅全集』(北岡正子訳)、1983年)は、〈子女〉を〈孩子〉と同じ「子供」、〈子〉と同じ「子」の二通りに訳し、岩波書店版『魯迅選集』(松枝茂夫訳、1956年)は、〈児子〉、〈子女〉、〈孩子〉のいずれにも「子供」の訳語を用いている。結局、これらの訳文では、息子を示す〈児子〉、息子のみを意味する〈子〉、男女を併せた子どもを意味し法律用語ともなる〈子女〉、親と大人に対する子どもの意味をもつ〈孩子〉などの語義に係わりなく、「子」や「子供」の訳語を用いている。具体的な訳語と原文の関係は以下の通りである。竹内好訳:「子」〈父子、子、子女、孩子、児子、病児〉、「子女」〈子女〉、「子供」〈孩子〉。北岡正子訳:「子」〈父子、子、児子、子女、生育・幼雛〉の訳語「子供」〈子女、孩子〉。松枝茂夫訳:「子」〈父子、子、無後〉、「子供」〈子女、孫子、児子、幼者〉。
(38) 性差に基づき区分される魯迅の子どもに関する叙述と翻訳の問題について、筆者の基礎分析を最初に提示したものに「魯迅と子ども——〔児子〕・〔孩子〕・〔子〕・〔子女〕」都立大学人文学部『人文学報』213号、1990年、143-161頁がある。性差に基づく子どもの語彙の使い分けが読み落とされる傾向は、原文を解読する中国語圏での論考にも共通する。本稿Ⅱ「狂人日記」の分析でも記したように、子どもの存在、性差についての知的理解が、現在なお十分に認知されていないことを示している。
(39) 注 (31)「我們現在怎樣做父親」、『魯迅全集』第1巻、131頁。
(40) エレン・ケイは、『児童の世紀』(1990年、小野寺信・小野寺百合子訳、富山房、1979年、10-11頁)で、キリスト教に生殖を不潔と見なす観点があることを批判している。性に対する不浄観は、必ずしも東方固有の問題ではなかったと言えよう。
(41) 注 (31)「我們現在怎樣做父親」、『魯迅全集』第1巻、131頁。
(42) 注 (36) 滋賀秀三、32頁、35-37頁による。
(43) 権利と義務をめぐる論述の背景には、この評論の成立に影響したと推察される胡適の口語詩「我的児子」(『毎週評論』33号、1919年8月7日)をめぐる胡適と汪長禄の公開書簡討論(『毎週評論』34号、同年8月10日、35号、同年8月17日)がある。汪長禄は父子間の恩義を否定する胡適に対して、一方的に親側のみが義

務を負うことは不当であると反駁しており、魯迅の論述は子の義務を説く汪に対する批判となっている。

(44) 注(31)「我們現在怎樣做父親」、『魯迅全集』第1巻、135頁。
(45) 同上。
(46) 同上、135-136頁。
(47) 同上、136頁。
(48) 将来への適応力、思想的柔軟性を重視する教育観は、1919年1月16日許寿裳宛書簡、(『魯迅全集』第11巻、190116) にも見られる。この書簡では、子どもの教育の第一義は「時代に適応しうる思想の養成」であり、「思想が自由柔軟でありさえすれば、将来の大潮流がどうなろうと投合できる」と記している。
(49) 注(31)「我們現在怎樣做父親」、『魯迅全集』第1巻、136頁。
(50) 周作人「祖先崇拜」、『談虎集』(上)、里仁書局　1982年、2-3頁。
(51) 注(31)「我們現在怎樣做父親」、『魯迅全集』第1巻、136頁。なお、将来の晩婚化を予測して、子女が独立するころには父母は年をとり、養ってもらう必要もなくなっていると述べており、寿命の長さによる高齢化社会は予想されていない。
(52) 同上、140頁。
(53) 費孝通「家庭結合変動中的老年扶養問題――再論中国家庭結合変動」、『費孝通選集』(天津人民出版社、1988年、469頁、邦訳横山廣子『生育制度――中国の家族と社会』、東京大学出版会、1985年所収)。なお民国期の優生学者潘光旦は、『中国之家庭問題』(新月出版、1928年、115-117頁) でFを甲、乙、丙、丁に置き換え、西欧の公式を〈小家庭制〉(核家族)、中国の公式を「折衷制」(西欧の核家族と中国の扶養形態の折衷) を示す型として記している。
(54) 現行婚姻法第21条 (2001年) では子女、憲法第49条 (1982年) では成年の子女が父母の養育義務をもつことが明記されている。扶養義務は相続権と表裏をなすものである。法的には娘にも相続権があり、扶養義務も課せられているが、現実には息子を育てて扶養を求める「養児防老」が広く望まれており、法規範と実体にはズレがある。
(55) 注(53)費孝通論文468頁による。費論文における「家族」の原語は〈家庭〉で、社会学用語としての中国語の訳例に従った。日本語では、学術用語としては「家族」が一般的で、familyとhomeの両義を持つ〈家庭〉は一般用語として使われることが多い。魯迅の場合は一般的用語の「家庭」を訳語とした。
(56) 特別な反響があったことを示す客観的資料は得られていない。『五四時期期刊介紹』(生活・読書・新知三聯書店、1979年) 等によれば、沈玄虚「我做"人"的父親」(『星期評論』27号、1919年12月7日) など少数の反応が散見されるにすぎない。

(57) 魯迅の子女解放論では、家庭改革の要点を家族のなかの親子関係に絞るために、男女関係を問題にせず、夫婦は最初から父母と見なされることになる。これに対し、育児の重荷から女性を解放することを第一義とする「児童公育論」は、母としてではなく、女性が一人の人間として生きていく問題を基本課題としてとらえる点で、女性解放を唱える当時の思潮により合致していたと言えよう。しかし、その「児童公育論」の論議も往復の論争もまた実現の現実基盤をもたず持続性をもちえず数回の応酬で短期間で終息した。

(58) 注（53）費孝通論文 484-485 頁による。費によれば、子女の父母に対する扶養問題は、中国の現代化を研究する学者に強く注目される課題であり、西欧リレー型への接近、転換は、現代化を推進し、改革解放政策をとる現在の中国において、今後の家族変動の動向を考察する重要な分析要素となっている。費論文 468 頁、486 頁参照。

(59) 評論執筆の2か月後、1919年12月末より、結婚（1909年）以来1年余り暮らしたにすぎなかった妻朱安との同居生活が始まる。子女解放論は、愛情のない旧式結婚の重みを日々引き受けることのなかった時点で書かれたものである。子女解放論の顛末に朱安との関係がもたらした影響は大きい。

(60) 『野草』（1927年）、『朝花夕拾』（1928年）に収録された作品には、故意、無意識の相方を含む加害者性をモチーフ、主題とするものが多く、魯迅の「強者」観、「弱者」観を考察する視点からの分析が必要である。これについては稿を改めて論じる予定である。

(61) 「雑感」1925年、『華蓋集』、『魯迅全集』第3巻、48-49頁。
　　敵の刃で死ぬのは悲しむに足りないが、どこから来たかわからない不意打ちの飛び道具で殺られるのは悲しい。だがもっとも悲しいのは慈母あるいは愛する人が誤ってもった毒に中ったり、戦友が乱射した流れ弾に当たったり、悪意のない病原菌に侵されたり、自分が定めたのではない死刑によって死ぬことだ。

(62) 趙其文宛書簡、1925年4月8日、11日、『魯迅全集』第11巻。

(63) 1926年から1927年に関する分析は、拙稿「愛と復讐の新伝説——魯迅が語る"性の復権"と"生の定立"」、『成蹊法学』第65号、21-41頁。母との関係は、拙稿「聖なる"母"とその呪縛——魯迅における"母"をめぐって」、中国女性史研究会編、『論集中国女性史』吉川弘文館、1999年、132-149頁。「近代中国知識人における儒教規範と母子関係——母の息子"魯迅"の場合」、『成蹊法学』、第66号 2008年、35-51頁等参照。

(64) 拙稿「魯迅"文学・革命・政治"をめぐる27年言説試論」（『成蹊法学』第68・69合併号、143-175頁、2008年）参照。

中国から世界へ

(65) 五四新文化運動退潮期の文化戦線の状況と魯迅の感慨については「『自選集』自序」(1932年12月、『南腔北調集』1934年) 参照。
(66) 「灯下漫筆」1925年4月、『墳』所収、『魯迅全集』第1巻、213頁。
(67) 同上、215-216頁。
(68) 「無花的薔薇之二」8、『華蓋集続編』所収、『魯迅全集』第3巻、263頁。
(69) 「無花的薔薇之二」9、264頁。
(70) 「淡淡的血痕中――記念幾個死者和生者和未生者」、1926年『野草』所収、『魯迅全集』、第2巻、221頁。
(71) 「記念劉和珍君」2、1926年、『華蓋集続編』所収、『魯迅全集』第3巻、274頁。
(72) 同上3。
(73) 「小雑感」、1927年12月、『而已集』所収、『魯迅全集』第3巻、532頁。
(74) 同上、530頁。
(75) 「革命時代的文学」、1927年6月、『而已集』所収、『魯迅全集』第3巻、417頁。
(76) 茂森唯士訳改造社版『文学と革命』(1925年、原書第一部現代文学第八章) との比較検証の詳細は、下記の長堀祐造論文参照。1927年から1930年代初頭にかけての魯迅の文学・革命・政治をめぐる先行研究は非常に多い。特に、魯迅におけるマルクス主義の受容が30年代の魯迅を語る基本要件となるため、思想形成の面でこの期間が重視されてきた。魯迅におけるトロツキー文芸理論の受容については、反トロツキー(80年代より復権)を基本姿勢とする新中国において長年不問とされ、魯迅の訳文集からトロツキーの「アレクサンドル・ブローク」(『文学と革命』第三章)も削除され、魯迅の名により発表された「反トロツキー派への手紙」により、反トロツキー宣言と毛沢東率いる共産党への支持が公式見解とされていた。日本での研究も研究枠組み、分析視点、対象となる資料は、スターリン主義とトロツキー批判、60年安保に始まる革命、文学をめぐる思想的課題、思潮、趨勢等により制約され、分析対象、分析内容に一定の傾向性が生じていた。そうした研究動向の中で、トロツキー文芸理論受容と魯迅研究について、長堀祐造の研究成果があり『魯迅とトロツキー――中国における文学と革命』(平凡社、2011年) に、関係論文が収められているが、本稿で取り上げる同伴者作家に関する問題を記した「魯迅『竪琴』前記の材源及びその他」(桜美林大学『中国語文学論叢』第16号、1991年3月) は同書に未収録である。
(77) 「答有恒先生」、1927年9月、『而己集』所収、『魯迅全集』第3巻、457頁。
(78) 注 (75)「革命時代的文学」、1927年6月、『魯迅全集』第3巻、417頁。
(79) トロツキーの文芸思想の受容については、①トロツキーの言説との照合、②思想を受け入れる魯迅の思想的基盤、思考形成がともに考察要件となる。中国では、

259

解放後の反トロツキー思潮によりトロツキーの影響が不問にされてきた経緯からトロツキー研究の開始後、①が重視されてきた。本稿では、受容主体の内的基盤、思考基盤からそれぞれの思想の固有性が生み出されるという内発的発展論の考え方に立ち、受容主体の内側からの考察を重視している。なお、政治に対して芸術の固有性を認める主張は、芸術が革命〔政治〕に奉仕することを掲げる社会主義社会のテーゼとは本来的に対立する面を含んでいる。

(80) トロツキーの「アレクサンドル・ブローク」(『文学と革命』第三章〉を序に置く長編叙事詩「十二個」(胡斅訳、未名叢刊1926年8月)「後記」。

(81) トロツキー『文学と革命』参照。

(82) 「文芸与政治的岐路」、『集外集』、『魯迅全集』第7巻、117頁。

(83) 「黄花節的雑感」1927年3月、『而已集』所収、『魯迅全集』第3巻、409頁。

(84) 注(82)「文芸与政治的岐路」、『魯迅全集』第7巻、119頁。

(85) 61頁、同書1956年同社ミリオンブックス版、1970年角川選書版再版版は削除等による改訂が大きい(角川選書38、角川書店、1970刊)。

(86) 丸山昇「同伴者作家と魯迅」『現代中国』第37号、現代中国学会編、81頁、1962年、同論文、79頁。

(87) 注(76)長堀祐造「魯迅『竪琴』前記の材源及その他」(桜美林大学『中国文学論叢』第16号、1991年)で、「20年代後半から30年代初頭にかけての時期の魯迅は主観的にも客観的にも"同伴者"作家」であった(同論文110頁)、「"同伴者"として自己を規定している間は積極的に(自分からわざわざ)死を賭す(死地に身を晒す)という信念なり、覚悟なり」はなく、32年頃に「同伴者」という自己規定に変化があり、その際、日本の侵略や国民党の白色テロの横行といった情況(魯迅自身がかつては軍閥政府、後には国民党「お尋ね者」となる)に強いられて、「死の覚悟」を持たざるを得なかったのではないか、と記している。革命に対して「死して惜しみなき信念」を持たないことを「同伴者」作家の規定とする米川正夫の『ロシア文学思潮』(三省堂、1932年、第18章同伴者文学)を材源とする「『竪琴』前記」の記載に基く分析である。

(88) 『塵影』題辞、『而已集』所収、『魯迅全集』第3巻、547頁。

(89) 「文芸与政治的岐路」、『集外集』、『魯迅全集』第7巻。

(90) 注(77)「答有恒先生」、『魯迅全集』第3巻、457頁。

(91) 「関于知識階級——10月25日上海労働大学講演」1927年11月、『集外集拾遺補編』所収、『魯迅全集』第8巻、193頁。

(92) 同上。

(93) 注(13)増田渉前掲書58-59頁。

(94) 同上書 62 頁。
(95) 同上。
(96) 同上書 23 頁。
(97) 同上。
(98) 「怎麼写（夜在記之一）」、『三閑集』所収、『魯迅全集』第 4 巻、19-20 頁。
(99) ドイツの版画家ケーテコルビッツの作品、ソビエトロシアの版画芸術等を精力的に紹介し、「木刻」芸術活動を推奨し、青年芸術家に対して、連環画や書籍、新聞の挿絵を重んじ、中国の古い書物の挿絵や画本、新しい一枚刷りの年画こそ「大衆が見たいし、大衆が感激するものである」（"連環図画"弁護」1932 年 10 月、『南腔北調集』1934 年、『魯迅全集』第 4 巻 448-449 頁）と断言している。
(100) 「マルチチュード」についての著作は注（1）参照。本稿は、ネグリの唱える哲学的思想的な「マルチチュード」論をそのまま考察するのではなく、魯迅の思想を分析する視点、概念として、抵抗主体としての「マルチチュード」の基本義に着目している。
(101) 注（1）『「マルチチュード」論──〈帝国〉時代の戦争と民主主義』（下）、63-65 頁。
(102) 同上書 14、66-67 頁。
(103) アントニオ・ネグリ『野生のアノマリー──スピノザにおける力能と権力』（『Spinoza L'anomalia Selvaggia』1981 年、杉村昌昭、信友建志訳、作品社）、訳者あとがき、2008 年。
(104) 注（1）『「マルチチュード」論──〈帝国〉時代の戦争と民主主義』（下）、237 頁。
(105) アントニオ・ネグリ『Goodbye Socialism』2006 年、『未来派左翼──グローバル民主主義の可能性をさぐる』NHK 出版、2008 年ほか。
(106) 「娜拉走後怎様」1924 年 8 月、『墳』所収、『魯迅全集』第 1 巻、162 頁。
(107) 同上。
(108) 注（75）「革命時代的文学」、『魯迅全集』第 3 巻、422 頁。
(109) 馮雪峰「魯迅先生計画而未完的著作──片断回憶」、『1928 至 1936 年的魯迅・馮雪峰回憶魯迅全編』上海文化出版社、2009 年、189 頁。
(110) 注（31）「我們現在怎様做父親」、『魯迅全集』、第 1 巻、137 頁。
(111) 注（1）『コモンウェルス』（上）、285-286 頁。
(112) 同上、286 頁。
(113) 同上、287 頁。
(114) 同上 13 頁。『コモンウェルス』の序は「マルチチュードが君主になる」と題され、支配者を動かす主体としての「マルチチュード」の力能を明確に提示している。
(115) 注（1）『帝国』185-190 頁。

Ⅲ

朝鮮半島から世界へ

植民地朝鮮における「宗教」と「政治」
――天道教の動向を中心に

川瀬　貴也

はじめに

　19世紀から20世紀にかけての東アジアにおける「近代化」は、それぞれの地域差はあれども、共通点も多く見られる。封建体制の揺らぎ、外圧による外交関係及びそれにともなう国内変革もさることながら、新しい思想や宗教の叢生という共通点も見逃せないだろう。

　特に宗教に関して言えば、東アジアにおいていわゆる「新宗教」と現在の我々が呼びうるものが誕生したのが、19世紀中葉以降の、近代化の「痛み」をともなう時期であったことは重要である（そもそも「宗教」という概念が誕生したのも、西欧列強との外交交渉や近代化過程において、キリスト教をどのように扱い、自分たちの信仰をどのように記述するか、という問題からなのだが）[1]。中国においては太平天国や義和団、朝鮮半島においては東学とその影響を受けた数々の教団、日本においては天理教、金光教をはじめとする民衆宗教など、具体例がすぐに思いつくだろう。「近代に誕生した宗教を新宗教と呼ぶ」というのは一種のトートロジーめいた物言いになるが、宗教の影響力が逓減していく「世俗化」を近代化の要素（もしくは要因）と考えるなら、そのような時代相にもかかわらず誕生した新宗教は、近代に対する民衆の一種の「応答」と言えるのではないだろうか。つまり、新宗教は国民国家が進展させようとした近代化のメインストリームから外れた「異端的」な存在であるのと

同時に、近代がある意味必然的に生み出したものと考えられるだろう。

そもそも東アジアにおける「近代」とは何を意味したか。それは「アジアがアジアでなくなっていく過程（脱亜入欧）」と同時に「アジアがアジアとなっていく過程（植民地化）」と言えようが、特に植民地にもたらされた「近代」とは、宗主国の政策に従うべく、日常生活が破壊された上に改編され、規律権力の「道具主義的合理性」の内面化を意味した（それは、「宗主国」の民衆が数十年前に経験したことでもあった）。もちろん、その「道具主義的合理性」に植民地の民衆はそのまま従ったわけではなく、「前近代的態度（道具主義的近代の洗礼から免れているか、その影響下にありつつ懐古する態度）」、「反近代的態度（日常において近代のメカニズムを否定し回避しようとする態度）」「代替近代的態度（道具主義的な近代が与えるメカニズムとは違った代替的なメカニズムを追求）」などで対抗した[2]。これらの「対抗」に、いわゆる新宗教が大きく関わったはずである（どのような「対抗」であったかは、その教団の性格によるが）。

本稿では以上のような見地に立ち、朝鮮半島における新宗教の嚆矢であり、後世にも大きな影響力を持った東学（のちの天道教）の思想と活動の流れを追い、特に植民地期における活動に着目し、そのアイデンティティの揺らぎを見ていこうと思う。というのも、東学（天道教）は朝鮮王朝末期から植民地時代にかけて最大の動員数を保った集団であり、彼らの足跡は植民地期の朝鮮人が、日本の帝国主義とそれにともなう「近代化」という一種の「暴力」にどのように対応し、生き方を模索したかということを考察する手がかりになるからである。また、東学をはじめとする東アジアの新宗教が持っていた「原初的ナショナリズム」とでも言うべきものの存在を確認し、それが時代の趨勢とともにどのように方向付けられたかということも確認する。

植民地期の天道教の各種の活動は、いわゆる「親日」活動（対日協力）として問題視されることも多く、近年においては朝鮮のみならず、各植民地における現地人の協力者に関する研究蓄積も存在しているが[3]、本稿でも彼らの行動の理路を追い、複数のアイデンティティを生きざるを得なかった、天道教幹部らの言説を分析していきたい。

植民地朝鮮における「宗教」と「政治」

1. 東学（天道教）の概略——三・一独立運動まで

　ここで、まず東学及びその後身たる天道教の主要な教義や活動を、その創唱から、1919年の「三・一独立運動」までを区切って概観してみよう。(4)

　東学の創始者崔済愚（号は水雲）は、1824年慶尚道慶州に没落両班（貴族層）の子として生まれた。彼は放浪生活や宗教遍歴を重ね、1860年に、彼は心身に異常な悪寒を感じ、なにやらお告げのようなものが聞こえるという神秘体験をした。天主の降臨を感得したのである。彼は「天（天帝）」から救世主であるとの「召命」を受け、呪文を授かり、その教えを広めるように言われたという。これが朝鮮新宗教の嚆矢たる東学の創唱である。彼は新たな世界の訪れを「後天開闢」という言葉で表現し、「地上天国」の出現を予言していた。

　東学の教義で注目するべきは、原初的な「ナショナリズム」と取れる教義である。彼が東学を起こした1860年は、第二次アヘン戦争、即ちアロー戦争が勃発した年であった。彼は国内の社会的矛盾と対外的危機を同時に認識しており、「輔国安民」「広済蒼生」というスローガンを打ち立てたのだろう。例えば東学の教典においても、

　　是故　我国　悪疾　満世　民無四時之安　是亦傷害之数也　西洋　戦勝
　　攻取　無事不成而　天下盡滅　亦不無唇亡之歎　輔国安民　計将安出 (5)

つまり、「わが国では悪疾が世に満ち、民は心休まるときがない。また、この傷つく星回りよ。西洋は戦えば勝ち、攻めれば取り、うまくいかないことなどない。天下がすっかり荒らされ、また、唇歯の間柄である中国（清）が滅亡するという歎きがなくならない。輔国安民の計は、今後どこに現れるであろうか」と言ったり、

> 一世上のかの人々　塗炭の中にあらずや
> 死地に陥れる出生共よ　輔国安民を如何せん⁽⁶⁾

と歌っている。つまり崔済愚は、自身の東学をこのような世の中を救う「輔国安民の計」として位置付けたのである。

このような新宗教の素朴なナショナリズムは、東学のみの特徴ではなく、例えば日本の様々な新宗教にも見られるものである。例えば初期の天理教においては、権力者を「高山」、教祖をも含む民衆を「谷底」と表現し、「外国」の言いなりになっているように見えた「高山」に対する反発が述べられている。教祖中山みきが残した教典『おふでさき』には

> これからハ　からとにほんの　はなしする　なにをゆうとも　ハかりあるまい
> （これからは外国と日本の話をする。何を言っているのかは判らないだろう）
> とふぢんが　にほんのぢゝ　入こんで　まゝにするのが　神のりいふく
> （外国人が日本に土地に入ってきて思いのままに振る舞っているので神が立腹している）[7]

というような激しいナショナリズムと外国人嫌悪（ゼノフォビア）が表明されている。そのほかにも、明治初期に広まった丸山教も近代文明に対する全面的な拒否感を表明し[8]、時代は下るが、大本では教祖出口なおが、

> 外国は獣類の世、強いもの勝ちの、悪魔ばかりの国であるぞよ。日本も獣の世になりて居るぞよ。外国人にばかにされて、尻の毛までも抜かれて居りても、未だ目が覚めん暗がりの世になりて居るぞよ。[9]

との「呪詛」のような託宣を残している。これらの言葉や教えは、近代化と外国の侵入によって、今までの生活基盤が破壊され、困窮を強いられた庶民

植民地朝鮮における「宗教」と「政治」

の声の一つと言えるだろう。これらの宗教的言説は、国民国家建設に繋がるナショナリズムと言うよりは、失われつつある日常生活を惜しむ、宗教的パトリオティズム（愛郷主義）とでも呼ぶべきものであろう。

さて、東学は教祖崔済愚の1864年の刑死後、非合法化され、二代教主崔時亨(チェ・シヒョン)を中心に、教典の整備が行われた。崔時亨は全国に渡る逃亡生活を逆に活かし布教と組織整備に成果を上げ、東学教団は全国的組織になり、しばしば教祖の冤罪を晴らすことと東学の合法化を求める集会が開催され、それが1894年の甲午農民戦争の露払いとなった。(10)そして重要なのは、この時期の東学は「斥倭洋」というスローガンを前面に押し立てているのである。ここにも、上述の東アジアの新宗教の特徴が出ている。詳細は省くが、東学農民軍は朝鮮軍と日本軍に挟撃される形で敗北し、崔時亨も逃亡の末逮捕され刑死し、三代目教主となった孫秉熙(ソン・ビョンヒ)は一時期日本に亡命せざるを得なくなった。そして孫秉熙は同じく日本に亡命中だった開化派の人士と交わり、日本から本国に様々な指示を下したが、その中には東学教徒の民間団体を設立するというのがあり、これが後に「日韓合邦」を請願する最大の「親日団体」と呼ばれる一進会となる。(11)

上述のように創唱当時や甲午農民戦争時に原初的ナショナリズム、パトリオティズム、ゼノフォビアを唱えていた東学及びその後身の天道教（天道教という名称は1906年から）関係者が見せた一進会などの「親日」活動が、朝鮮近代史の中でも大きな問題となってこれまでも論じられてきたのは、その政治的揺れ動きの振幅からしても当然であろう。しかもその「親日」活動は、植民地になってからではなく、少なくとも日露戦争期には見られるのである。かと思えば韓国併合9年後の1919年には「三・一独立運動」が勃発し、その中心にいたのが天道教の孫秉熙たち幹部と、キリスト教、仏教の人士からなる「民族代表」であったのである。(12)日本に対して民族自決を訴えたこの「民族代表」が全て宗教者であったのは、最大の理由は当時植民地朝鮮においては「保安法」(13)という法律により、政治的結社が認められておらず、多くの人々を糾合できる団体は教団しかなかった、という事情も関係するであろうし、

269

当時の朝鮮総督府の宗教政策は、露骨に教団に介入する内容であり、教団からすれば、朝鮮総督府が主張している「政教分離」を総督府自身が破っており、自分たちは自衛として嫌々それに対応しているのだ、という主張も可能であった。仏教側の代表であった韓龍雲(ハン・ヨンウン)も、朝鮮総督府の政教分離重視を逆手にとって、寺院の自由を制限する「寺刹令」を批判しているが、これは抵抗する朝鮮の宗教人が「宗教」の範囲を日常生活の「一部」と見なし、その範囲の中で宗教の自由を論じたものと評することもできよう[15]。つまり、彼らの発言は、宗教は私的領域に所属するものとする「近代的宗教概念」が当時の朝鮮社会である程度浸透していたことを示すものである。

　逮捕された彼らは、訊問や裁判過程で、自らの宗教観、文明観、国家観を述べているが、そのおおよそを述べれば、以下の通りである。天道教徒の「民族代表」は「近代化（近代主義）」や「文明」、社会進化論的思考様式を受容[16]したがゆえに、「先進国」日本や「韓国併合」を完全に否定することが出来ず、何とか妥協点（例えば日本から顧問を招聘しての自治制など）を見付けようという姿勢を持っていた。また李王家や自分たちを弾圧し続けた朝鮮王朝に対する冷淡な態度、宗教を民族独立より優先する態度を示し、東洋対西洋というアジア主義的な思考様式から「東洋のリーダー」たる日本に対する期待を持ってしまったとかつて私は結論づけたが[17]、このような「近代文明・近代化にどう向き合うか」という問題は、もちろんその後も継続して天道教内部で問われることとなった。

2．「文化政治」下の天道教

　さて、三・一独立運動の「民族代表」や関係者が多数逮捕・投獄された天道教はその後どのような動きを見せ、植民地下で生き延びようとしたのだろうか。この節では、天道教内部の派閥争いと、それに伴う社会的な活動に注目したい。具体的には天道教の出版事業や天道教青年党の結成、農村の啓蒙を目的とした「朝鮮農民社」の設立などに注目していく。それはこれらの活

動がまさに彼らの「宗教」と「近代」との対峙から生じたものだったからである。

2-1 天道教の「文化運動」――出版事業を中心に

　三・一独立運動の責任を取る形で二代総督長谷川好道は辞職し、その後斎藤実が三代総督に就任し、いわゆる「文化政治」が開始された。これは憲兵による高圧的な支配形態である「武断政治」を改め、言論、出版、結社、集会などの各種規制を緩和し、協調的な朝鮮人（協力エリートやブルジョワジー）の育成を中心としたものであった。「文化政治」の理念は当時の首相原敬の理念によるもので、その後赴任した総督たちも平等（「一視同仁」）と宥和（「内鮮融和」）を旨とした同化政策を基本路線とした。制限付きの自由とは言え、この時期から各種出版物の発行や民族主義運動の高揚が見られ、その中でも大きな役割を果たしたのが、天道教であった。

　天道教は1910年代から留学生派遣、学校運営、教理講習所の設立など、教育活動を通して文化啓蒙運動を行ってきた経緯があった。このような「近代主義的」活動が若手指導者の台頭の大きな要因であり、主要幹部・上層部が三・一独立運動の関与の嫌疑で逮捕されたことがある意味弾みとなり、逮捕されなかった若手指導者たちにより教理研究、宣伝、文化の向上を標榜する各種運動が展開された。1919年9月には「天道教青年教理講研部」が結成され、これは1920年4月に「天道教青年会」へと拡大、改編され、彼らを中心に教団内改革の気運が高まった[18]。

　彼らは自らの運動を「（新）文化運動」と呼んだが、それは「弱者である朝鮮は自らを鍛えることを止めることはなく、実力上からして強者とともに並立するための文化運動」[19]なのだと位置づけられていた。これは元々天道教が持っていた現実改革志向、すなわち新しい社会（地上天国）を建設するためには精神教化はもちろんのこと、物質的制度の改革も必要であるとする「性身双全・教政一致」論に基づくものであった。そして精神・物質両面に関与する教団の姿勢が、天道教の他宗教に対する優越感の基礎ともなり、活動の

規制が緩んだ1920年代以降天道教は政治に積極的に関与することを当然と見なすようにもなった。この文脈で、朝鮮人は経済的な側面でも実力を向上させるべきという「実力養成論」が台頭した。つまり天道教において精神改造を通して民衆の覚醒を促すという「近代化路線」が確立したということである[20]。例えば彼らは文化啓蒙運動の重要性について次のように述べている。

> 人間社会の一切の勝敗得失は、それぞれ自身の意識の高下により生ずる成果なのである。思想の新旧、時代の古今、方法の優劣などの関係も小さくはないが、人間社会の根本的な向上は、庶民の意識的覚醒と文化的向上にあるのだ[21]。

つまり個々人が生の様式である文化を新たにし、意識を変革し、その後に社会を変革することが彼らの目指していたものであったと言えるだろう。このような考えは、即時抵抗や独立を志向するより、「他日を期する」というような現状への妥協に傾きがちなのは容易に想像がつくであろう。事実、民族運動への関与姿勢をめぐって、天道教は内紛を繰り返すこととなるのである。この天道教の「文化運動」路線は後に「妥協的民族主義運動」の中軸となった。

ともあれこの時代の天道教は、このような文化啓蒙運動に邁進しようとしており、最も力を入れたのが言論活動・出版物による啓蒙であった。まず1920年に『開闢』という雑誌を創刊し、この雑誌に天道教の教義解説や各種論説を掲載し、文化運動を主導した。それらの論説の基調は社会進化論及び社会有機体論であった[22]。この二つは、同時代の東アジアで広く共有されていたものだが、天道教青年層の文化啓蒙運動論は、大韓帝国期以来の文明開化路線の延長線上にあったと言うことができるであろう[23]。天道教はそのほかにも立て続けに各種雑誌を創刊した。特筆されるのは、それまでは啓蒙対象と思われていなかった子供や女性向けの雑誌『子ども (어린이)』『新女性』の創刊や運動である。このような少年運動、婦人運動にも活動範囲を拡げた

植民地朝鮮における「宗教」と「政治」

ことも、天道教の特徴と言えるだろう。また雑誌出版と並行して、天道教青年会は1920年から半島全域で講演会を開き、多くの聴衆を動員したことも重要である。

　さて、この『開闢』誌の性格は、大きく分けて前期（1920年6月〜1923年6月）と後期（1923年7月〜1926年8月の廃刊まで）に分かれる、という見解がある[24]。その概要をまとめるなら、前期の論説は、労働・婦人・人種問題を追及し、次第に文明と文化の概念、民族性の検討、生活習慣の改革、自我の形成など、自主的、自力的人間形成と民族文化の樹立を志向していたのが多かった。つまりこれは個人的な精神改革、向上（天道教では「精神開闢」と呼んでいた）を通じて、民族の実力を養成し、当面の問題解決を図ろう、というものが多かったのだが、後期の論説は、当時の社会主義と階級思想の影響から、個人の努力よりは社会制度そのものを改革することを目指すという論調に徐々に変わっていったとされる。特に1925年から1926年には、社会主義系人物の論説が多く掲載されている（これが当局から睨まれ、廃刊の原因ともなった）。そしてそのような社会主義系の思想を持つようになった天道教内部の一部の青年たちも「文化運動」に飽き足りなくなり、それに対する批判の声を上げ始めた。

　もう一度ここで確認しておくべきことは、上述の彼らの「啓蒙活動」の特徴として、彼らの活動が宗教的理念に支えられていた、という事である。それは彼らの信仰が人類の普遍的なものである、という信念である。

　　どんな民族社会だろうが、その民族社会の総努力の結晶がその民族社会の文化として表現されているのである。であるから文化というのは、民族社会の文化程度を測量する水準器や尺度ということができる……思想のないところには歴史はないと言った哲人の言葉をも引き継いでさらに言えば、思想のないところには文化が芽生える場などありはしないのだ。……天道教の人乃天（「人乃ち天」という標語は、天道教の中心教理とされている―引用者注）運動は後天開闢運動であると当時に人文開闢運動、す

273

なわち人類の新文化を創造する運動という意味である[25]。

このように天道教の青年指導部は、自らの「近代的」な文化運動を宗教的信仰に基づいたものと見なしていた。これは、「宗教」というものが近代とは相反しない、すなわち自分たちの信仰を「迷信」などとは違うものであると区別する自意識が彼らにあったことも意味するであろう。このような「迷信打破」的な近代の風潮を天道教は自ら取り入れ、次に述べるような農村における啓蒙活動も行うことになる。

2-2　朝鮮農民社と内紛

天道教の「文化運動」は上述のように天道教青年会を中心とした青年層に担われていたが、彼らは1923年には天道教青年党を結成する。この天道教青年党は「地上天国建設」というスローガンを掲げていた。そしてその社会的実践として行われたのが、1925年10月の「朝鮮農民社」の設立と、その活動である[26]。朝鮮農民社は、天道教青年党と外部の新聞記者などの非信者により創立され、その設立当初の規約は以下のようなものであった。

１．本社の目的は朝鮮農民の啓発にある。
２．上の目的を達成するためにまず月刊雑誌『朝鮮農民』を発刊する。
３．広く社友を募集する。社友は毎年1円を納付し、月刊雑誌の配布を受け、これ以外の本社が定める特典を受ける。
４．本社事業に特別な賛助をするものは特別社友とする。
５．本社の事業を執行するため理事若干名をおく[27]。

このように冒頭においても、農民の啓発という目的を高らかに宣言している。これは当時の朝鮮人口の9割が農村にあったことと、信者のほとんどが農民であった天道教にとって、農民教育および農村の生活改善は喫緊の問題だったからである[28]。「争議より組合結成による改良」を目指した朝鮮農民社は、

自らの精神的バックボーンたる天道教から「迷信」的イメージを払拭することの重要性を自覚しており、しばしば論説でも天道教の科学性、知識性などの立場を表明していた。これには、当時浸透しつつあった社会主義への対抗意識も大きな要因であった。その後朝鮮農民社は、1930年に天道教青年党の直接指揮下におかれ、結果として組織は分裂し、朝鮮農民社には天道教関係者が残った。

ところが1930年代になると、朝鮮農民社は次第に当局の取締対象と見なされるようになる。それは、彼らの目標とする「地上天国」建設の「郷村自営」論が、植民地支配の枠から逸脱して、当時の朝鮮総督府の「農村振興運動」に真っ向から対立することとなったからである。また朝鮮農民社（天道教青年党）の関係者が「吾心党」という秘密結社を作り、独立運動に関与したことも手伝ってか、1936年になると地方支部は徐々に解散しつつあるような状況になった。これ以降朝鮮農村は、植民地権力による総動員体制に編入させられていくことになる。

ここで1920年代から30年代にかけての天道教の「内紛」や活動をまとめておこう。

三・一独立運動後は、逮捕されなかった青年層が天道教の中心となったのは既に述べた通りであるが、教団内の改革としては「中央集権から地方分権へ」「独裁から衆議へ」「差別から平等へ」というスローガンが叫ばれ、「革新派」と呼ばれる急進的なグループが誕生した。これは、第一次世界大戦後の日本で「改造」という言葉が流行語として流布し、それが植民地朝鮮に浸透したことの影響も大きいとされる。つまり彼らの動きは同時代の世界的風潮の中で生じたものであり、宗主国日本の政治状況をリアルタイムで反映したものだったと言えよう。

1921年12月に開催された第1回「議正会（天道教の理事機関）」は、はじめから革新派と保守派の鋭い対立が見られた。教主を中心とする保守派にとっては、革新派の動きが「左傾化」に見えたことも対立の大きな要因であった。しばらくして、三・一独立運動への関与で服役していた幹部が出獄

し、事態は新たな局面を迎えた。革新派は、日本留学経験もあり、「民族代表」の一人であった崔麟(チェ・リン)(34)に大きな期待を掛けていたが、崔麟をはじめとする元「民族代表」たちは結局保守派に荷担して、両者の仲裁を放棄してしまった。これによって革新派は大きく挫折し、結局革新派は教団を1922年に追われるような形で離脱することになる。

　しかしその崔麟を中心とするグループは、保守派の中で実権を握ることに成功し、「天道教新派」を名乗って集団指導体制を目指し、教主中心主義のグループ（これを旧派という）と対立した（1925年には一旦教団は分裂する）。崔麟は道領、大道正、長老などの教団内の重要なポストを歴任した。この新派が天道教の過半を占め、(35)朝鮮民族の実力養成を実現させるための政治組織として、上述の「天道教青年党」を結成したのである。天道教青年党は「精神開闢・民族開闢・社会開闢」という啓蒙的なスローガンを標榜したが、これに対してあくまで独立を目指す非妥協的民族主義者と社会主義者は合同して新幹会や朝鮮民興会などの秘密結社を結成し、社会主義陣営も反宗教闘争を展開し、「反天道教」の旗幟を鮮明にした。天道教内部も一枚岩ではなく、天道教内部の内紛で敗れ少数派となった「旧派」や「革新派」の中に、新派への対抗からこれら非妥協的民族主義者や社会主義陣営に接近、協力するグループも存在した。つまり天道教の内紛は、表面的には教団運営の方向性と主導権をめぐるものであったが、その背後には、当時拡がりつつあった社会主義的風潮とどのように対峙するかという、民族主義運動の左右陣営の葛藤が影を落としていたのである。(36)

　またこの時期の天道教新派の思想の特徴として「理想主義」「人類主義」が指摘できる。これは民族主義を一種の「利己主義」と見なし、抵抗的民族主義は人道や平和を妨げるものとして否定的に捉える傾向である。例えば崔麟は

　　　人乃天主義を信奉する我ら、「人に事(つか)えること天の如し（事人如天とは、
　　　二代教主崔時亨の掲げたスローガンで、天道教の根本教義の一つ―引用者注)」

を実行する我らには、政治問題や利害問題を去り、宇宙の原理、我らの教会の宗旨により統理的に真正なる人類愛を高めるよう努力せねばなりません。[37]

と述べている。また彼らは自分たちの思想を「汎人間的民族主義」とも規定したが、「民族開闢」はその理想世界実現の過渡的作業とされた。つまり民族の上の「人類」という価値に重きを置き、その理想世界に向けて邁進する、という論理構造である。このような論理展開は、想像がつくように、目の前の社会矛盾や民族問題を一旦棚上げにし、一種の「開かれすぎたナショナリズム」[38]として、ナショナリズムそのものを雲散霧消させてしまい、彼らの「対日協力」を支える論理ともなったであろう。

3. 天道教の「対日協力」

この節では、天道教が行った1920年代から40年代にかけての「対日協力」を崔麟の活動や言説を中心に概観する。まずは彼らの「自治（請願）運動」がどのようなものであったかを確認し、その後の総動員体制下でどのような論理でもって対日協力を推し進めていたかを明らかにしたい。

3-1 崔麟たちの「自治運動」

1920年代から1930年代初頭の「文化政治」期に、崔麟たち天道教新派が展開した政治活動が、いわゆる「自治運動」であった。[39]これは彼らが模索していた「合法的な政治運動」の一環としてであった。まず崔麟は1924年には『東亜日報』の宋鎮禹（ソン・ジヌ）や金性洙（キム・ソンス）らと「研政会」という団体を結成し、自治運動を推進した。宋鎮禹は明治大学、金性洙は早稲田大学を卒業し、崔麟と同様の経歴と傾向性を持った、いわゆる「妥協的民族主義者」の代表的存在である。彼らは青年期に開化思想の影響を受け日本に留学し、併合された「祖国」の現状を社会進化論的視座から理解しようとし、日本と「交渉」しつつ

民族の実力を養成するべきである、という志向性が共通していたといってよいだろう。また、彼らは日本から来た国会議員の井上準之助や、『京城日報』社長だった副島道正らとも交流し、自治運動を模索した。崔麟は以下のように述べ、朝鮮人の一致団結を訴えた。

> 我々全朝鮮民衆を代表しうる一致した精神でもって組織された強固な機関がないことが、最も心配されることです。……我々朝鮮人は今まで我々の手の中に政治の勢力がないことから、どんなに今現在のように全民族が経済的破産に瀕していようとも、救済の道がありません。……全民族が一致した精神の下に完全な組織的団結をすることが何よりも重要なこととと思います。(40)

これは崔麟の「自治運動」への勧誘であり、政治権力を獲得するための一致団結を説いており、彼は続いて日本の支配を一旦受け入れて、その次に朝鮮民族を単位とした「朝鮮議会」設置を想定した。(41)

大規模な反日運動である「六・一〇万歳運動（朝鮮王朝最後の王である純宗の葬儀の際に起きた独立示威運動）」の起きた1926年末、崔麟および『東亜日報』社長の金性洙、主筆の宋鎮禹たち「研政会」メンバーと朝鮮総督府の要人が面談し「自治問題に対する意見」を提出した。このとき金性洙らは「文化政治」が壁に突き当たった当時の朝鮮に「自治制度」を試行し、「民族の感情」を緩和させることが得策であるとの印象を強く与えようとした。(42)つまり、ある意味崔麟たちは主観的には「漸進的独立論者」でもあったのである。

崔麟たちの「自治運動」とは、現在日本に対する抵抗は非現実的として、民族発展・世界一家建設の「準備」として「自治」を実現させるというものであった。朝鮮民族の生活の安定には、まず朝鮮民族の手に政治的な力を取り戻さねばならず、それを担う合法的政治組織の必要性を説いたのである。従来、崔麟たちの自治運動は日本に使嗾されたものとの評価が強かったが、近年ではその「自発性」「自主性」を考察するべきという見解も現れている。

つまり、崔麟たちが限られた政治的資源を支配者側といかに交渉し、植民地朝鮮の「公共圏」において「バーゲニング bargaining」したかに着目する見解である。具体的には崔麟たちは、日本の同化政策を批判し、自治の方が朝鮮半島が安定することを日本側に認めさせようとした形跡がある。だが、一時的にとはいえ、日本の支配をそのまま認める彼らの「自治運動」は、独立運動派からは当然反発を受け、なかなか支持を拡げることができなかった。それに、そのバーゲニングの場としての公共圏は当然エリート、インテリ中心のものであり、民衆の要望からは乖離したものにならざるを得なかったであろう。

崔麟たちは1930年4月には地方の教団関係者を招請して自治運動を展開することを提案したが、これに対して内部からの反対と、崔麟たちの自治運動に対して懐疑的であった日本政府及び朝鮮総督府の反対に遭い、双方から挟撃される形となり彼らの活動は頓挫した。結局1930年代初頭まで自治制早期実現を目指して運動を展開してきた崔麟たちは朝鮮社会から孤立してしまい、特に世界恐慌以降、全体的な運動の方向転換を模索せざるを得ない状況になり、より長期的な観点から、日本の植民地支配に対応し、天道教の勢力拡大と政治活動を構築する「戦略」を練り直した。その戦略の変化によって天道教は、戦時体制、総力戦体制へと変化しつつあった日本の支配方針と歩調を合わせることとなり、彼らはますます「対日協力」の深みにはまることとなった。しかしこの議会設置の構想を、1930年代にも崔麟が持続して保持していたことは、以下に引用する尹致昊(ユン・チホ)宛の手紙で確認できる。

> 我々が独立を得られないと仮定するならば、朝鮮に対する日本人の根本政策がなんなのかということがとても重要ではないでしょうか。内地延長主義政策が朝鮮を日本本土の一部分として待遇することを意味するというのならば、総督も必要なく、朝鮮から少なくとも200名の議員が日本の衆議院に進出するという話でしょう。日本がこれを受け入れられるでしょうか。それなら、朝鮮に対しては、自治だけが唯一合理的な政策

です（1934.10.12.）[46]。

このように、内地延長主義を批判して、自治を求める彼の姿勢は、表面上自治請願運動が挫折した後も続いていたのである。

3-2　戦間期の「対日協力」

1930年代からの世界恐慌のあおりで植民地朝鮮にもいわゆる「自力更生イデオロギー」が鼓吹されたが、そのような風潮に合わせるように、天道教では1933年に「本願修道」というスローガンを出した。これは政治的・対外的活動よりも信仰・修養生活を重視するという「方向転換」だった。これは元々内省的な修行を重んじる傾向があった天道教にとっては容易なものであった。それにしたがい「性身双全・教政一致」という政治と信仰を一体化することを目指すものから、宗教的な教えを優先させる「教主政従」が説かれるようにもなった。現実生活の改善よりも精神的な側面の改革を優先するこの風潮は、当時の総督府の「心田開発政策」[47]などにも顕著であり、時代の趨勢に合わせての方向転換であった。

天道教指導部は、1933年末ごろから「大東方主義」を唱えた。これは天道教の教えの一部を一種のアジア主義的傾向に読み替えたもので、翌34年には公式にこの大東方主義を宣言し、自分たちがそれまで唱えてきた人類主義・世界一家実現のための「朝鮮民族の自治」論を放棄することとなった。この論理は民族の上の「人類（愛）」を説くことにより、民族問題を揚棄したものと言えるだろう。これは先述の「民族開闢」「汎人間的民族主義」という用語の発展と言えるだろう。ここに内的には修道至上主義、外的には大東方主義という二面性が完成した[48]。「地上天国」を建設するための政治組織としての天道教青年党も不必要な存在となり、1943年12月に組織機構が更新され、1936年の全党大会において対社会的活動方針を放棄し、教養訓練機関へとその性格を変化させた。

崔麟は1934年に、朝鮮総督府内におかれた諮問機関である「中枢院」の

参議となり、同年「時中会」という団体を組織した。時中会は「現下の東洋または世界大勢に鑑み、朝鮮民族の自立新興のためまず精神運動と生活運動を展開」し「日本民族と渾然一体となること」を目標に結成された団体で、妥協的民族主義者と天道教幹部はこぞってこの団体に加入した。このあたりから、崔麟の「親日化」が加速すると見る向きもある。そのことを裏付けるように、崔麟は朝鮮人の徴兵制に関して

　　我々朝鮮人も今はこの兵役の義務までお尽くし申し上げ、しかる後に日本内地人のように義務教育もしてもらえ、権利を要求できるのであって、参政権も早晩求められるのであり、内鮮差別撤廃など全ての文化上・政治上の権利と恩恵を求めよう。

との発言を残している。30年代半ば以降の、朝鮮人による「内鮮一体」や徴兵制（志願兵制度）についての賛同の表明は、それによって差別を克服することを眼目にしていたことはつとに指摘されているが、「内鮮一体」というスローガンを誰よりも信じていなかったのは、実はそれを唱えた日本人であった。崔麟のような発言は常に裏切られ続けたのである。しかも、「帰るべき祖国」を喪失した朝鮮人が「転向」した先には、「内鮮一体論」の受容しか残されていなかったのである。

　日中戦争開始後、崔麟を含め、天道教はこぞってより一層の親日協力の道を歩むこととなる。教団としては先述の「大東方主義」及び「信仰報国主義」を唱え、日中戦争の全面支持を表明した。崔麟は1937年に、朝鮮総督府の機関紙となっていた『毎日新報』の社長に就任し、1939年には「臨戦報国団」という、戦時期に作られた組織の団長に就任し、ついで1940年には総力戦体制下で作られた「国民総力朝鮮連盟」の理事にも就任するなど、「親日派」の重要な一人として活動した。天道教青年党も1939年4月に解体し、天道教が加盟していた「国民精神総動員聯盟」に合流することとなった。1940年には再び天道教は旧派と新派が合同し、戦争物資提供や献金を行った。

281

崔麟はこの時勢下で「総動員化への私見」という記事を寄せている。この短い記事で注目されるのは、いわゆる「賢母」イデオロギーを鼓舞している点である。「良妻賢母」というイデオロギーが、良き国民を作り出させるための近代の産物であることはこれまでも指摘されてきたが、崔麟曰く⁽⁵³⁾

> 半島に於ける精神総動員の強化は以上の点よりその対象を少年、児童に置くべきである。更にその教化力を家庭に於ける婦人の啓蒙に置くことを力説したい。半島の将来を担ふて立つ第二の国民に深く皇道精神を体得させるためには学校教育と共に家庭に於ける婦人の教育力に俟つことが一層重大であるからである。(中略)今日の朝鮮の家庭に於ける婦人の知的標準は能く児童を啓発するまでには立ち至つてはいないからである。その教養に於いても、智的に於いても遺憾乍ら共に低位に置かれてゐると言わなければならない。これは朝鮮の婦人が独り房内に閉ぢ込められてゐることを以てよしとなし、外部への積極的進出を阻害する環境に呻吟して来たがためである。⁽⁵⁴⁾

天道教幹部には、これまで述べてきたように近代主義的な傾向が強かったが、この崔麟の発言も、それを裏付けするものの一つと言えよう。このような一貫した「モダンボーイ」だったからこそ、対日協力を継続してしまったのである。ここに彼の、そして天道教新派の「悲劇」があった。

その後も崔麟は「臨戦対策協議会」という団体を組織し、その後尹致昊の「興亜報国団」と統合して1941年10月に「朝鮮臨戦報国団」を組織し、その団長に就任した。そのとき彼は創氏して「佳山麟」と名乗っていた。この頃になると天道教は、宗教・信仰は天道教が担当し、政治は日本帝国に一存するという意味で「政教分離」を唱え、日本人と同化して「新秩序」の主体となるのだとの論理が形成された。ここに「信仰生活の延長としての親日」が完成したといってよい。総動員体制下ではもちろん太平洋戦争を「人種解放」の戦争と見なして支持した。1943年には「朝鮮宗教戦時報国会」が結成され、

天道教も積極的に参加し、1945年に結成された「朝鮮言論報国会」の会長にも崔麟は推薦され、そのまま「解放」を迎えることとなった。

　以上のように彼の生涯は、社会進化論的世界観を根底にした「近代至上主義」と「実力養成論」という思想的潮流を奉じた近代朝鮮の知識人の、ある意味での典型的な事例の一つであった。また、対日協力した天道教の動きは、同時代の国家神道システム下に呻吟した日本の諸教団と共通点があるが、植民地下ゆえの悲劇、つまり宗主国に過剰同調し、近づき過ぎたがゆえにアイデンティティを喪失し、一種の「故郷喪失者」となった悲劇が日本の諸教団との相違点であろう。

おわりに

　これまで東学（天道教）の軌跡と、彼らの植民地下での一種の「悲劇」について述べてきたが、その原因を天道教の個別特殊性だけに求めるのではなく、近代においていくつかの教団が陥った陥穽の一事例と考え、問題の射程を拡げてみたい。

　まず「近代」と「宗教」との関係は、宗教勢力の逓減（いわゆる世俗化）と宗教の私事化（信仰の個人化および信仰を私的領域に囲む）、そして政教分離が大きな要素となっているのは、これまでも宗教社会学で論じられてきた通りである。つまり、近代とは、宗教の「公共性」を剥奪していく過程と見られてきたが、既存宗教の強靱さ（世俗化への抵抗、宗教復興など）、新宗教の叢生（天道教の事例はこれにあたる）、そして世俗国家が国民統合のために「宗教」を利用したり「宗教的」なシステムを構築する（日本の国体論やファシズムがこれにあたろう）(56)など、近代と宗教は一筋縄ではいかない相互関係を持っている。そして近代における宗教と世俗権力との衝突は、私的領域に閉じこもるべき（と考えられている）宗教が、その壁を破って進出したときに起きている。これを私は「宗教の公共性の奪回」および「公共宗教化への欲望」と呼びたい。

　ここで私が使った「公共宗教」という言葉は、広い射程および含意を持つ

用語であるが、現在この言葉は「公的領域で機能して、何らかの社会統合や政治活動に関わってくる宗教」という意味合いで使用されている。その概要を以下で説明する。

　この「公共宗教」に先行する用語として「市民宗教 civil religion, religion civile」があげられる。これはルソーの『市民契約論』に由来する用語で、この書のほぼ末尾に当たる第４編第８章「市民の宗教について」において、ルソーは革命前夜の啓蒙知識人として、古い宗教（具体的にはカトリックだが）に取って代わる「宗教システム」を構想し、それに「市民の宗教 religion du citoyen（もしくは市民宗教 religion civile）」という名を付けた。この用語を社会学用語として甦らせたのが、ロバート・N・ベラーである。彼は「アメリカの市民宗教」という論文において、ユダヤ＝キリスト教の伝統が、個々の信仰を超えたアメリカ人の行動や倫理の源泉になっていることを指摘した。ベラーの説を引き継ぐ形で、ホセ・カサノヴァは「公共宗教」という用語を用いたが、これは現代社会において、宗教が公的領域、公共生活に及ぼす影響を考える際の視座となっている用語である。これは別言すれば、いわゆる「世俗化」で影響力が減じたはずの宗教が隠然たる勢力を保っていることを説明するタームとして用いられたもの、といっても良いだろう。ここで問題になってくるのは「この社会の公共宗教はいかなるものか」という記述的な問いと「どのような公共宗教を模索、構築するべきか」という規範的な問いの区別である。前者は社会学や宗教学などの学術的問題設定だが、後者は、当の宗教や、場合によっては近代国家がその構築や達成を試みようとする場合がある。近代日本において、人為的に公共宗教を目指し、ある程度まで達成できたのはいわゆる「国家神道」システム、そしてそれにともなう国体論であったと私は考えている。そして、戦前に最も過酷な弾圧を受けた大本は、安丸良夫によると最初は天皇制や国体論に対抗する形で出発しながらも、徐々にそれらにすり寄っていくことによって却って「異端性」が浮き彫りにされ弾圧されたという事になるが、これは言い換えれば、公共宗教になる「野望」を嗅ぎ取られた大本が、同じく公共宗教を目指していたライバル

の「国家神道」システムに弾圧された事件と見ることも可能であろう。また、仏教側から独特の国体論を説いていたいわゆる「日蓮主義」も、「公共宗教」(62)たることを目指していた運動であったと言えるのではないか。そして、これ(63)まで見てきた天道教の「地上天国建設」や近代化・啓蒙運動なども、植民地朝鮮における一種の「公共宗教」を目指したものとは言えないだろうか。

　宗教者が何故政治的に動くのか、という問いは間違っている。「宗教」だからこそ、自らの「公共性」に自覚的となり、その結果政治的に動く志向性を見せるときもある。修道院に籠もるのでもない限り、世俗社会との関係は断ち切れないし、近代宗教は世俗社会の中でどのように動くかという課題を常に課せられており、今回取り扱った天道教の「対日協力」活動は、いわばその問いに対する応答の一つであったと言えよう。宗教者であり近代主義者であり、植民地の人間であった天道教の幹部たちは、もう一つの「近代史」の存在を我々に教えてくれている。

注

(1) 日本における「宗教」概念の成立過程については、磯前順一『近代日本の宗教言説とその系譜』岩波書店、2003年、第1章、参照。
(2) 尹海東（河かおる訳）「植民地近代と大衆社会の登場」、宮嶋博史ほか編『植民地近代の視座――朝鮮と日本』岩波書店、2004年、57～61頁、参照。
(3) 近年では、現地人官僚についての研究が進展している。植民地期の台湾と朝鮮の現地人官僚に関しては、岡本真希子『植民地官僚の政治史――朝鮮・台湾総督府と帝国日本』三元社、2008年、参照。
(4) 東学の教義の特徴については、拙稿「東学とその教え」、『宗教研究』318号、1998年を参照。
(5) 「布徳文」、『東経大全』。東学（天道教）教典の引用は、天道教中央総部『天道教経典』天道教中央総部出版部、1993年、ソウル、21頁。訳文は、以下全て拙訳。
(6) 「勧学歌」、『龍潭遺詞』、同上、207頁。
(7) 「第弐号　明治弐年三月　三一、三二」、『おふでさき』。引用は『民衆宗教の思想（日本思想大系67）』岩波書店、1971年、196頁。
(8) 丸山教の性格に関しては、安丸良夫「「世直し」の論理の系譜――丸山教を中心に」、『安丸良夫集3』岩波書店、2013年、参照。

(9)「明治二十五年旧正月」、『大本神諭　天の巻』平凡社東洋文庫、1979年、3頁。

(10) 甲午農民戦争の詳しい過程については、趙景達『異端の民衆反乱――東学と甲午農民戦争』岩波書店、1998年、参照。

(11) 一進会については、以下の論文を参照。金東明「一進会と日本――「政合邦」と併合」、『朝鮮史研究会論文集』31集、1993年、林雄介「運動団体としての一進会――民衆との接触様相を中心に」、『朝鮮学報』172輯、1999年、小川原宏幸「一進会の日韓合邦請願運動と韓国併合――「政合邦」構想と天皇制国家原理との相克」、『朝鮮史研究会論文集』43集、2005年。

(12) 逮捕された「民族代表」の訊問・裁判記録として、市川正明編『三・一独立運動　1-4（明治百年史叢書）』原書房、1983～1984年、参照。ただし彼らが運動の先頭に立ったというのはある意味誤解で、彼らは無軌道な暴動を抑えて、穏便に独立（もしくは自治）請願書を提出しようとしたことがこれまでの研究で明らかになっている。

(13) この保安法は、1907年の大韓帝国期に制定され、そのまま総督府下でも効力を有した。その第1条は「朝鮮総督ハ安寧秩序ヲ保持ス為メ必要ノ場合ニ結社ノ解散ヲ命スルコトヲ得」というもので、朝鮮人を対象としたもの。政治的な結社でなければ結社は黙認されたが、警察当局の分類で「類似宗教団体」というものがあり、天道教はそこにカテゴライズされていた。このことは、青野正明「朝鮮総督府の神社政策と「類似宗教」」、磯前順一・尹海東編『植民地朝鮮と宗教』三元社、2013年、176～177頁、参照。

(14) 実際に孫秉煕は「夫れは宗教が満足に行われる様にする為めに朝鮮の独立を謀ったので宗教が満足に行かぬ間は如何しても宗教家が政治に関係する様な事になると思います」と述べている。「孫秉煕　地方法院予審訊問調書」、前掲市川正明編『三・一独立運動　1』、212頁。

(15) 張錫萬「日本帝国時代における宗教概念の編成」、磯前順一・尹海東編前掲書、76頁。

(16) この時代の朝鮮における社会進化論受容については、朴成鎮『韓末～日帝下　社会神化論と植民地社会思想』도서출판 선인、서울、2003年（朴成鎮『韓末～日帝下社会進化論と植民地社会思想』図書出版ソニン、ソウル）、参照。

(17) 天道教の「民族代表」の文明観、国家観、宗教観などのメンタリティについては、拙著『植民地朝鮮の宗教と学知――帝国日本の眼差しの構築』青弓社、2009年、第3章、参照。

(18) 김정인『천도교 근대 민족운동 연구』한울 아카데미、서울、2009年（金正仁『天道教近代民族運動研究』ハヌルアカデミー、ソウル）、122～124頁。

(19) 김기정（金起田）「鷄鳴而起하여（鷄鳴ありて目覚めて）」、『開闢』1921年1月号。
(20) 鄭用書「日帝下 天道教青年党의 運動路線과 政治思想」（「日帝下天道教青年党の運動路線と政治思想」）、『韓国史研究』105号、1999年、参照。
(21) 天道教青年党『天道教青年党小史』天道教青年党本部、1935年、19頁（亜細亜文化社編『東学思想資料集3』ソウル、1978年、に所収）。
(22) 황선희『동학 천도교 역사의 재조명』도서출판 모시는사람들、서울、2009年（ファン・ソンヒ『東学・天道教 歴史の再照明』図書出版仕える人々、ソウル）、317頁。
(23) 金正仁前掲書、138頁。天道教幹部には、20世紀初頭に日本に亡命していた開化派官僚も存在し、彼らの近代志向が大きな影響を与えたことも考えられる。
(24) ファン・ソンヒ前掲書、319~320頁、参照。
(25) 天道教青年党編前掲書、82~83頁。
(26) 朝鮮農民社の組織と活動の詳細と変遷については、박지태「朝鮮農民社의 組織과 活動」、한국민족운동사연구회 편『한국민족운동과 종교』국학자료원、서울、1998年（パク・ジテ「朝鮮農民社の組織と活動」、韓国民族運動史研究会編『韓国民族運動と宗教』国学資料院、ソウル）参照。
(27) 全朝鮮農民社編輯室「朝鮮農民社의沿革」、『朝鮮農民』6-4号、1930年6月、27~28頁。パク・ジテ前掲論文283頁から再引用。
(28) 天道教の農民教育に関しては、정혜정「日帝下 천도교 農民教育運動──朝鮮農民社를 중심으로」、한국민족운동사학회『일제강점기의 민족운동과 종교』국학자료원、서울、2002年（チョン・ヘジョン「日帝下の天道教の農民教育運動──朝鮮農民社を中心に」、韓国民族運動史学会『日帝強占期の民族運動と宗教』国学資料院、ソウル）参照。
(29) 青野正明『朝鮮農村の民族宗教』社会評論社、2001年、180頁。
(30) 青野正明前掲書、184頁。ただし、趙景達は、朝鮮農民社の啓蒙活動と朝鮮総督府の農村振興運動は対立するものではなく、共鳴し合う部分が少なくなかったとしている。趙景達『植民地期朝鮮の知識人と民衆』有志舎、2008年、第6章「農村振興運動と民衆」、参照。趙はいわゆる「近代化」に最後まで馴染むことのできなかった民衆の動向を重視している。
(31) 1934年9月に「吾心党」という秘密結社の関係者230名が検挙された。この集団は1929年に朝鮮独立を目標として組織されたもの。
(32) この「革新派」の中心人物は、早稲田大学政経学部を卒業した崔東曦（チェ・ドンヒ）であった。彼は1917年から一時期沿海州に亡命し、レーニンにも会ったという経歴の持ち主でもあり、天道教青年層に大きな影響力を持っていた。
(33) 조규태「天道教의 文化運動論의 定立과 그 패러다임」（曺圭泰「天道教の文化

運動論の定立とそのパラダイム」)、韓国民族運動史研究会編前掲書所収、250頁。
(34) 崔麟の経歴については、拙稿「崔麟――あるモダンボーイの肖像」、趙景達ほか編『講座 東アジアの知識人 4巻』有志舎、2014年を参照されたい。
(35) 1930年の資料だが、天道教団内では、この「新派」が圧倒的な数的優位を保っていた。朝鮮総督府警務局「最近ノ天道教ト其ノ分裂ヨリ合同ヘノ過程(1930.12)」によると、73％が新派であるとされている。『斎藤実文書10』高麗書林、1990年、574〜575頁。
(36) 金正仁前掲書、160頁。
(37) 如菴崔麟「人類愛와 勤労主義(人類愛と勤労主義)」、『新人間』43号、1930年1月号、2〜3頁。如菴は崔麟の道号。
(38) 趙景達「朝鮮近代のナショナリズムと文明」、『思想』808号、岩波書店、1991年、121頁。
(39) 김동명「일제하「동화형협력」운동의 논리와 전개 – 최린의 자치운동의 모색과 좌절」、『한일관계사연구』제21집(金東明「日帝下「同化型協力」運動の論理と展開――崔麟の自治運動の模索と挫折」、『韓日関係史研究』第21集) 2004年、参照。
(40) 崔麟「代表될 만한 組織的 機関이 잇서야 합니다(代表しうる組織的機関がなければなりません)」、『開闢』第66号、1926年2月号、38〜39頁。
(41) 金東明前掲注(39)論文、156頁。
(42) 梶村秀樹・姜徳相編『現代史資料29 朝鮮5』みすず書房、1972年、95頁。
(43) 例えば並木真人「植民地期朝鮮における「公共性」の検討」、三谷博編『東アジアの公論形成』東京大学出版会、2004年、参照。
(44) 金東明前掲注(39)論文、163頁。
(45) 尹致昊(1865-1945)は植民地時代を代表するクリスチャン、啓蒙運動家。植民地統治下での対日協力を解放後に指弾された。彼の経歴やキリスト教信仰については、梁賢恵『尹致昊と金教臣 その親日と抗日の論理――近代朝鮮における民族的アイデンティティとキリスト教』新教出版社、1996年、参照。
(46) 김상태 편역『윤치호일기』역사비평사、서울、2001年(キム・サンテ編訳『尹致昊日記』歴史批評社、ソウル)、339頁。
(47) 1931年からの宇垣一成総督の下で行われたイデオロギー政策。精神的な向上や信仰心の復活などが説かれ、学者や著名人が動員された。詳細については前掲注(17)拙著第5章を参照。
(48) 鄭用書前掲注(20)論文、265頁。
(49) 金正仁前掲書、298頁。
(50) 崔麟「右翼陣営、左翼陣営(1) 朝鮮人 徴兵 等을語하는 時中会 首領 崔麟氏」

(「右翼陣営、左翼陣営 (1) 朝鮮人徴兵などを語る時中会首領崔麟氏」)、『三千里』8-12、1936年、51頁。
(51) 宮田節子『朝鮮民衆と「皇民化」政策』未来社、1985年、165頁。
(52) 洪宗郁『戦時期朝鮮の転向者たち――帝国／植民地の統合と亀裂』有志舎、2011年、75頁。
(53) 東アジアの「良妻賢母論」については、陳姃湲『東アジアの良妻賢母論』勁草書房、2006年、参照。
(54) 崔麟「総動員化への私見」、『国民総力』第2巻第1号、1940年、26～27頁。
(55) 鄭用書「일제 말 천도교세력의 친일 활동과 논리」、『한국근현대사연구』 제58집(「日帝末天道教勢力の親日活動と論理」、『韓国近現代史研究』第58集)、2011年、127頁。
(56) ここではファシズムの定義を論じないが、その「構造」の類似性およびファシズム思想の背後にある一種の非合理性から、宗教とファシズム（熱狂的な政治運動）がアナロジカルに取り扱われてきたことを取り敢えず想起しておこう。その一例として、小岸昭『世俗宗教としてのナチズム』筑摩書房、2000年、参照。近年では、竹沢尚一郎編『宗教とファシズム』（水声社、2010年）が、宗教的な心性ないし宗教的なものへの希求がどのようにファシズムと関わったかを考察している。
(57) 津城寛文「公共宗教」、井上順孝編『現代宗教事典』弘文堂、2005年、144～145頁。
(58) R.N.ベラー（河合秀和訳）「アメリカの市民宗教」、『社会変革と宗教倫理』未来社、1973年。
(59) ホセ・カサノヴァ（津城寛文訳）『近代世界の公共宗教』玉川大学出版部、1997年。
(60) 「国家神道」という用語も議論の対象となっているが、私は島薗進同様、広義の「国家神道」概念を用いている。島薗進『国家神道と日本人』岩波書店、2010年、参照。
(61) 安丸良夫『近代天皇像の形成』岩波書店、1992年、220～223頁。安丸は天皇の権威や国体論を前提としてそこから対抗言説を生んだ運動を「O（オーソドキシィ）異端」と呼び、それとは異質なものを「H（ヘテロジーニアス）異端」と呼んでいる。つまり大本は「H異端」から「O異端」に移行した宗教運動と見なされている。
(62) 「八紘一宇」を唱えた田中智学などの日蓮主義に関しては、大谷栄一『近代日本の日蓮主義運動』法蔵館、2001年、参照。
(63) 津城寛文「大本霊学と日蓮主義――近代日本の「公共宗教を目指すもの」」、小森陽一他編『岩波講座　近代日本の文化史 5』岩波書店、2002年。

通底する「朝鮮半島問題」の論理
―― 朝鮮民主主義人民共和国の核兵器開発と竹島／独島

福原裕二

はじめに：問題の所在に代えて

　2012年8月に筆者が行った現地調査の話から始めたい。筆者は8月のほぼ1か月間を費やして、大韓民国（以下、韓国）の鬱陵島（ウルルンド）という離島と、中華人民共和国（以下、中国）の丹東及び三合から防川にかけての場所を訪れ、実見・聞き取り調査を行ってきた。つまり、国境地帯ばかりを訪れ、歩き回ってきた。その目的は、境域（ボーダー）を生活圏に包含している人びとが、国家のレベルにおける様々な対立や葛藤状況が現存するなかで、それによって縛り付けられざるを得ないナショナルな有形無形の障壁をどのように克服しつつ生活を営んでいるのか、または克服できないままに如何なる生を育んでいるのか、その実態を浮き彫りにしたいということであった。これは筆者が所属する島根県立大学北東アジア地域研究センター（NEARセンター）が組織的に取り組んでいる研究プロジェクト、「北東アジアの中間接壌地域に見える北東アジア的超域性の比較研究：延辺朝鮮族自治州と韓国済州島」の一環で、もちろん、それは今回の報告の論旨とは、ほとんど異なる内容の調査と言えるが、筆者自身が有している問題意識としては軌を一にしているものである。

　それというのも、やや短絡的だが、日本人が朝鮮半島を見る視線が、やや一方的な希望的観測を踏まえたものになってはいないか、と常々危惧を感じ

図1 咸鏡北道会寧市の新田（シンジョン）駅舎とスローガン
出所：筆者撮影（2012年2月16日、8月26日）。真ん中写真のスローガンは、「偉大な領導者金正日同志万歳！」と書かれている。また、一番下の写真のスローガンは、「偉大な領導者金正恩同志万歳！」と書かれている。

ることが多いことと関係している。フロイトが「民族を維持するために『小異』によるナショナリズムが必要である」と喝破したように、たとえば竹島／独島（以下、竹島）問題では、この問題に対して激高する韓国の人びとを過大かつ戯画的に評価しながらも、それと同じ土俵に立って、対策を講じる必要性が真面目に議論されて久しい状況にあるといえるだろう。また、朝鮮民主主義人民共和国（以下、北朝鮮）に対しては、とくに2011年12月に金正日（キム・ジョンイル）国防委員長が死去してから顕著であるが、「指導者の死」や「人工衛星の発射」、「核実験」という現象に対して、何らの背景分析もなく、北朝鮮政権の脆弱性や核兵器・中長距離ミサイルの直接的脅威のみが現象ごとに語られてしまうという状況がある。

　一般的に、現象にはその背景とそれを支えている一定の「論理」があるはずで、それを踏まえるならば、また異なった見方や対応が浮かび上がってくるはずである。しかし、こと日本人の朝鮮半島に対する焦点は、理解したいようにしか理解しない希望的観測やこれに基づく韓国・北朝鮮像が再生産される形で合わされているように思える。ところが、そうした「観測」や「像」は、しばしば現実によって修正を余儀なくされざるを得ない。

　図1は、中朝国境にたたずむ駅舎の画像だが、中朝国境の中国側には、鴨緑江・豆満江に沿って、比較的舗装の整った「軍事道路」と現地の人びと

が呼ぶ車道があり、そこから北朝鮮を望見し撮影したものである。北朝鮮国内に点在する駅舎は、小さな無人駅でない限り、その屋根中央部分に金日成（キム・イルソン）の大きな肖像画が掲げられ、その両サイドにスローガンが配置された、それと一見して分かる造りになっている。この新田（シンジョン）駅も例外ではなく、その一つのスローガンだが、今年２月に訪れた際には、「偉大な領導者金正日同志万歳！」（傍点は筆者）との字句になっていた。昨年も一昨年も同じであった。それが８月には、「偉大な領導者金正恩

図２　平安北道新義州市の船舶修理場とスローガン
出所：筆者撮影（2012年２月12日、８月30日）。真ん中写真のスローガンは、「21世紀の太陽金正日将軍万歳！」と書かれている。また、一番下の写真のスローガンは、「先軍朝鮮の太陽金正恩将軍万歳！」と書かれている。

同志万歳！」（傍点は筆者）に掛け替えられていた。図２も場所や建物は異なるが、同じ変化を示した画像で、こちらの方は、２月まで「21世紀の太陽金正日将軍万歳！」（傍点は筆者）となっていたものが、８月には「先軍朝鮮の太陽金正恩将軍万歳！」（傍点は筆者）に掛け替えられている。当然と言えば当然なのだが、指導者の無謬性を前提とし、党や指導者の発する一言一句が国家の行動規範や思考様式を規定する北朝鮮では、重要な変化だと言える。

　2012年２月と言えば、金正日国防委員長が死去し、追悼行事が営まれてから１か月半程度しか経ていない時期だったため、国境地域の地方都市にまでは、スローガンの掛け替え作業に手が回らなかったのかもしれない。しかし、その数か月後には、掛け替え作業が終わっていた。また、同年の２月には、中国の在中朝鮮人総聯合会が主催し、遼寧省の瀋陽市と吉林省の延吉市でそ

れぞれ「光明星節記念瀋陽・延吉地区協会報告会」が開催されていた。光明星節（2月16日）とは、金正日の生誕日のことであり、北朝鮮では国家の祝日である。そこでは、報告者により、「偉大な首領金日成同志、偉大な領導者金正日同志の革命思想を継承した敬愛する金正恩同志を立派に奉じる」ことを旨とする言辞が述べられるとともに、金正恩（キム・ジョンウン）党中央軍事委員会副委員長（当時）の業績を誇示する『白頭の先軍革命偉業を継承なされて』と題する記録映画が流されていた。この報告会のためにはるばる北朝鮮から参加したある女性は、私の「こうした報告会は北朝鮮の各地でも行われているのか」との問いに、「マッスムニダ（そうです）」と返答した。北朝鮮では追悼行事以降、権力の継承を円滑に遂行するための行事が全国的に展開されていたと考えられる。

さらに、8月には中朝国境の近郊の街で、北朝鮮のある地方都市から親族訪問を名目に、中国へ出稼ぎに来ている数名と面会する機会を得た。それらの訪問者は口々に、「金正恩同志に対しては、ついて行くことしか考えていない」と話している。要するに、自らの目と耳で感じる限りでは、金正恩体制は安定しているとしか確認できないのである。

次に、韓国の欝陵島の現状について紹介したい。韓国の欝陵島は、朝鮮半島の東端に位置し、竹島にもっとも近い離島として有名である。竹島の住所は、韓国では「慶尚北道欝陵郡欝陵邑独島里」である。従って、位置的にはしばしば「領土問題の最前線の地」であると言われている。確かに、そういう側面は看取され、街中を歩いていると、「独島ペンション」や「独島飯店」、はたまた「独島保育園」、「独島教会」などといった、「独島」を冠した看板・建物をよく目にすることができる。また、昨年の夏に欝陵島を訪れた際には、ちょうど欝陵郡守（郡長）の選挙が行われていたが、その候補者事務所に掲げられた選挙ポスター（看板）の背景は、ほぼ例外なく竹島の写真が使われていた。

このように、欝陵島では竹島が表象化されているといえる。しかし、それでは実生活において、「領土問題の最前線」に暮らす人びとが他の韓国の

人びとに比して領土問題に関心を有しているかというと、必ずしもそうではない。彼らにとって竹島は、生活圏であって、鬱陵島は漁業と観光の島であるので、観光客のイメージを損なわないために、生活圏にあるものを観光用に商標化して活用していると言ってよいと思われる。

その一つの証左が鬱陵島の玄関口である道洞（トドン）港に掲げられた横断幕である。2011年の夏に自民党の衆参両議員3名が鬱陵島視察を計画し渡韓したものの、韓国の空港で入国を拒否されるという出来事があっ

図3　鬱陵島道洞港に掲げられた横断幕
出所：筆者撮影（2011年9月17日）。

た。筆者はちょうどその1か月ほど後に鬱陵島を訪れていたが、道洞港には図3のような横断幕が掲げられていた。その内容は、竹島の領有権を主張する日本政府や政治家らに対して、その主張を「妄言」と決めつけて批判するとともに、反省や謝罪を求めるものである。これらを一瞥すると、「領土問題の最前線」では、かなり激しい状況のように思える。ところが、この横断幕は本土から持ち込まれたもので、鬱陵島の人びとが自発的に掲げたものではなかったのである。現地はいたって平静かつ冷静な状況であった。誤解を恐れずに言えば、鬱陵島の人びとは竹島問題で激高などしていないし、竹島を含む西部日本海／東海（以下、日本海）海域を生活圏に含む山陰の漁業者と同様に、その安全かつ自由な操業を望んでいるだけである。

このように、ある現象についての背景を現地の文脈や現実にそくして眺めると、日本での希望的観測や韓国・北朝鮮像とは異なった実態が浮き彫りに

なってくる。しかしそれでもなお、ここまではある現象についての表層的な実態が明らかとなったに過ぎない。その現象を支える一定の「論理」を把握してはじめて、その現象に対しての分析が可能になると思われる。

この報告では、日韓に跨がる竹島問題における韓国の「論理」と北朝鮮の核兵器開発の「論理」を素描しつつ、その二つの「論理」が実は、近代から現在に至る歴史過程の文脈では、通底する論理として作用しているのだということについて述べてみたい。

1．竹島問題における韓国の「論理」

国際政治学において、一般的に領土問題の特徴として挙げられるのは、第一に、軍事的対立にまで昇華する事例は比較的少ないこと。第二に、問題が長期化すること。第三に、交渉の対象となる問題や争点課題が無形（intangible）であり、その価値を物理的に分割しにくいことにより、国家間の交渉が決裂しやすいということであるそうだ。[1] 確かに、表1を参照すれば明らかなように、領土問題において挑戦国が開始して始まった軍事的対立の事例は、1919年から1995年までの80年足らずの間で全体の40数パーセント程度である。領土問題事例の半数以上は武力紛争に至っていないということになる。これを第二次世界大戦後の事例に限定すれば、さらにその数が全体に占める割合は低くなる。これは一方で領土問題が、必ずしも武力を用いて解決するほどの国家の課題ではないということを暗示している。その反面、領土は国家に

表1　領土問題において挑戦国が開始した軍事的対立（1919-1995年）

武力紛争に至った回数					
0回	1回	2〜5回	6〜9回	10回	合　計
196	75	64	8	5	348
56%	22%	18%	2%	1%	

出所：Paul K. Huth and Todd L. Allee, The Democratic Peace and Territorial Conflict in the Twentieth Century (Cambridge University Press, 2002), p.37, table 2.1.

表2　竹島の価値とコスト

国有財産台帳に記載された価額	500万1,825円
漁業的価値	114億1,478万7,000円
竹島対策費	1,451万円
違反・漁場独占などによる損失	72億円
収　　支	42億527万8,825円

出所：福原裕二「'竹島／独島研究における新視角'からみる北東アジアの一断面」『北東アジア研究』第22号、2012年3月、44-51頁。

表3　独島の価値とコスト

公示価格	3,275万円
海洋生物資源	1,297万円
観光価値	45億1,480万円
独島関連予算（外交通商部）	3,650万円
独島関連予算（国土海洋部）	30億8,600万円
収　　支	14億3,802万円

出所：表2に同じ。

とって妥協が許されないゼロサムゲーム的な側面があるので、現状維持→挑発的強硬路線→緊張→緩和→現状維持（長期化）といったサイクルを繰り返し、問題が長期化する傾向にある。さらに、領土はその価値を物理的に分割しにくい（不可分な）わけであるから、国家間の交渉が決裂するどころか、「固有の領土」論や実力支配を前提に、「問題そのものが存在しない」と主張するなどして、国家間交渉の糸口が見いだせないままに、問題だけが深刻化していくことも珍しくはない。

　ところで、筆者は竹島問題を考究するにあたって、「第三の視角」と称するアプローチで臨んでいる。これまで竹島問題は、「日韓いずれの領土であるか」を争点に、歴史・国際法学的な視角（第一の視角）から研究が進展してきた。次いで、竹島問題の問題性を穿つ視角（第二の視角）に基づく研究、すなわち竹島問題の背景に潜むナショナリズムや教育、マスコミの問題などを取り上げる研究が多く蓄積されてきた。これら研究群に対して、竹島やそ

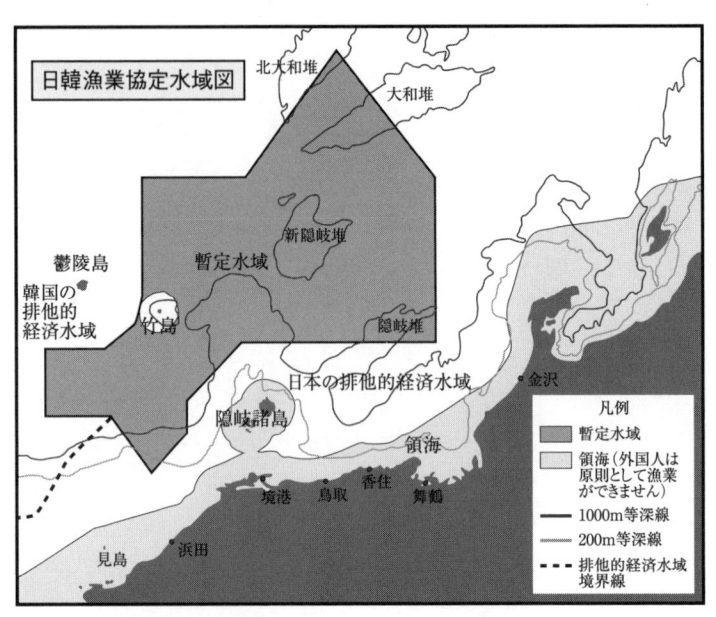

図4 日韓漁業協定水域図
出所:「日韓漁業協定水域図」鳥取県水産課（とっとりの水産業）ホームページ内 http://www.pref.tottori.lg.jp/44933.htm、2014年5月14日最終アクセス。

表4 水産庁による外国漁船の拿捕件数の推移（単位：件）

	韓国	中国	ロシア	台湾	その他	合計
2004年	14	5	2	7	1	29
2005年	9	2	0	5	0	16
2006年	8	1	0	1	0	10
2007年	11	1	0	1	0	13
2008年	18	2	0	0	0	20
2009年	12	3	0	2	0	17
2010年	13	1	0	5	0	19
2011年	11	0	0	1	0	12
2012年	5	2	0	4	0	11
2013年	9	6	0	4	0	19
合計	110	23	2	30	1	166

出所:「韓国はえ縄漁船の拿捕について」水産庁ホームページ内 http://www.jfa.maff.go.jp/j/press/kanri/140120_1.html、2014年5月14日最終アクセス。

れを含む海域を生活圏に取り込まざるを得ない地域や人びとの視角（第三の視角）に基づいた研究は皆無であり、第一・第二の視角にせよ、これらはナショナルな枠組みのアプローチであり、それに対して徹底的に「竹島」という存在を、生活者の視点から考えてみようという問題意識が第三の視角と称するアプローチには内在している。

　その視角に基づけば、確かに竹島問題においても、その交渉の糸口が見つからなかったり、交渉が決裂したりしてしまうのは、交渉の対象となる問題や争点課題が無形であり、その価値を物理的に分割しにくいからだと言える。しかし、それはナショナルな枠組みにおいて言えることであって、生活者の枠組みから考察を施せば、竹島は可分な価値を有する存在として捉えられるのではないかと、問題を再構成することも可能である。そこで、なるべく可視化できる数字を根拠にして、竹島の価値を考察した結果が表2及び表3である。

　詳細な検討は他稿に譲るが(2)、確かに竹島には領土として譲れないであろう可視的な価値が認められる。しかしその反面、竹島という存在があるからではなく、これをめぐる問題が発生しているがゆえに、負担を強いられているコストが存在する。それらを前提にするなら、日本の現状の場合には、竹島の潜在的価値による恩恵を享受できないままに、その3分の2にあたるコストの支出を余儀なくされていることが分かる。他方で、同様に韓国も現状においては、竹島の潜在的価値による恩恵の一部を享受しながら、その3分の2にあたるコストの支出を余儀なくされていることが明らかとなる。そのコストは一体誰が負担しているのかを考えてみる必要があると思われる。

　これに関連して、さらに竹島をめぐる海の現状について考察を行いたい。竹島をめぐる海、すなわち西部日本海における広大な海域は、現在いわゆる新日韓漁業協定（漁業に関する日本国と大韓民国との間の協定：1999年1月22日発効）に基づいて、図4のような「暫定水域」が設定され、操業秩序が図られることとされている。しかし、表4及び図5に見られるように、近年の暫定水域を含む日韓に跨がる海域の日韓間における漁業問題（水産庁による韓国漁船の拿捕）は、改善の兆しがまったく見られないままに推移している状況

である。これを暫定水域周辺の海域のみに局限して、具体的な被害・取締状況を示したものが図6及び図7である。

　韓国漁業者の立場に基づくなら、自国の人びとが嗜好する魚介類が「大和堆」、「隠岐北方」、「浜田三角（浜田沖）」と呼ばれる海域に生息しており、その漁獲の出漁を阻む現行の漁業秩序は、国家が本来不可視であるはずの海に対して、政治的かつ一方的に線引きした「見えない壁」を押しつけるものに他ならない。それゆえ、年間に複数回拿捕される韓国漁船も存在している。

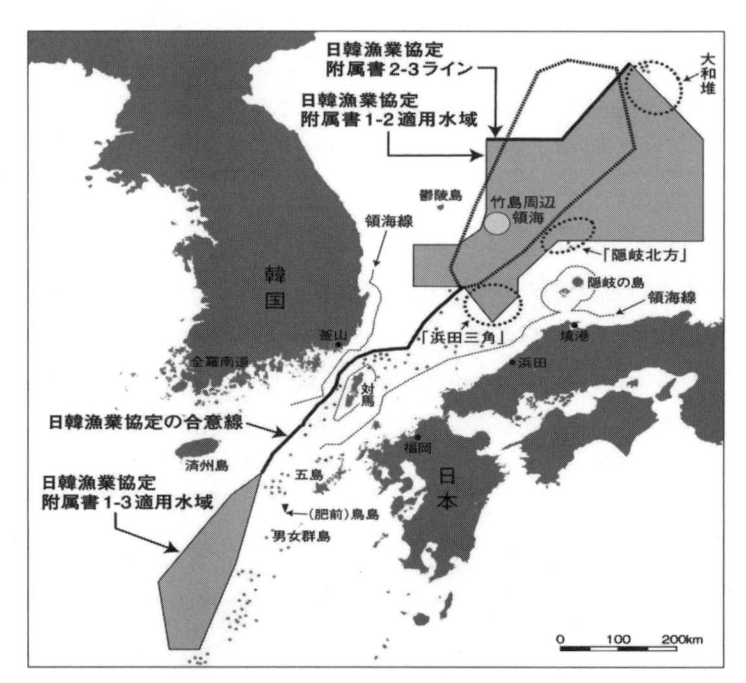

図5　韓国漁船拿捕位置図（2006年～2013年7月22日）
出所：「日韓漁業協定と暫定水域」図は、岩下明裕『北方領土・竹島・尖閣、これが解決策』朝日新書、2013年、156頁。拿捕位置に関しては、水産庁ホームページ（http://www.jfa.maff.go.jp/）が提供する「新着報道発表・報道発表資料・これまでの報道発表資料」に掲載されている各拿捕情報の添付資料による。
図中の点は、いか釣り漁船、まき網漁船、その他漁船の拿捕地点を示している。概ね日本海側ではいか釣り漁船、東シナ海側ではまき網漁船やその他漁船の拿捕が多い傾向にある。ただし、筆者が手作業で便宜的に作成した図であるため、正確さに欠ける点は否めない。

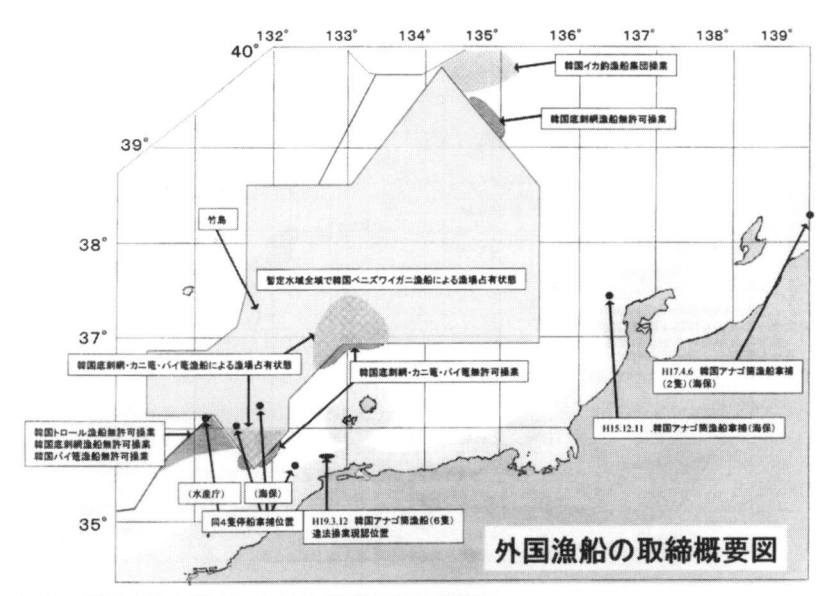

図6　暫定水域内外における外国漁船の取締概要図
出所：A水産関係団体が作成した概要図を転載。

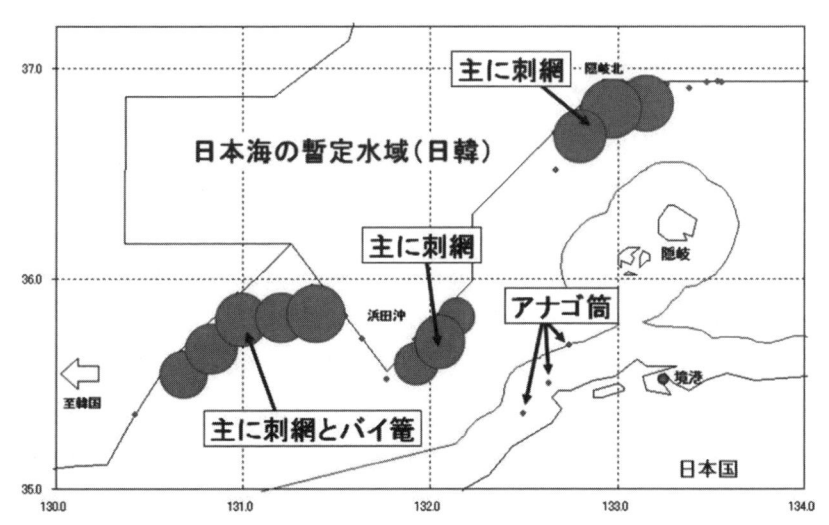

図7　韓国漁船違反漁具押収位置図
出所：「韓国漁船違反漁具押収位置図」境港漁業調整事務所ホームページ内 http://www.jfa.maff.go.jp/sakaiminato/kantoku/ihan_kaishu.html、2014年5月14日最終アクセス。

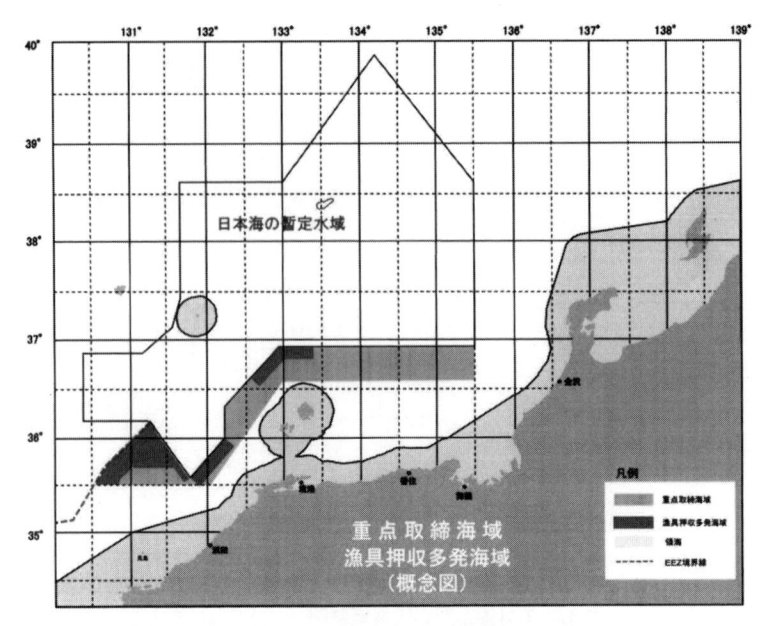

図8 重点取締海域及び漁具押収多発海域（概念図）
出所：「重点取締海域及び漁具押収多発海域（概念図）」水産庁ホームページ内 http://www.jfa.maff.go.jp/j/press/kanri/pdf/131031-01.pdf、2014年5月14日最終アクセス。

　しかし、秩序が厳然として構築されており、違反操業によって日本の漁業者に被害が及んでいる以上、取締が行われるのは当然の成り行きである。従って、日本の水産庁では、概ね毎年11月1日に「日本海の暫定水域周辺での韓国漁船の重点取締について」を発令し、11月から翌年の5月までにかけて、重点取締の海域を設定し、違法操業の撲滅に努めている（図8を参照）。
　ここで、図9を見ていただきたい。この図は、日韓の暫定水域（ⒶⒷⒸを囲む実線内。図4を参照）を示すとともに、仮に竹島問題が日韓いずれかの主張に基づいて決着が図られた場合の竹島―隠岐島の中間線（竹島が韓国の領土として決着した場合；Ⓐを囲む実線の下半分）と、竹島―鬱陵島間の中間線（竹島が日本の領土として決着した場合；Ⓐを囲む実線の上半分）を示す興味深いものである。先に述べた西部日本海における漁業秩序の現状を念頭に置きつつこ

の図を眺めると、次のような状況にあることが析出される。

　第一に、竹島領有権問題が未決の結果として、暫定水域が設定されたにもかかわらず、外国漁船の無許可・違法・集団操業、漁場の占有や違反・密漁漁具の投棄などの漁業問題は、暫定水域内外において引き起こされている。第二に、従って、仮に韓国が主張するような形で、竹島を起点に中間線が画定されたとしても、漁業問題の多くはその日本側水域寄りに集中しており（つまり違反や違法を覚悟しても出漁をせざるを得ない実状であるということから）、却って韓国漁船が出漁を望む漁場が失われることになる可能性がある。第三に、現今の漁業問題の発生位置を踏まえるなら、仮に竹島領有権問題がいずれかの領土として解決されたとしても、その周辺海域を含む西部日本海海域の漁業問題は依然として残存する可能性が濃厚だ、ということである。

　実は、竹島をめぐる海がこうした状況であるということは、日韓のごく限られた漁業者や政策担当者は暗黙裏に認知しているのだと思われる。筆者自身、調査の過程で日韓の漁業者から同じニュアンスの話を聞き取ったことが

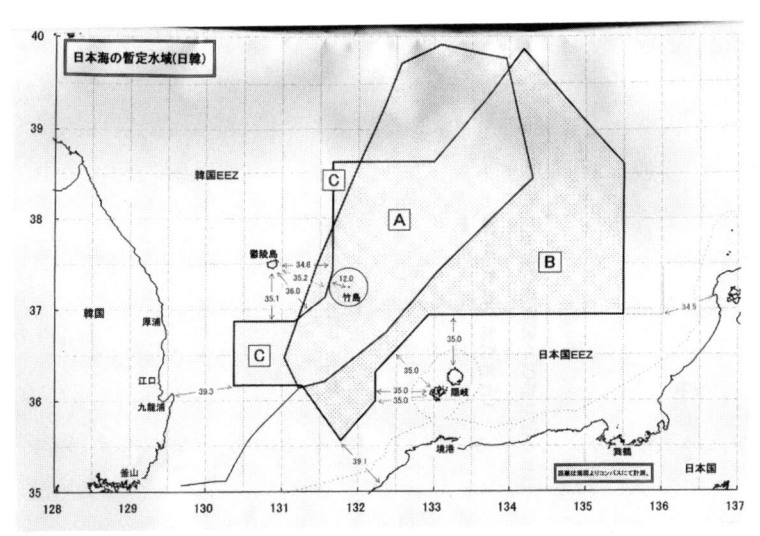

図９　日韓の暫定水域と中間線
出所：Ａ水産関係団体が作成した日本海の暫定水域図を転載。

ある。それゆえにと言うべきか、韓国の政策担当者らにこの話を披瀝した上で、竹島問題とは一線を画し、それに先行する形での漁業問題解決の必要性を説くと、一様に「よくわかる」とか、「自分も賛成だ」とかという反応を示す。ところがそれにもかかわらず、「韓国政府としては、それは

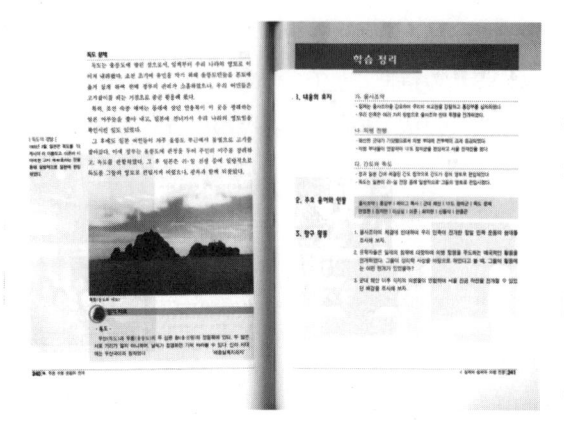

図10 竹島問題が記載されている韓国中学校の国史教科書
出所：国史編纂委員会・国定図書編纂委員会『中学校 国史』教育科学技術部、2002年3月1日発行（引用した教科書は、2009年3月1日発行の8刷）、240-241頁。

できない」と吐露するのである。竹島問題に関わる一切の妥協は、利害にかかわらずできないと主張する。それではなぜできないのかという話になるが、それこそが竹島問題における韓国の「論理」の本質ということになる。それは、存外身近なところにヒントを見出すことができる。韓国の中学校の「国史教科書」である。

　韓国の人びとにとって、竹島問題が単なる領土問題ではなく、歴史問題なのだということは、日本でも知られるようになってきた。しかし、それではなぜに歴史問題と考えるのかということになると、未だ人口に膾炙されてはいない。ここに掲載した韓国の中学校で使用されている歴史教科書（図10）は、最新版のものではないが、概ね竹島問題に対する記述は、2ページあまりが割かれていて、これは新旧あまり変わるところがない。そこでは、「……日本は、日露戦争中に一方的な形で、独島を彼らの領土に編入してしまったが、光復とともに取り戻した」と書かれており、また別の箇所では、「独島の強奪」と題して、「1905年2月、日本は独島を竹島と名付けいわゆる島根県告示第40号を通じて、一方的に日本に編入した」と記述している。なお、「光復」というのは、日本による植民地からの解放を意味する言葉である。(3)

ここでのキーワードは、「日露戦争」ということになるが、それはあとで述べることにする。ともあれ、元来朝鮮半島の一部であった竹島が、歴史のある一時期、一方的に日本によって強奪され、それを植民地からの解放とともに取り戻したというのが韓国の人びとに一般的に共有されている認識だということである。従って、竹島問題に関わる事柄について、日本と協議を行う、あるいは妥協を図るということは、竹島という存在の価値を考慮したり、領有権の問題に対して如何に解決を図ったりするかということを超越して、歴史の被害者が加害者と歴史の問題を取り引きするということになってしまうわけである。

　歴史の問題を取り引きするということは、韓国の国家としての正統性に関わると、韓国の人びとは考えている。韓国憲法の前文には、次のような件がある。「悠久なる歴史と伝統に輝く我々大韓国民は、三・一運動により建立された大韓民国臨時政府の法統……を継承し……」という一文である。つまり、韓国の正統性は、三・一運動によって建てられた大韓民国臨時政府からの連続性にあるということである。この三・一運動の支柱となった「独立宣言書」には、「はじめから民族的要求より出たものでなかった両国併合の結果が、つまるところ姑息的威圧と差別的不平と統計数字上の虚飾の下で、利害の相反した両民族間に永遠に和することのできない怨みの溝を益々深めている今日までの実績を観よ」との植民地の評価がなされている。さらに、この独立宣言書に影響を与えた、「二・八独立宣言書」には、「日本は韓国と攻守同盟を結び、日露戦争をはじめたが、東洋の平和と韓国の独立はこの同盟の主旨であった。……（しかし）韓国の独立を保全するという旧約に違反し、……韓国の国力充実によって独立がなされる時期までという条件を押しつけて欺き、韓国の外交権を奪って日本の保護国となし、……さらに相当の時期までという条件で司法・警察権を奪い、徴兵令実施までという条件で軍隊を解散し、……このようにして遂に韓国を無抵抗なものにしながら、……ついに秘密と武力とをもって合併条約を締結した」と、日本による朝鮮植民地化の道程が記されている。

ここに先ほど前置きした「日露戦争」というキーワードが登場する。その日露戦争は、日本が時の大韓帝国（韓国）と攻守同盟を結んで始めたものである。その理念は、東洋の平和と韓国の独立が趣旨だった。しかし、韓国の独立を保全するという旧約に違反して、韓国の国力充実によって独立がなされる時期までという条件を押し付けて欺き、韓国の外交権を奪って日本の保護国とする。これがいわゆる1905年の第二次日韓協約と呼ばれているものである。さらに、相当の時期までという条件で司法・警察権を奪い、徴兵令実施までという条件で軍隊を解散し、このようにして韓国を無抵抗なものにしながら、というのが1907年の第三次日韓協約である。そして、ついに秘密と武力をもって合併条約を押しつけた、これが1910年の植民地化であるという解釈になるわけである。

このように、日露戦争は、韓国の人びとにとって独立宣言書において切実に訴えられた、「両民族間に永遠に和することのできない怨みの溝を益々深め」させた直接的な契機となる事件だということである。つまり、韓国にとっては、日露戦争中の1905年2月に竹島が日本に編入されたという歴史とその後の植民地化は一貫した歴史の流れがあるという理解になる。卑近な言葉で言えば、日本国による竹島編入は、日本が朝鮮から国を奪う初めの一歩だったということである。これが竹島問題における韓国の「論理」の第一義的な構成内容である。

これに関連して重要なのが、韓国において盛んに提起されている「1965年問題」という事象である。1965年は、周知の通り、日本と韓国が日韓基本条約ほか諸協定を締結して、国交を再樹立した年である。この日韓間の基本的な関係の枠組みに大きな修正を迫るような要求が提起されているわけではないが（一部においては大きな修正を迫るような要求が提起されている）、韓国自身の自己省察を踏まえ、その歴史認識と絡みながら、日韓関係の問題点が指摘されている。

この背景には、朝鮮半島をめぐる国際環境と韓国内政の二つの変化が潜んでいる。第一に、朝鮮半島をめぐる国際環境の変化というのは、冷戦の終結である。近年、日韓関係だけではないが、冷戦期に制度化された大まかな枠

組みが制度疲弊を引き起こしており、それが現在のアジア太平洋地域の国際関係に大きく調整を迫っていると主張されている。日韓関係にそくして言い換えると、たとえばヴィクター・D・チャが指摘したように、冷戦期における日韓関係の親疎は、その二国間に跨がる要因ではなく、アメリカのアジア関与の度合いという要因によって決定されていた。つまり、アメリカのアジア関与が強まれば強まるほど、日韓は安保問題に対して弛緩してしまい、両国に固有な問題を再浮上させ反目を引き起こす。他方、アメリカのアジア関与が弱まれば弱まるほど、日韓は安保問題に神経を尖らせて、「反目を越えた提携」を図るという関係性が日韓関係にはあった。冷戦期における日韓関係には、長く「体制摩擦」に基因する反目が存在したが、双方の安全保障問題における利害関係の一致から、米国を媒介とする二つの同盟関係（日米安全保障条約・米韓相互防衛条約）を前提に、「疑似同盟」としての日韓の提携が構造的に機能していたわけである。

しかし、冷戦の終結は、日韓関係の疑似同盟という側面の一端を溶解し、その結果、制動が利かない形で両国に固有な問題、すなわち歴史問題などの文化問題が噴出するようになっている。この歴史問題は、冷戦によって封じ込められてきた経緯により、日本では風化の作用が働いたが、韓国では継続して堆積されたままであったことを忘れてはならない。このように、冷戦期に固定化された日韓両国の歴史問題抑制メカニズムは疲弊を起こしている。

第二に、韓国内政の変化というのは、「革新政権」と呼ばれる金大中（キム・デジュン）・盧武鉉（ノ・ムヒョン）政権が誕生したことである。これにより、建国以来続く保守政権が軍事政権時代も含めて、省察されることになった。韓国ではこれを「歴史の立て直し」と言っている。もとより、「歴史の立て直し」自体は、民主化や文民政権（金泳三［キム・ヨンサム］政権）の誕生の過程で行われてきた経緯がある。光州（クワンジュ）事件の再評価や居昌（コチャン）事件犠牲者の名誉回復などはその重大な一環であった。しかし、文民政権とは言っても、保守政権下では、反共主義の内実にメスを入れたり、「親日派」問題の追及にまで手を加えたりすることはできなかった。それが革新政権の

誕生により、「歴史の立て直し」が本格化したのである。

　こうした背景があり、1965年問題が提起されることとなった。この問題提起には、1965年時点の段階ですでに問題化されていた内容と「歴史の立て直し」という自己省察を踏まえて構成された内容とを含んでいる。前者の内容としては、たとえば1965年に締結された日韓基本条約は、いわゆる「韓国併合」条約の位置づけが曖昧だということ（第2条）、韓国政府の地位が北朝鮮との関係において明確でないということ（第3条）が、交渉段階からとくに韓国側において問題視されてきたことはよく知られている。このうちとくに第2条をめぐる認識がそれである。日韓基本条約第2条に規定されている併合条約は「もはや無効」(already null and void) というのは、どの時点で無効なのか、日本側の韓国が建国された時点（1948年8月15日）で無効という主張に対して、韓国側の締結（強制）時に遡って無効という主張との齟齬である。この問題は古くて新しい問題であり、2000年を前後する時期には、「韓国併合」の効力に対して歴史学・国際法学的立場からの日韓のアカデミックな論争として展開された。この論争は、岩波書店の雑誌『世界』誌上で繰り広げられたので、ご記憶の方々も多いかと思う。[10]

　それではなぜ、併合条約の効力の有無が問題なのか。それは韓国において、日本が道徳的・倫理的には併合条約を問題としつつ、それを根拠に行われた植民地支配の不当性を認知しながらも、法的には問題がないとする態度を取ることによって歴史摩擦が引き起こされていると考えられているからであり、とくに韓国の知識人からは、「大韓帝国の国権侵奪過程において犯した欺瞞と強制、三六年間の残酷を極めた『植民地』統治の過ちなどに対する日本国家の法的認定と、これに対する実践的表現としての賠償金の支払いがどのような形態であれ成されない限り、韓日両国の将来は決して明るくはないであろう」と主張されているからである。[11] 言い換えれば、その時々の実情や優先事項にそくして「同床異夢」的な形で「解決」してきた日韓政治関係のフレームワークに対する異議が唱えられてくるようになったと言えるのではないだろうか。

また謝罪の問題も、1965年問題の重要な構成要素だが、同様の文脈から捉えることができる。日本が過去（第二次大戦後）に国際社会と結んだ条約やそれに類する声明などを想起していただきたい。たとえば、対日講和条約（1951年9月8日署名）を例に挙げると、その前文には、「連合国及び日本国は……両者の間の戦争状態の存在の結果として今なお未決である問題を解決する平和条約を締結することを希望するので……」と前置きしつつ、「日本国としては……遵守し、……努力し、……努力し、……宣言するので、……連合国は……日本国の意思を歓迎」し、「連合国及び日本国は、この平和条約を締結することに決定」すると書いてある。つまり、日本国は連合国に対する「敗戦」という現実を踏まえ、国際社会に準拠することをこれまでかと誓う形で国際復帰したのである。

　それでは、連合国以外の北東アジアの国々に対してはどうだったのだろうか。日中共同声明（1972年9月29日署名）には、「戦争の反省・復交三原則」という一項があり、そこでは、「日本側は、過去において日本国が戦争を通じて中国国民に重大な損害を与えたことについての責任を痛感し、深く反省する」と記されている。また、日朝平壌宣言（2002年9月17日署名）には、「日本側は、過去の植民地支配によって朝鮮の人びとに多大の損害と苦痛を与えたという歴史の事実を謙虚に受け止め、痛切な反省と心からのお詫びの気持ちを表明した」との一文が存在する。[12]このように、日本は国際社会に準拠する努力のみならず、過去に行った戦争や植民地支配に対する反省とお詫びの気持ちを断続的に内外へ表明することによって、とりわけ北東アジアの国々との関係を築いてきたことが窺われる。

　しかし、日中共同声明や日朝平壌宣言に先立つ日韓基本条約には、併合条約の位置づけが曖昧であることから類推されるように、過去に行った戦争や植民地支配に対する反省とお詫びの気持ちは盛り込まれていない。事実関係として、日韓基本条約の仮調印のために金浦（キンポ）空港に降り立った椎名悦三郎外務大臣（当時）が声明として「深い反省」を表明したことがある。しかし、外交文書の記載事項として反省とお詫びの気持ちが表明された

のは、いわゆる日韓パートナーシップ宣言（「日韓共同宣言—21世紀に向けた新たな日韓パートナーシップ—」1998年10月8日署名）が初めてのことである。そこでは、当時の小渕総理大臣が「今世紀の日韓両国関係を回顧し、我が国が過去の一時期韓国国民に対し植民地支配により多大の損害と苦痛を与えたという歴史的事実を謙虚に受けとめ、これに対し、痛切な反省と心からのお詫びを述べた」と記されている。ちなみに、先の日朝平壌宣言における日本側の反省とお詫びの気持ちを表明したとの一文は、この宣言に準拠するものである。

　それはともあれ、大変残念なことだが、冷戦後の日韓関係の再調整を図ったこのパートナーシップ宣言は、韓国の人びと（日本の人びとも含めて）に十分認知されているとは言いがたく、また日本側のこの宣言を反故にするような発言が相次いで行われていることから、謝罪の問題が繰り返し提起されることになる。そしてその悪循環の根源は、日本が過去に国際社会と結んだ諸条約などに比して、日韓間の基本的関係の枠組みの端緒となっている日韓基本条約に、植民地支配に対する反省とお詫びの気持ちという精神が内面化されていないことにあると考えられているのである。

　一方、盧武鉉政権時代に顕在化してきた「親日派」問題は、韓国における「歴史の立て直し」という自己省察を踏まえて提起されているものである。まず、「親日派」という言葉だが、日本で口々に使用される「親米」や「親中」などという言い回しに比べて、韓国で用いられる「親日派」というのは、相当侮蔑の感情が含意されるのだということはよく知られるようになってきた。すなわち、韓国における「親日派」というのは、日本の朝鮮支配の協力者や植民地時代に富を築いたり、朝鮮青年を戦争へと駆り立てたりした人物やグループのこと、つまり大まかには「売国奴」を指す言葉である。従って、この言葉が冠される問題というのは、ほぼ韓国の国内問題といって過言ではない。卑近な例だが、韓国のお金持ちというのは、多くの土地・建物を所有する人びとと同義である。その土地・建物を所有することになった経緯をたどると、植民地時代において日本の朝鮮支配に加担した歴史を有し、解放後の

混乱のなかで不平等な形で取得されてきたことが浮上してくる。その一方で、韓国の正統性を体現する独立運動家の子孫たちは押し並べて生活に困窮していると言われている。韓国では、自嘲気味に「財産を散在しようとするなら、独立運動をすればよい」ということがしばしば語られている。また、こうした経済的な側面だけでなく、「親日派」は戦後、「親米派」に変移し、引き続き保守政権の中枢や周辺に陣取り、地位を温存したり、富を蓄積したり、反共主義の手先となって民主化運動を弾圧したりしたという嫌悪感情や不平等感を社会に醸成させつつ問題が形成されてきた。これに近年の新自由主義に基づく社会格差の拡大が一体となって不平等感が形成され、「親日派」のあぶり出しやそれらが不法に取得した土地の没収が行われることとなったのである。さらに、「親日派」の問題は、北朝鮮が解放後から建国期にかけて、「親日派」を徹底的に処断・粛清したのに対して、韓国では「反民族行為処罰法」（1948年9月）が制定され、「反民族行為特別調査委員会」（反民特委）が設置されたにもかかわらず、不徹底に終わったという、国家の正統性をめぐる劣等感の問題も生じさせている。無論、こうした「歴史の立て直し」という自己省察のなかで着手されている「親日派」をめぐる問題は、日韓基本条約の問題性を媒介にして、従軍慰安婦の問題や元徴用工に対する賠償問題などに相互波及しているのは言うまでもない。

　こうした内容などで構成され、提起されている1965年問題は、韓国において内発的に推し進められてきた「歴史の立て直し」のなかで浮上してきた事象であるがゆえに、日本との関係調整のみならず、近代に喪失したと考えられている民族の歴史を自律的に取り戻す動きの一端だと理解してよい。やや冗長になったが、このように浸潤してきた自国の歴史に対する省察が竹島問題における韓国の「論理」の第二義的な構成内容として存在しているのである。

　こうして歴史問題としての「竹島問題」を解剖してみるなら、韓国の行態としての竹島問題には普遍的な側面と特殊な側面が看取されるように思われる。排他的な領有権の主張を行ったり、実効的支配を試みたりという行動の

ほかに、「固有の領土」などといった論理を動員して、歴史的なつながりを強調しようとする姿勢は日本にも見られ、他の多くの領土問題に見られる事柄である。他方で、特殊な側面、つまり過去の特別な歴史過程の表象としての竹島問題が存在する。領土問題を解決するためには、その当事国双方が過去の経緯を問わず、現実的な利害関係に基づいて対処していくことが一つの歴史的な知恵であるが、その前に日本人としての我々はもう少し以上のような「論理」に関心を寄せるべきだと思われる。やや強引にこの節をまとめるなら、竹島問題における韓国の「論理」には、近代化とともに不本意に併進した「植民地」という事実と「大韓民国」形成にまつわる諸矛盾を克服して行こうとする能動的な意志が内在しており、それは冷戦が終結したという「現在」において、冷戦期に形成された「1965年体制」を超克しようとする動きに通じていると言えるのである。

2. 核開発問題における北朝鮮の「論理」

以上のように、竹島問題における韓国の深遠な「論理」やこれに基づく動態を観察するなら、そこに問題として普遍な側面と特殊な側面に区別して指摘することができる。結論を先取りして言えば、北朝鮮の核兵器開発問題にも、こうした普遍と特殊な側面が見られるというのがこの節の議論の核心である。

このことを抽出するために、なぜ北朝鮮が核兵器開発を行っているのか、その「論理」について検討を施したい。北朝鮮の核問題にはまず、背景の背景となるような歴史的な遠因が絡んでいる。その第一は、冷戦期における北朝鮮の対中ソ関係の内実であり、第二は、日米韓との排他的な関係の存在である。

周知の通り、北朝鮮は冷戦期において、ソ連を盟主とする社会主義陣営に属していた。しかし、その陣営は政治・軍事・経済路線上において一枚岩ではなかった。北朝鮮は建国から10年足らずの時期には、自国の対外的な自

主性を意図的に強調するようになる。脱ソ連化は、その典型的な動きであった。さらに、1960年代中葉には、「他人に対する依存心を捨てて、自力更生の精神を発揮し、自己の問題をあくまで自ら責任を持って解決していく自主的な立場」を基軸にした「主体思想（ジュチェササン）」が創始されるとともに、社会主義諸国間では内政不干渉、相互尊重、互恵平等を原則として、各国が独自の革命路線を進めることに協力するなどの「自主独立外交」路線を闡明にする。北朝鮮は建国の歴史において、ソ連の圧倒的影響を甘受したがゆえに、却って自力更生を旨とした政治、経済、軍事、思想における主体を強調したとも言える。しかし、こうした北朝鮮の主体の強調は、中ソに対する依存関係と表裏一体をなしていた。つまり、北朝鮮の主体とは、中ソとの軍事同盟や援助貿易的な色彩の強い経済関係を糊塗しつつ、独立国家としての政治的立場と対外的行動の自由を標榜するに過ぎないものであった。要するに、北朝鮮の対中ソ関係の内実は、冷戦期においてすでに自己が重要視する関係のあり方と実像とが噛み合わないものになっていたということである。

　他方冷戦期の北朝鮮は、韓国との直接的な対峙関係に加え、その韓国に対し提携・庇護を行う日本軍国主義、米国帝国主義との闘争を意識せずにはいられない現実が存在していた。これを先の中ソに対する依存関係に照らして、日米韓に対する葛藤関係と呼んでおく。このように、冷戦期の北朝鮮は、北東アジアにおいて、主体という理想と自国をめぐる軍事的葛藤、これを相対化させる依存という現実が混交した関係構造を甘受せざるを得ないという認識に至っていたと考えられる。これが核兵器開発の直接的な背景、そして核兵器開発正当化の論理に連動していくことになる。

　北朝鮮の核兵器開発の直接的な背景は、このような葛藤と依存の関係が冷戦後に急変したことによる。北朝鮮は、1990年代の初頭に、「帝国主義者」（米国）が自壊した旧ソ連や東欧諸国を取り込んで、自国の「圧殺」を図っていると盛んに主張するようになる。この認識は、日米韓との対立という葛藤関係は温存されたままで、旧ソ連や東欧諸国が米国との協調関係を築くに至り、葛藤関係はより深刻化しているとの状況分析に直結する。さらに、日米

韓に対する抑止力として機能していたはずの中ソとの間の軍事同盟は事実上消滅し、対外経済関係の多くを占めていた旧ソ連からの援助貿易も途絶することによって、依存関係が限りなく剥落してしまった国際環境に自らはたたずんでいるとの認識に帰着してしまう。つまり、北朝鮮にとっては、冷戦の終結は葛藤関係の悪化しかもたらさなかったという形の急変が訪れたわけである。こうした過程において、北朝鮮は文字通り硬軟二つの手段で状況の突破を試みている。その一つが南北関係の改善と日朝間の国交正常化交渉であり、今一つが核兵器への転移を可能とする核開発の推進だったのである。

　こうした背景を内包し着手された核開発は、冷戦後の展開のなかで喫緊の課題と化し、その正当化の論理づけが行われていく。ここでの重要な焦点は、第一に、北朝鮮は社会主義の崩壊原因をどのように見たかということ、第二に、北朝鮮は国家の至上命題を変転させたこと、第三に、北朝鮮は対米関係の重要性をより重視したことにあると考えられる。

　詳細は他稿に譲るが、北朝鮮は冷戦の終結過程において、自国の社会主義と自壊した旧ソ連・東欧諸国の社会主義とは異なるものとして喧伝していた。[16]とはいえ、北朝鮮は、自らも陥る可能性を孕む問題として社会主義の崩壊を捉え、その崩壊理由を、世代間の継承の失敗、社会主義及び党の変節、党の軍隊掌握の失敗の３つとして整理した。裏を返せば、北朝鮮はこれを教訓に、権力の継承を万端に行い、自らの社会主義に邁進しつつ党の結束を高め、さらに党の軍隊掌握を強めることに注力することとなったのである。

　こうした状況のなかで、北朝鮮は国父金日成の急逝を経験することになる。父親から権力を継承した金正日は、その数か月後に「社会主義は科学である」と題する長大な論説を発表した。そこでは、「帝国主義者」がもたらす脅威を改めて強調するとともに、「今日、社会主義の背信者らも、資本主義に対して幻想を抱き、帝国主義者らの『援助』と『協力』に期待をかけ、資本主義復帰騒動を繰り広げている。……今日、我が党と人民の前には、偉大な首領金日成同志が開拓し導いてきた主体の社会主義偉業を代を継いで継承、完成するという重く栄誉ある課題が提起されている」と述べられ、中国型の経

済改革や対外援助・協力を否定し、「われわれ式社会主義」を堅持していく旨が明らかにされた。
(17)

　こうして北朝鮮は、対米脅威という切迫した状況と「われわれ式社会主義」の堅持とに鑑みて、国家の至上命題を変転させる。端的に言えば、従来の「全社会（朝鮮半島全土）を主体思想化し共産主義社会を建設する」というものから、「社会主義偉業の継承及び最高首脳部の擁護」、すなわち体制維持への変転である。

　それでは、国家の至上命題として明らかにされた体制の維持をどのようにして図っていくのかということが課題となる。経済不振が続く北朝鮮では、経済部門における改革・開放が望まれるところだが、擁護すべき革命の最高首脳部である金正日は、中国型の経済改革や対外援助・協力を否定している。しかし、手を拱いていれば、「帝国主義者」の脅威が迫ってくる。そこで北朝鮮は、脅威の根本原因自体を鎮静化させようと試みることになる。つまり、対米直接交渉への執着である。もとより、北朝鮮は先に触れたように、冷戦後にしばしば米国の圧倒的存在感について言及していた。その意味では、冷戦後の葛藤関係の一層の深刻化に対して、その突破口を対米交渉に求めたのは、当然の帰結のようにも思われる。

　このように、北朝鮮は自国をめぐる問題群に対して米国が圧倒的影響力を有していることを認め、これを体制維持という国家の至上命題に絡めようとする。それゆえ、自国の取り組むべき方途は、米国との直接交渉を通じて、不可侵条約を結ぶなりして体制保障を図ったり、朝鮮停戦協定を平和協定に移行させたりするなどの敵対関係の解消を行っていくということになるのである。こうした一連の行態から北朝鮮の核兵器開発を捉えると、それは体制維持のための国際的影響力のある手段の確保だということが導き出される。なぜなら、韓国との熾烈を極めた体制競争に一定の決着がついた現状では、核兵器という国際的影響力を有しない北朝鮮に対して、米国が直接交渉によりその体制の保障問題を考慮する可能性はゼロに等しいからである。それゆえに、北朝鮮は核兵器開発・保有の正当化論理を「米国の核戦争の脅威によ

る自主権と生存権の毀損」状況の改善であると主張し続けているのである。

　以上敷衍すれば、冷戦期における葛藤関係が冷戦後により深刻化したものとして北朝鮮に認識されたこと、これが核兵器開発の直接的契機である。次に、北朝鮮の核兵器開発の意図は、一つの事柄に収斂できないが、葛藤のより一層の深刻化が核開発の直接的な契機になっているわけであるから、その克服、すなわち自国をめぐる北東アジアの軍事バランスの改善策、また体制維持のための国際的影響力を持つ手段の確保としてまとめられる。さらに、北朝鮮の核兵器開発の論理としては、米国の核に対する抑止力の確保という思惑と国防産業の強化が国力の発展に繋がるという考えから、経済の立て直しの手段という思惑もあるが、このことについては別稿を用意しているので、それに譲りたい。[18]

　このように、核開発問題における北朝鮮の「論理」を追究するなら、ここでもある種の普遍的な側面と特殊な側面が看取され得る。核兵器という究極の兵器開発を通じて、自国の安全保障上の脅威への対抗手段とする行動は、至って普遍的なものだと言える。他方、自国の体制維持の手段として核兵器の保有を試みようとするのは、北朝鮮に特殊な側面だと考えられる。そこにおいて重要なのは、特殊な側面の方であって、畢竟、北朝鮮の核兵器は、自国の体制維持・発展の手段であり、それは脱植民地化と冷戦の過程において誕生した、唯一の朝鮮式社会主義国家を守護するための担保であることを、我々は認識しておくべきだと思われる。換言すれば、核兵器を開発することにより北朝鮮の意志としては、現代に失った平和を取り戻すという言動、韓国においては歴史を取り戻すということを行っているわけだが、北朝鮮は平和を取り戻すという自律的な行動を試みているという把握ができる。

おわりに：通底する「論理」

　このように、期せずして朝鮮半島の二つの国は、分断国家であるがゆえに失われた国家の実態を取り戻そうとする磁場を形成している。否、それは近

現代における歴史の展開を想起すれば、偶然の一致ではないのかも知れない。これまで議論してきたように、竹島問題も核兵器開発問題も、韓国・北朝鮮の主張や行態に内面化されている特殊な側面に焦点を当てると、直接的に自国の正統性に関わる問題がそこで提起され、近代から現在に至る歴史過程のなかで喪失してきた民族の歴史と平和を取り戻そうとする試みの発現であるという点において、通底していることが理解される。この朝鮮半島発の極めて能動的な動きは、私の言葉で言えば、「近代の衝撃」のなかで日本が「近代の超克」を目指したのに相似して、あるいは相違して、冷戦後の「グローバル化の衝撃」のなかで今なお続く北東アジアの冷戦構造を超克しようとする「克冷戦」を目指すものと捉えられる。

これに対して日本は、未だ冷戦構造が現存する「現実」を前提に、朝鮮半島を含む北東アジアと向き合っているように思われる。アジアのアイデンティティが「冷戦思考」に基づいて、あるいは「脱冷戦思考」に基づいて、さらにはそれを能動的に推し進めた「克冷戦思考」に基づいて、如何に形成されるかは見定めが困難であるが、日本が北東アジアとの和解に基づく、「共同体」を志向するならば、まずは北東アジア諸国の成熟や変化を対抗視したり、危険視したりする思考様式を脱し、脱「冷戦思考」に踏み出す必要があるのは確かなことだと思われる。

注

（1）領土の不可分性（indivisibility）に関しては、Ron E. Hassner, "The Path to Intractability: Time and the Entrenchment of Territorial Disputes," International Security Vol.31, No.3 (Winter 2006/2007), pp.107-138. Paul R. Hensel and Sara McLaughlin Mitchell, "Issue Indivisibility and Teritorial Claims," GeoJournal Vol.64 (2005), pp. 275-285. Krista E. Wiegand, Enduring Territorial Disputes: Strategies of Bargaining, Coercive Diplomacy, and Settlement, The University Of Georgia Press, 2011 などを参照。また、この辺りの議論は、佐藤壮「領有権問題における不可分性——竹島／独島をめぐる日韓関係を事例に」（第1回竹島／独島研究会［第18回日韓・日朝交流史研究会］、2009年7月3日開催の報告及びレジュメ）に多くを依っている。

（2）福原裕二「'竹島／独島研究における新視角'からみる北東アジアの一断面」『北

東アジア研究』第 22 号、2012 年 3 月、44-51 頁。
(3) 国史編纂委員会・国定図書編纂委員会『中学校 国史』教育科学技術部、2002 年 3 月 1 日発行（引用した教科書は、2009 年 3 月 1 日発行の 8 刷）、240 頁。
(4) 玄岩趙相元『2006 年版 小法典』玄岩社、2006 年、2 頁。
(5) 市川正明編『朝鮮半島近現代史年表・主要文書』原書房、1996 年、33-35 頁。
(6) 同上、31-33 頁。
(7) たとえば、原貴美恵『サンフランシスコ平和条約の盲点——アジア太平洋地域の冷戦と「戦後未解決の諸問題」』渓水社、2005 年。
(8) ヴィクター・D・チャ著、船橋陽一監訳、倉田英也訳『米日韓 反目を越えた提携』有斐閣、2003 年。
(9) 小此木政夫「日韓の新しい地平——『体制摩擦』から『意識共有』へ」小此木政夫・張達重編『戦後日韓関係の展開』（日韓共同研究叢書 14）慶應義塾大学出版会、2005 年、1-9 頁。
(10) 李泰鎭「韓国併合は成立していない［上］日本の大韓帝国国権侵奪と条約強制」『世界』第 650 号（1998 年 7 月）300-310 頁ほか。『「韓国併合」の効力に対する歴史的・国際法的論議：『世界』誌上 SEMINAR「日韓対話」1998-2000 年』"「韓国併合」に対する歴史的・国際法的再検討" 国際学術会議準備委員会、2001 年（韓国語、未刊行）。
(11) 李泰鎭「韓国併合は成立していない［下］日本の大韓帝国国権侵奪と条約強制」『世界』第 651 号（1998 年 8 月）、196 頁。
(12) 各条文については、さしあたり広部和也・杉原高嶺編修代表『解説条約集 2005』三省堂、2005 年、871-884 頁から引用を行った。日韓基本条約についても同様である。
(13) 「日韓共同宣言—21 世紀に向けた新たな日韓パートナーシップ—」外務省ホームページ内 http://www.mofa.go.jp/mofaj/kaidan/yojin/arc_98/k_sengen.html、2013 年 10 月 25 日最終アクセス。
(14) 金日成「朝鮮民主主義人民共和国における社会主義建設と南朝鮮革命について（抜粋）」（1965 年 4 月 14 日）金日成『我が革命における主体について』平壌・朝鮮労働党出版社、1970 年、343-344 頁。
(15) 平岩俊司「北朝鮮外交の『柔軟性』とその限界——米中接近と自主独立外交路線」『尚美学園短期大学研究紀要』第 7 号、1993 年、73 頁。
(16) このほか、本節の記述の多くは、福原裕二「北朝鮮の核兵器開発の背景と論理」吉村慎太郎・飯塚央子編『核拡散問題とアジア——核抑止論を越えて』国際書院、2009 年、61-82 頁に依っている。
(17) 金正日「社会主義は科学である——朝鮮労働党中央委員会機関誌『労働新聞』

に発表した論文」(1994年11月1日)金正日『金正日選集』第13巻、平壌・朝鮮労働党出版社、1998年、456頁。
(18) 福原裕二「朝鮮民主主義人民共和国の新体制とその展開」井上厚史編著『北東アジア協力の新課題』島根県立大学、2014年3月。

おわりに

　アジア・中国の磁場から、多元的世界の構築に向けてアイデンティティの創生を考察するという本プロジェクトのテーマは、「アイデンティティ」のもつある種のとらえ難さ、画一性を求めながら多様な展開を内包する特質から、当初、研究課題に有効な方法論の探索から始めた。そのため初年度は、本書「はじめに」でも記したようにあらゆる文化形成に欠くことができないことば、ことばを持つ人間の集合体に欠かせない権力と、帝国主義時代から現代、ロシアから中国、台湾、日本、朝鮮、ムスリムまでの幅広い時空間を対象とする考察を試みた。翌年度は、アジアにありながら東アジア日韓中と異なる文明世界、文化世界をもつイスラム世界との対峙に焦点を置き、アジアにおけるアイデンティティの多様性、相違性の考察を深めることを試みた。それらの研究蓄積の上に、最終年度グローバルヒストリーによる新たな世界史像とアジア・中国の磁場からのアイデンティティの構築へと考察内容を深化、発展させて、本書が生まれた。本書の学術基盤となったグローバルヒストリーの基本的特質は、「西欧の衝撃とアジアの反応」に顕著に示される西欧との対比によるアジア観の見解を脱し、アジアとヨーロッパをともに異なる地域モデルとして相対化し、その上で世界史を構築する要素として、その相互関係性に着目するところにある。近代100年の歴史関係はもとより、世界史を根底的に読み直すその思想的転換の意義は衝撃的と言えるほど大きい。その思想的基盤に立ち、アジアのアイデンティティの自律的な形成を軸に、新しい関係性を創造していく可能性に向けて、更なる考察を重ねることにより、あらたな世界史創造への展望と課題が見出されていくと言えよう。グローバルかつアジアの固有性に立つ自律的な自己形成力としてのアイデン

ティティの役割と可能性、そして相互連係性の展開に改めて注目したい。

　プロジェクト研究は、本来的に多数の参加者の協力、尽力により成立するものである。その点でプロジェクト研究の成果は、多数の参与者の集合的な努力と研鑽による協働作業であることは言をまたない。しかし、本プロジェクトの歩みと成果の蓄積には、共著者でありプロジェクト顧問である宇野重昭教授に、立ち上げ以来一貫して貴重なご教示を賜り、それによって研究活動を充実させ、本書の刊行にも至れた。深く感謝申し上げるとともに、プロジェクトの成立以来、3回のシンポジウム開催における報告はもとより会場準備まで、多方面の業務に尽力して下さった光田剛成蹊大学教授に深く感謝の意をささげたい。少人数のコア研究メンバーの緻密な連係により、幅広い領域の研究者の研究成果を視野におさめ、啓発を受け、研究課題の深化、発展が得られた。さらにまた、本プロジェクトの3回のシンポジウム、研究活動に参与下さった多数の研究者、聴衆、支援者の皆様、特に、初年度、多忙ななか研究を支えて下さった田中克彦一橋大学名誉教授に深く感謝申し上げたい。そして末尾となるがプロジェクトの遂行、本書の刊行に対して提供された成蹊大学アジア太平洋研究センターの財政的支援、同センター事務局佐々木大介氏の尽力、そして本書刊行にご尽力いただいた東方書店、編集責任者の川崎道雄氏にあわせて深く感謝申し上げたい。

　本書刊行後、より多くの読者から忌憚のない意見、論議を賜れれば幸甚である。

2014年5月30日

編著者　湯山トミ子

索引

人名索引

あ

阿古智子　109-111, 124
アントニオ・ネグリ　7, 10, 18, 38, 197, 243, 245, 249, 250, 252, 261
板垣雄三　ii, vi
井上厚史　39, 319
伊波普猷　52-54, 71
イマニュエル・ウォーラーステイン　2, 3, 37
ヴィクター・D・チャ　307, 318
宇野重昭　1, 2, 6, 8-11, 16, 21, 37-39, 70, 73, 122, 123, 125
江口伸吾　107, 124
江口朴郎　22, 185
遠藤織枝　ii, vi
王緝思　89, 122
大澤真幸　83
荻原延寿　172, 173, 194
オバサンジョ　91, 95, 123
オバマ米大統領　91, 122

か

E・H・カー　14
我部政明　71
川瀬貴也　2, 24-26, 28
韓東育　39
金日成（キムイルソン）　33, 293, 294, 314, 318
金正日（キムジョンイル）　33, 292-294, 314, 315, 318, 319
金正恩（キムジョンウン）　292, 294
金性洙（キムソンス）　277, 278
金大中（キムデジュン）　31, 307

金泳三（キムヨンサム）　307
許広平　226, 230
金城正篤　71
クロスリー（パミラ・カイル）　4, 37
厳復　162, 202
興宣大院君　157, 158
高宗　157, 165
江沢民　88, 106, 121
胡錦濤　13, 88, 125

さ

齋藤純一　40, 119
斎藤実　271, 288
椎名悦三郎　309
シャリーア　135
習近平　11, 12, 35, 76-78, 88, 90-92, 94-97, 111, 118, 122, 123
周作人　59, 190, 195, 219, 226, 253, 254, 257
周福清　199, 200, 253, 254
進藤榮一　119, 122
スピノザ　7, 243, 245, 261
宋鎮禹（ソウジヌ）　277, 278
孫歌　2, 17-23, 39, 43, 70
孫秉熙（ソンピョンヒ）　269, 286

た

高良倉吉　71
竹内好　20, 22, 23, 114, 115, 125, 130, 131, 159, 161, 181-195, 197, 256
田中克彦　i-iii, v-vii
タンズィマート　135, 148
崔済愚（チェジェウ）　26, 268, 269,
崔時亨（チェシヒョン）　269, 276
崔麟（チェリン）　28, 276-283, 288, 289
趙景達　25, 40, 286-288

323

鶴見和子　38
照屋善彦　71
鄧小平　11, 87, 106, 121
R・P・ドーア　121
冨山一郎　71
豊見山和行　71
トロツキー　232-234, 259, 260

な
ナームク・ケマル　133, 162
中野聡　71
長堀祐造　237, 259, 260
西里喜行　58, 71
盧武鉉（ノムヒョン）　31, 307, 310

は
白永瑞　39, 70
薄熙来　97
濱下武志　1, 2, 5, 6, 11, 18, 19, 37-39, 131
ハンス・モーゲンソー　15
韓龍雲（ハンヨンウン）　270
費孝通　111, 221-224, 257, 258
福沢諭吉　49, 51, 132, 155
福原裕二　2, 24, 28, 30, 33, 40, 291, 297, 317-319
藤井省三　9, 38
ベネディクト・アンダーソン　82, 120
ホセ・カサノヴァ　25, 40, 284, 289

ま
マイケル・ウォルツァー　119
マイケル・ハート　7, 38, 197, 243, 253
増田渉　237, 240, 254, 260
丸山昇　237, 260
丸山眞男　22, 23, 39, 85, 121, 176-179, 185-188, 194
水島司　5, 37, 162, 164
溝口雄三　94, 111, 122, 125, 131, 161
光田剛　1, 15-17, 129
ムハンマド・アリー　135, 148, 162
毛沢東　4, 7-9, 11, 22, 38, 101, 115, 120, 124, 125, 174, 181-184, 187, 192, 193, 195, 197,
251, 259
百瀬宏　72

や
山里勝己　71
兪可平　104, 108, 124
兪吉濬　51, 162
湯山トミ子　1, 7, 9-11, 18, 167, 197, 229
尹致昊（ユンチホ）　282, 288
楊潔篪　92

ら
李暁東　162
李妍焱　108, 112, 124, 125
李大釗　100, 101, 123, 124
劉雲山　90, 95, 122, 123
劉傑　117, 125
梁啓超　50, 51, 114, 115, 125, 132, 162
ルース・ベネディクト　59, 60
蠟山政道　175, 176
ロバート・A・ダール　103, 124

事項索引

あ
「愛」　10, 217, 220, 247-250
愛国　50, 79, 164, 219, 224
アイデンティティ　1, 2, 5, 6, 9-11, 15, 19, 20, 25, 28, 35, 36, 39, 41, 43, 44, 48, 49, 52-54, 57, 58, 60, 61, 63, 65-69, 73, 75, 111, 113, 114, 117-119, 121, 140, 163, 224-226, 238, 252, 253, 266, 283, 288, 317
アイヌ　145, 154, 156
アジア研究　43, 47, 53
アジア主義　20, 23, 28, 270, 280
アジア太平洋　57, 253, 307, 318
アヘン　151, 199
アヘン戦争　14, 74, 76, 78, 79, 113, 151, 152, 155, 159, 267

索引

アメリカ　167-171, 173, 177, 191, 299
異質文化　60
イスラム　35, 69
一元化　27, 181
一進会　269, 286
イデオロギー　3, 33, 35, 44, 99, 104, 116, 121,
　167, 168, 170, 175-177, 180, 181, 188, 194,
　280, 282, 288
石見銀山　139
欝陵島（ウルルンド）　291, 294, 295, 302
衛正斥邪派　158, 165
沿海都市ネットワーク　67, 69
縁故主義　97
大本　268, 284, 286, 289
隠岐島　302
沖縄研究　52, 54, 55, 57, 58
オスマン帝国　133-136, 148, 150, 162, 164
オランダ東インド会社→VOCも見よ　141,
　151, 162, 163, 164

か

開化派　26, 135, 158-160, 269, 287
華夷秩序　6, 18, 19, 61
会党　143, 144, 152
『開闢』　272, 273, 287, 288
海洋　35, 38, 45, 46, 49, 61, 70, 92, 138, 297
科挙　146, 153, 198-202, 206
華僑華人　47, 64, 65
核実験　189-191, 195, 292
核兵器　23, 24, 29, 32-34, 171, 189, 291, 292,
　296, 312-318
革命家　204, 233, 235-238
革命者　226, 231, 241
革命政権　247, 250
革命的民族運動　81
家庭改革論　213, 223, 224
家庭教育論　224
華南研究　47
ガリオア・フルブライト沖縄同窓会　56, 71
カリフ　136
韓国漁船　299-303

韓国の独立　305, 306
韓国併合　23, 24, 26, 30, 31, 34, 269, 270, 286,
　308, 318
漢城→ソウルも見よ　158
『菊と刀』　59, 60
基軸なき日本思想　84
疑似同盟　30, 307
基体発展論　131
境域　291
強者　7, 10, 27, 113, 197, 198, 202, 205, 228, 258,
　271
郷紳　17, 143, 144, 152, 153, 156
「狂人日記」　209-209, 211, 213, 228, 254-256
極東国際軍事裁判　20, 21, 84
義和団戦争　153
近世　15, 16, 132-137, 139, 140, 142, 146, 149,
　150, 154, 157, 159-162, 164
近世秩序　16, 134
近代化　1, 15-17, 25, 30, 35, 37, 40, 47, 49,
　50, 57, 114, 129-135, 137, 147, 149, 150,
　154-157, 159-161, 184, 192, 197, 265, 266, 268,
　270, 272, 285, 287, 312
勤勉革命　16, 145, 162
金門クラブ　71
草の根 NGO　13, 124
グローバリゼーション　2, 5, 6, 37, 43-48,
　61-63, 65, 67, 68, 70, 83, 133
グローバルヒストリー　1, 3-5, 12, 14-16, 23,
　24, 34, 38, 43, 46-49, 61, 68, 100, 119, 131,
　132, 198
グローバルヒストリー・スタディーズ　47
軍事化　13, 140, 170
啓蒙主義的賢人政治　98
憲法九条　21, 169
「孝」　216, 221
公家　111
江華島条約　158
公共圏　279
公共宗教　279
公共性　94, 107, 283, 285, 288
甲午戦争　152

甲午農民戦争　269, 286
庚子戦争　152, 269, 286
広州　144, 151, 152, 226, 230, 231
公と私　11, 110, 111, 125
高齢化　69, 257
国民革命　81, 154, 230
国民精神総動員　27, 281
克冷戦　24, 34, 317
五・四文化運動　79
国家神道　28, 283-285, 289
「鼓腹撃壌」　252
コミンフォルム　172
「共（コモン）」　243, 245, 247, 250, 251
コモンウェルス　243, 249, 253, 261

さ

サファヴィー帝国　134
左翼　167, 172, 173, 194, 261, 288, 289
三・一運動　27, 28, 30, 305
三・一事件　26
三・一独立運動　267, 269-271, 275, 286
三合　143, 291
暫定水域　29, 299-303
ジェンダー　198, 200, 202, 210
四色党派　145, 146, 157
子女解放論　213, 214, 216, 217, 221-225, 249, 252, 258
実事求是　4, 11, 96, 102, 115, 119, 182
実力養成論　272, 283
児童公育論　224, 258
指導的民主主義　96, 105
支配的権力　242, 246, 247, 250, 252
島根県立大学北東アジア地域研究センター　40, 291
社会変革　81, 197, 198, 213, 214, 220, 221, 225, 241, 242, 246, 250, 255
社会権力　223, 225
社会主義　4, 12, 14, 22, 24, 32-34, 37, 74, 76, 79, 81, 82, 101, 104, 105, 107, 108, 110, 115, 116, 121, 174-176, 178, 179, 181-183, 187, 248, 260, 273, 275, 276, 312-316, 318

社会進化論　26, 270, 272, 277, 283, 286
弱者　7, 9, 10, 18, 34, 109, 198, 199, 202, 204-207, 212, 213, 217, 221, 222, 225, 242, 246, 247, 251-253, 258, 271
宗教と政治　25, 40
従軍慰安婦　311
自由主義　22, 88, 171, 173-179, 183, 185, 188, 189, 311
儒教的民本主義　24
「祝福」　206, 254
主体思想（ジュチェササン）　32, 313, 315
小康社会　14, 95, 121
小雑感　230, 231, 259
情念　24, 76-78, 82, 103, 119-121, 244
「食人」　207-210, 254, 255
植民地　16, 22-28, 31, 34-36, 39, 40, 76, 81, 83, 84, 110, 113, 136, 147, 148, 168, 169, 192, 197, 265, 266, 269, 270, 275, 279, 280, 283, 285-289, 304-306, 308-310, 312, 316
諸侯合議　155, 156
シンガポール　59, 62, 64, 148, 150
新宗教　25, 265-269, 283
新自由主義　311
親日派　28, 31, 281, 307, 310, 311
新日韓漁業協定　29, 299
新民主主義論　102, 124, 125
スターリン　22, 179, 180, 259
スペイン　47, 50, 88, 138, 139, 141
スペインドル　139
「生」　227, 231, 238, 239, 241, 242
西欧的民主主義　98, 99, 103
西欧の衝撃　5, 19, 40
西欧の衝撃とアジアの反応　5, 17, 35
生活圏　103, 291, 295, 299
政教分離　270, 282, 283
成蹊大学アジア太平洋研究センター　253
生命観　214-216, 219, 222, 256
『世界』　22, 171, 175, 181, 185, 194, 195, 308, 318
世界史　2, 3, 18, 23, 36, 38, 40, 46, 47, 88, 96, 99, 110, 113, 162, 243, 243, 252
世界史像　15, 73, 90, 198, 321

索　引

1965年問題　306, 308, 309, 311
戦後沖縄　54, 57, 71
戦後日本　2, 13, 21, 71, 167, 172, 173, 174
全面欧化　9, 84, 91, 113
占領　20, 21, 24, 55, 56, 59, 87, 97, 99, 148, 167-169, 170-173, 184
増量式民主主義　104
総力戦体制　279, 281
ソウル　158, 285-288
ソビエト　22, 23, 169, 170, 172, 178-181, 183, 185, 186, 189, 261
ソ連　5, 21, 22, 32, 33, 49, 81, 101, 160, 193, 312-314
大カアン　138

た

大韓帝国　159, 272, 286, 306, 308, 318
大韓民国　291, 299, 312
大韓民国臨時政府　305
第三次日韓協約　306
大東亜共栄圏　20, 27, 28, 84
第二次世界大戦　14, 17, 31, 84, 91, 130, 131, 154, 175, 296
第二次日韓協約　306
対日協力　28, 165, 266, 277, 279, 280, 282, 283, 285, 288
対日講和条約　309
太平天国　17, 26, 152, 156, 201, 265
竹島　24, 29, 30, 40, 291, 294, 295, 297, 299, 300, 302-306, 317
竹島問題　2, 29-31, 34, 292, 295-297, 299, 302-306, 311, 312, 317
多元的　253
多元的世界　253
多層性　ii, iv
脱亜　49, 50, 58, 266
脱欧　47
奪権　8, 235, 250
奪権なき革命　9, 225, 226, 252, 253
脱冷戦　34, 317
WTO加盟　88, 121

多様性　90, 103, 117, 134, 185, 244
丹東　291
地域主義　46, 47
地域認識　6, 45
地域連携　45, 69
「知識階級について」　239
知識人　9-11, 13, 19, 21-23, 49-52, 55, 57, 59, 60, 66, 80, 98, 101, 109, 116, 120, 133, 168, 171-176, 178-181, 183-185, 187-189, 193, 194, 198, 202, 206, 234, 237, 248, 258, 283, 284, 287, 288, 308
地政文化　46-48, 62
中華人民共和国　14, 36, 48, 76, 94, 102, 106, 123, 291
中華民族の偉大な復興　78, 88
中国革命　2, 21-23, 115, 167, 172-175, 179-186, 188, 189, 192-195, 197, 251
「中国革命の思想と日本」　181, 185, 194
中国式社会主義　14, 74, 115
中国モデル　60, 117, 125
中体西用　84, 113
朝鮮王朝　133, 137, 140, 142, 145, 157, 164, 165, 266, 270, 278
朝鮮戦争　32, 167, 168, 169, 172, 191, 193
朝鮮総督府　270, 275, 278-281, 286-288
朝鮮停戦協定　315
朝鮮農民社　270, 274, 275, 287
朝鮮半島　2, 23-25, 28, 29, 34, 40, 70, 137, 157, 160, 161, 263, 265, 266, 291, 292, 294, 305, 306, 315-318
ディアスポラ　39, 57, 63, 65, 66, 68
抵抗主体　238, 245, 246, 261
『帝国』　243, 261
帝国史　46
「帝国」論　10
天道教　2, 24, 25, 26, 27, 28, 265-267, 269-277, 279-283, 285-289
天道教青年党　270, 274, 275, 276, 280, 281, 287
天理教　265, 268
東学　17, 24, 26, 157, 265-269, 283, 285-287

327

「灯下漫筆」 227, 259
東京裁判 167-169, 172
同伴者作家 234, 237, 259, 260
同盟国 168, 170, 178
徳治 98, 107, 108
独島（トクド） 24, 29, 40, 291, 292, 294, 297, 304, 317
独立宣言書 30, 305, 306
『吶喊』 200, 203, 205, 206, 240, 253, 254
奴隷史観 251
東海（トンヘ） 295

な

内地延長主義 279, 280
内発的発展と相互触発 8, 10
ナショナリズム 13-15, 26, 28, 29, 39, 44, 46, 48, 50, 51, 63, 67, 68, 75, 78-80, 82-87, 109, 118, 120, 121, 153, 161, 162, 165, 190, 214, 266-269, 277, 288, 292, 297
ナショナル 6, 36, 87, 118, 224, 225, 291, 299
日米安全保障条約 307
日蓮主義 285, 289
日露戦争 30, 190, 191, 269, 304-306
日韓関係 34, 306, 307, 310, 317, 318
日韓基本条約 30, 31, 306, 308-311, 318
日韓中 iii, iv
日韓パートナーシップ宣言 31, 310
日清戦争 25, 117, 125, 152
日中共同声明 31, 309
日中戦争 27, 281
日朝平壌宣言 31, 309, 310
二・八独立宣言書 305
日本海 295, 299, 300, 302, 303
日本共産党 171-174, 176, 180, 184, 188, 194
日本思想史 2, 21, 167
日本とアメリカの交配型モデル 87
ネット世論 109, 125
「ノラは家出してからどうなったか」 225, 246

は

パワー・ポリティックス 15, 73, 74, 113, 118
ハンガリー事件 22, 180, 185, 186
反権力 8, 11, 50, 225, 227, 238, 242, 250, 252, 253
バンドン会議 170
非スターリン化 180
「人」 205, 213, 214, 216, 218, 220, 225, 252, 255, 257
「貧」 250
閔氏政権 158
ファシズム国家 170
VOC →オランダ東インド会社も見よ 141, 142, 146, 147
フィードバック型 221-224
ブギス人 147
複合的アイデンティティ 6, 10, 15, 73, 113, 118, 119
二つの100年 14, 35, 76, 77, 96, 123
武断政治 25, 271
プロイセン 147, 149, 150
『文学と革命』 232, 233, 234, 259, 260
文化政治 25, 27, 270, 271, 277, 278
「文芸と政治の岐路について」 234-236
分断国家 316
米韓相互防衛条約 307
平和問題談話会 171, 176, 193
『彷徨』 205, 206, 227, 240, 254
防川 291
北東アジア 23, 29, 33, 34, 38-40, 70, 119, 121, 291, 297, 309, 313, 316, 317
『北東アジア学への道』 70, 119, 121
菩薩天子 136
ポツダム宣言 167, 170
ポルトガル 138, 139, 141, 142, 146, 163

ま

摩羅詩力説 203, 204, 254
マルクス主義 4, 7, 22, 79, 98, 115, 125, 130, 171-174, 178-182, 188, 194, 232, 237, 250, 259

マルチチュード　1, 7, 10, 38, 197, 198, 242-246, 249-253, 261
「マルチチュード」論　243, 252, 253, 261
マンジュ　140
マンチュリア　138, 140, 144
三つの代表論　106, 107
民彝　100, 101, 123, 124
民衆力　197, 198, 246, 252
民主化　11, 13, 17, 75, 96, 103, 105-110, 113, 123, 124, 149, 150, 152, 153, 156, 159, 167, 168, 170, 171, 176, 307, 311
民主集中制　94
「民主主義をめぐるイデオロギーの対立と日本」　175, 194
「民族代表」　26, 27, 28, 40, 269, 270, 276, 286
ムガル帝国　133, 134, 164
矛盾論　181, 187, 192, 192, 195
明治維新　53, 54, 84, 135, 159, 165, 178

や

両班（ヤンバン）　16, 17, 26, 40, 145, 146, 157-160, 164, 165, 267
「有恒氏に答えて」　232, 239
ユネスコ　171, 175, 178
４大試練　117

ら

釐金　152, 153
琉球　48, 52-58, 61, 71, 140, 141, 148, 154, 163
領土問題　29-31, 35, 74, 75, 92, 294-296, 304, 312
リレー型　221-223, 258
冷戦イデオロギー　167, 168, 170, 180, 194
冷戦期　11, 48, 49, 57, 60, 171, 306, 307, 312, 313, 316
冷戦構造　34, 63, 171, 179, 183, 317
冷戦時代　31, 168
冷戦の終結　30, 32, 306, 307, 314
歴史の立て直し　31, 307, 308, 310, 311
歴史問題　31, 304, 307, 311
魯迅研究　7, 9, 10, 38, 213, 259
魯迅像　1, 7, 197, 198, 253
『魯迅の印象』　237, 254

わ

倭寇　138, 139
和魂洋才　84
「我らは今どのように父親となるか」　213
われわれ式社会主義　315

329

[編著者紹介]

湯山トミ子（ゆやま　とみこ）

成蹊大学法学部教授。成蹊大学法学部政治学科卒、東京都立大学大学院人文科学研究科中国文学専攻修士・博士課程単位取得修了、愛媛大学、成蹊大学助教授を経て現職。専門：中国近現代文学、中国社会文化論、中国語教育。主な研究課題：魯迅、中国の家族と子ども、ICT活用中国語教育。主な著作：「通過"孩子"相関的詞匯再談魯迅五四時期的思想特征与意義──《狂人日記》"吃人世界"的結構与児童観」（張鴻声等編『世界魯迅与魯迅世界』、中国伝媒大学出版社、2014年）、「愛と復讐の新伝説"鋳剣"──魯迅が語る"性の復権"と"生の定立"」（『成蹊法学』65号 2007年）、「撫養と贍養──中国における扶養システムと親子観」（『家族の変容とジェンダー』第12章、日本評論社、2006年）、「聖なる"母"とその呪縛」（中国女性史研究会編『論集中国女性史』所収、吉川弘文館　1999年）ほか。

宇野重昭（うの　しげあき）

成蹊大学名誉教授、島根県立大学名誉学長。専門：東アジア国際関係史、中国地域研究、国際政治学。東京大学社会科学研究科博士課程単位取得修了、社会学博士。16・17期日本学術会議会員。主な著作：『中国共産党史序説』上・下（NHKブックス、日本放送出版協会、1973年）、『内発的発展と外向型発展──現代中国における交錯』（鶴見和子と共編著、東京大学出版会、1994年）、『20世紀の中国──政治変動と国際契機』（天児慧と共編著、東京大学出版会、1994年）、『北東アジアにおける中国と日本』（宇野重昭編、国際書院、2003年）、『北東アジア学への道』（北東アジア学創成シリーズ第1巻、国際書院、2012年）ほか。

[執筆者紹介]（執筆順）

濱下武志（はました　たけし）

中山大学アジア太平洋学院（中国広州）教授・院長　一橋大学経済学部助教授、東京大学東洋文化研究所教授を経て現職、専門：東アジア近代史、経済史専攻　主な著作：『沖縄入門──アジアをつなぐ海域構想』（筑摩書房［ちくま新書］2000年）『近代中国の国際的契機──朝貢貿易システムと近代アジア』（東京大学出版会、1990年）ほか。

孫歌（そん　か）

中国社会科学院文学研究所比較文学研究室研究員（教授）、北京日本学研究センター兼任教授。専門：中国文学・日本思想、主な著作：『竹内好という問い』（岩波書店、2005年）、『アジアを語ることのジレンマ──知の共同空間を求めて』（岩波書店、2002年）ほか。

光田剛（みつだ　つよし）

成蹊大学法学部教授。東京大学法学部政治学科・同大学院卒業、専門：東洋政治史　主な著作：『中国国民政府期の華北政治』（御茶の水書房、2007年）、「訓政開始と訓政の構想」（中央大学人文科学研究所(編)『中華民国の模索と苦境』中央大学出版部、2010年）ほか。

福原祐二（ふくはら　ゆうじ）

島根県立大学大学院北東アジア開発研究科、総合政策学部准教授。専門：近代朝鮮史、現代朝鮮研究、主な著書：『たけしまに暮らした日本人たち──欝陵島の近代史』（風響社、2013年）、『日本、中国からみた朝鮮半島問題』（共編著、国際書院、2007年）ほか。

川瀬貴也（かわせ　たかや）

京都府立大学文学部　国際文化学科准教授。専門：宗教学、日韓近代宗教史　主な著作：『植民地朝鮮の宗教と学知──帝国日本の眼差しの構築』（青弓社、2009年）、「植民地期朝鮮における宗教政策──各法令の性格をめぐって」（京都仏教会監修、洗建・田中滋編『国家と宗教　上巻』法蔵館、2008年）ほか。

〔成蹊大学アジア太平洋研究センター叢書〕
アジアからの世界史像の構築
―― 新しいアイデンティティを求めて

2014年6月30日　初版第1刷発行

編著者●湯山トミ子・宇野重昭
発行者●山田真史
発行所●株式会社東方書店
　　　　東京都千代田区神田神保町1-3　〒101-0051
　　　　電話 03-3294-1001　振替東京 00140-4-1001
　　　　営業電話 03-3937-0300

組　　版●小川義一
装　　幀●EBranch 冨澤崇
印刷・製本●モリモト印刷株式会社

定価はカバーに表示してあります。

Ⓒ Seikei University Center for Asian and Pacific Studies, 2014
Printed in Japan
ISBN 978-4-497-21409-6 C3022

乱丁・落丁本はお取り替えいたします。恐れ入りますが直接小社までお送りください。
Ⓡ本書を無断で複写複製（コピー）することは著作権法上での例外を除き禁じられています。本書をコピーされる場合は、事前に日本複製権センター（JRRC）の許諾を受けてください。JRRC（http://www.jrrc.or.jp　Eメール：info@jrrc.or.jp　電話：03-3401-2382）
小社ホームページ〈中国・本の情報館〉で小社出版物のご案内をしております。　http://www.toho-shoten.co.jp/